LENA GORELIK

»Sie können aber gut Deutsch!«

Warum ich nicht mehr dankbar sein will,
dass ich hier leben darf,
und Toleranz nicht weiterhilft

Pantheon

Verlagsgruppe Random House FSC-DEU-100
Das für dieses Buch verwendete FSC®-zertifizierte
Papier *Lux Cream* liefert Stora Enso, Finnland.

Der Pantheon Verlag ist ein Unternehmen der
Verlagsgruppe Random House GmbH.

Erste Auflage
Februar 2012

Copyright © 2012 by Pantheon Verlag, München,
in der Verlagsgruppe Random House GmbH

Umschlaggestaltung: Büro Jorge Schmidt, München
Satz: Ditta Ahmadi, Berlin
Druck und Bindung: CPI – Clausen & Bosse, Leck
Printed in Germany 2012
ISBN 978-3-570-55131-8

www.pantheon-verlag.de

Für M. und E.

Inhalt

Ein Vorwort

oder
Warum dieses Buch im Idealfall im Mülleimer
landen wird

Irgendwann hatte ich einfach keine Lust mehr. Ich hatte das Gefühl schon des Öfteren gehabt, mich dann im Stillen geärgert, bei Freunden darüber geklagt, mich lustig gemacht, den Gedanken sogar bei Lesungen höflich ausgeführt, mich aber dennoch niemals deutlich gewehrt. Es war nach einer Lesung, ich las aus meinem vorletzten Roman an der Fachoberschule einer mittelgroßen deutschen Stadt, in deren Schülerschaft »es so viele Russischstämmige gibt, so viele Probleme, die bleiben ja alle unter sich, können nicht gut Deutsch« – wie mir fast jeder anwesende Lehrer einzeln versichert hatte. Die Lesung war gut gelaufen, die Leute hatten gelacht, geklatscht und Fragen gestellt, und später, als dann die Journalistin fragte, so, wie die meisten Journalisten fragen, da hatte ich dann plötzlich keine Lust mehr und fragte zurück. Die Lehrerin, die mich am Bahnhof abholte, hatte berichtet, dass sich die problematischen Russischstämmigen mehr für Fußball als für Literatur interessierten, immerhin spiele der FC Bayern heute im Halbfinale der Champions League, dabei war der Saal später so proppenvoll, dass manche auf dem Fensterbrett sitzen mussten. Keiner von ihnen sprach richtig Russisch, keiner jener, die angeblich immer unter sich bleiben, die nicht gut Deutsch können. Noch nicht einmal die kyrillischen Buchstaben konnten sie lesen, wie sich herausstellte, als ich Bücher auf Russisch signieren wollte, weil ich meinte, denjenigen, die also gerne unter sich bleiben und kein Deutsch können, damit eine Freude zu machen. Sie waren nett, aufgeschlossen, literaturinteressiert und sprachen akzentfrei Deutsch.

Und hier sei mir ein kurzer Einschub erlaubt: Ursprünglich wollte ich an dieser Stelle – mögliche Vorwürfe der Naivität vorwegnehmend – darauf hinweisen, dass auch ich mit den besonders hohen Kriminalitäts- und Arbeitslosenzahlen, den niedrigen Bildungsgraden unter russisch-stämmigen Aussiedlern vertraut bin. Schließlich lese ich Zeitung, sehe die *Tagesschau*, verfolge den Prozess um den Mord an Marwa al-Schirbini, der jungen Ägypterin, die von einem Russlanddeutschen getötet wurde. Bei der Suche nach Statistiken und Studien, die dieses (vielleicht medienverschuldete, mit Sicherheit aber vorurteilsvolle) Bild bestätigten, stellte ich fest, dass es mit der Wirklichkeit wenig gemein hat. Vermutungen, der Anstieg der Tatverdächtigen unter deutschen Jugendlichen, Heranwachsenden und Jungerwachsenen sei auf die höhere Kriminalitätsrate von Spätaussiedlern zurückzuführen, werden durch Auswertungen polizeilicher Daten nicht bestätigt. Erwachsene Russlanddeutsche verfügen öfter über eine akademische Ausbildung als Deutsche. Und der Prozentsatz der erwerbstätigen Aussiedler liegt zwar knapp unter dem der Deutschen, ist aber immer noch hoch im Vergleich zu anderen Migrantengruppen. Aber das nur so zwischendrin.

Nachdem ich also signiert hatte, bat eine junge Redakteurin einer mittelgroßen deutschen Zeitung um ein Interview. Sie schien nicht älter als die Schüler zu sein, Praktikantin, Volontärin vielleicht, eine »echte« Deutsche.

Ihre erste Frage lautete: »Was sind die größten Vorurteile, die die Russen gegenüber den Deutschen haben?«

Ihre zweite Frage lautete: »Was sind die größten Vorurteile, die die Deutschen gegenüber den Russen haben?«

Sie sagte »die Russen« und »die Deutschen«, beide Male.

Sie fragte: »Fühlen Sie sich hin- und hergerissen zwischen Ihrer russischen und Ihrer deutschen Mentalität?«

Sie fragte: »Wie fühlen Sie sich, eher deutsch oder russisch? Vielleicht sogar ein bisschen jüdisch?«

Ich fragte mich im Stillen, ob sie Prozentzahlen hören wollte, als sei meine Mentalität als Tortendiagramm darstellbar, das später als Abbildung in der Zeitung auftauchen könnte mit der Unterschrift »Lena Goreliks Mentalität. Weiß – russisch, schwarz – deutsch, grau – jüdisch«. Während ich ihr höflich erläuterte, dies sei eine Frage, die *sie* mir, aber niemals *ich* mir stellte, im Prinzip hielte ich mich für eine gute Mischung.

Sie fragte: »Aber können Sie denn sagen, zu wieviel Prozent diese Mischung deutsch und zu wieviel Prozent sie russisch ist?«

Dann fragte sie noch: »Und wie oft fahren Sie so nachhause?«

Das war der Moment, in dem ich wirklich keine Lust mehr hatte, keine Lust mehr zu antworten.

»Welches Zuhause? Mein Zuhause ist München, ich mache mich in einer Viertelstunde auf den Weg dorthin«, so, wie ich immer wieder auf diese Art von Fragen geantwortet hatte, bei Interviews, bei Lesungen, bei Podiumsdiskussionen; keine Lust mehr zu wissen, wie die nächste Frage lauten würde, keine Lust auf einen erneuten Artikel über die russischstämmige Autorin, die sich tatsächlich so gut integriert hat, dass sie Bücher auf Deutsch schreibt, einfach keine Lust mehr, weshalb ich sie fragte: »Haben Sie keine einzige originelle Frage an mich als Autorin?« Und als sie mich verdutzt anstarrte und nicht weiterwusste und somit keine Fragen mehr zu haben schien, die über das übliche »Ich befrage mal eine Integrierte«-Interview hinausreichten, da stand ich einfach auf und ging, um nachhause, nach München zu fahren, und das tat wirklich gut.

Weshalb ich das erzähle? Weil ich kurz vorwarnen möchte. All diese Fragen wird dieses Buch nämlich nicht beantworten, nicht diskutieren.

Nicht die Frage nach unserer Zugehörigkeit und Heimat in Prozentzahlen.

Nicht die Frage: »Warum tragen nicht alle Musliminnen ein Kopftuch?«

Auch nicht die: »Warum sprechen nicht alle Muslime türkisch?«

Und ebenfalls nicht die: »Bleibt ihr für immer? Wann geht ihr wieder nachhause?«

Und schon gar nicht die: »Sie können aber gut Deutsch. Wie kommt das denn?«, als sei das ein absoluter Ausnahmefall.

Auch mögliche Integrationsansätze, neue Migrationstheorien oder ähnlich lebensferne Faseleien kommen in diesem Buch nicht vor. Man könnte sagen, es ist gewissermaßen ein Buch nicht über Integration.

Es ist ein Buch über Menschen. Über all die Menschen, die in diesem Land leben, es in irgendeiner Weise beeinflussen, bereichern, verwirren, es letztendlich zu dem machen, was es ist.

Denn, nachdem wir mehrere Jahrzehnte zu spät entdeckt haben, dass wir doch schon ziemlich lange ein Einwanderungsland sind und die Debatte (denn wir Deutschen lieben Debatten!) darüber, was das bedeutet, irgendwie verpasst haben und nun schwer damit beschäftigt sind, »in unserer Mitte angekommene türkischstämmige Mitbürger« in Polit-Talkshows und zu Integrationsbündnissen einzuladen, damit sie uns endlich einmal sagen, wie sie und ihresgleichen sich in unsere nicht definierte und wahrscheinlich auch nicht definierbare deutsche Gesellschaft integrieren können, haben wir vergessen, dass wir dabei vor allem über Menschen sprechen.

»Über« im Sinne von »von«, aber auch im Sinne von »über sie hinweg«. Es sind nämlich nicht Probleme hier angekommen, sondern Menschen. Sie sind nicht hierhergekommen, um uns etwas wegzunehmen, nicht, um unser Land zu übernehmen. Sie sind hierhergekommen, weil sie – aus sehr unterschiedlichen, sehr vielfältigen Gründen – sich dazu entschlossen haben, hier zu leben. Bestimmt haben sie auch Probleme mitgebracht – das will ich nicht leugnen –, denn blauäugig bin ich, in der russischen Infrastruktur Deutschlands aufgewachsen, wahrlich nicht. Genauso haben sie aber ihre Geschichten, Vergangenheiten, Vorlieben, Einstellungen, Gedanken, Interessen, auch Ideen mitgebracht. Sie danach zu fragen, ihnen zuzuhören, das haben wir zwischen all den Podiumsdiskussionen, Gesetzesentwürfen und Integrationstrainings vergessen. Dabei lässt sich viel einfacher zusammenleben, zusammen gestalten, ja vielleicht sogar mal zusammen lachen, wenn man mit Menschen zusammenlebt – und nicht mit »Ausländern«, »Migranten«, »Zuwanderern«, »Menschen mit Migrationshintergrund«, »fremdländischen Mitbürgern«, »Bürgern mit anderer ethnischer Herkunft« oder »eingebürgerten Zugewanderten«. So häufig haben wir nach politisch korrekten Begriffen füreinander gesucht, dass wir ganz vergessen haben, miteinander zu reden.

Ich sage »Wir«, wenn ich über diejenigen spreche, die nicht mehr gefragt werden wollen, wann sie nachhause gehen. Ich sage »Wir«, wenn ich diejenigen beschreibe, die diese Fragen stellen. Auch dann spreche ich von »Wir«, wenn ich mich über Menschen aufrege, die seit Jahrzehnten hier leben und kein Wort Deutsch sprechen. Oder mich über diejenigen freue, die sich beklagen werden, dieses Buch sei total unnötig, denn natürlich sind wir längst ein »Wir«.

Tatsache ist, wir sind zu spät dran. Zu spät dran mit

unseren Diskussionen, unseren Debatten, unseren Gestaltungsideen. Das, worüber wir reden, wenn wir überlegen, wie man es in Zukunft gestalten könnte, ist nämlich längst Realität und beinahe schon langweiliger Alltag: eine Gesellschaft, die nicht mehr nur aus Menschen besteht, die seit Generationen hier leben und deren Muttersprache selbstverständlich das Deutsche ist. Zu der der pfälzisch sprechende Japaner genauso gehört wie seine in Ostberlin geborene Kollegin, dem auch das Grundschulkind, das zwar hier geboren wurde, aber bei der Einschulung nur Türkisch versteht, zuzurechnen ist, genauso wie der Ur-Münchner, der von einem Job an einer amerikanischen Universität träumt. Von der die FDP wählende Unternehmensberaterin, deren Eltern als Gastarbeiter nach Deutschland kamen, ebenso ein Teil ist wie Ulf Mayer aus Untertürkheim, der von Hartz IV lebt, weil er sich zu gut für einen Mini-Job ist, und auch ich und Sie. Eine Gesellschaft, die heterogen – und deshalb so spannend, deshalb aber auch eine Herausforderung ist.

Zu spät dran sind wir auch mit unseren Ängsten. Mit Ängsten, die so manch einer – in den letzten Jahren tat sich da ein gewisser Thilo Sarrazin besonders hervor – geschickt zu schüren weiß, die irgendwo in jeder Gesellschaft, vielleicht sogar in jedem von uns schlummern und uns so vereinnahmen können, dass wir in der Angst vor dem, was auf uns zukommen könnte – nämlich dass Ausländer (in dieser letzten, traurigen Debatte Ausländer = Muslime) Deutschland abschaffen könnten –, ganz vergessen, die Realität zu sehen. Und die sieht folgendermaßen aus: Wir leben längst in einer ethnisch gemischten Gesellschaft. Wir leben längst in einer Gesellschaft, in der Menschen unterschiedlicher Herkunft, unterschiedlicher Glaubensrichtungen und Ansichten, Lebenseinstellungen und Zukunftsvorstellungen miteinander nicht zurechtkommen müssen, sondern bereits seit Jahren, wenn nicht gar Jahrzehnten zurechtkommen. Meistens sehr gut sogar, und selbst wenn es an manchen Stellen hapert – eine stabile Gesellschaft wie Deutschland muss solche Schwierigkeiten auffangen können.

Schauen wir doch mal auf die Kinder, unsere Zukunft. Fast jedes dritte Kind, das hierzulande aufwächst, hat einen Migrationshintergrund, so das Statistische Bundesamt. Diejenigen, die ihn nicht mitbringen, versuchen bereits in der Schulzeit ins Ausland zu gehen, weil ihnen genau das fehlt: die Erfahrung, andere Kulturen kennenzulernen, zu schätzen, zu leben. Diese Generation ist nicht nur ein Wir, für sie ist dieses Wir selbstverständlich. Das ist eine wertfreie Beobachtung, eine Tatsache, keine Ideologie. Dieses Wir ist nicht naiv-verklärt schön, nicht einfach nur Multikulti, schon gar nicht ist es unproblematisch. Bunt, vielfältig, spannend ist es aber auf jeden Fall.

Nicht wertfrei hingegen ist folgender Appell: Es ist an der Zeit, dass wir dieses Wir genießen. Nicht nur damit zurechtkommen, uns im Nebeneinander einrichten, ein Zusammenleben ermöglichen, sondern das Wir genießen, uns daran erfreuen, es auskosten, es ausnutzen. Beginnen, davon zu profitieren, um dieses Land besser, spannender, erfolgreicher zu machen. Dazu müssen wir aber das Wir kennen, müssen einander kennenlernen, einander zuhören. Wir müssen miteinander reden.

Als ich aus der ehemaligen Sowjetunion nach Deutschland kam, ein Kind ohne Deutschkenntnisse, aber mit vielen Erwartungen an den paradiesischen Westen, schien das Land, das mein neues Zuhause werden sollte, in erster Linie bunt. Alles schien bunt, die Obstauslagen der Supermärkte, die Blumenwiesen im Stadtpark, die Menschen auf den Straßen in den bunten Kleidern. Am buntesten war der Schulhof: leuchtende pinkfarbene und neongelbe Fahrradhelme, mit unzähligen farbenfrohen Bildern beklebte Schulranzen, gestreifte, gepunktete, blumenverzierte T-Shirts über in der Sonne schimmernden schwarzen Leggings.

Dazwischen stand ich, meist verkroch ich mich in eine Ecke, drückte mich am Zaun herum, um die anderen nicht merken zu lassen, was mich so offensichtlich schmerzte: dass ich nicht dazugehörte. Ich passte nicht in das bunte Gewimmel. Ich trug zwar meine nagelneue Jeans und meinen maßgeschneiderten hellgrünen Parka, beides aus der Sowjetunion importiert, aber ich war nicht bunt genug. Die Jeans hatte ich eine Woche vor unserer Ausreise aus Russland von meiner Großmutter geschenkt bekommen, sie hatte lange dafür gespart. Den Parka, ein damals neurussisches Modewort aus der *Burda*-Zeitschrift, die Anfang der Neunziger in der Sowjetunion unter der Hand vertrieben wurde, hatten meine Eltern für mich nach Maß anfertigen lassen, weil die Auslagen in den russischen Geschäften leer waren und das Kind etwas zum Anziehen brauchte, etwas für Deutschland. Ich drückte mich am Zaun herum, knabberte an meinem Pausenbrot (meine Mutter gab es mir in einer Plastiktüte und nicht in einer bunten Brotdose mit) und übte meine deutschen Sätze. Die Sätze bastelte ich abends mithilfe eines Wörterbuchs und meines Bruders, der die Sprache schon ein wenig beherrschte, nicht immer grammatikalisch korrekt zusammen:

»Ich spreche Deutsch, aber nicht sehr gut.«

»Ich möchte mit deutschen Kindern Freundschaft halten.«

Manche schnappte ich auch auf, ohne ihre Bedeutung zu verstehen. Mein Lieblingswort war »meinetwegen«, ich wusste nicht, ob es »Ja« oder »Nein« bedeutete, aber ich mochte den Klang und beantwortete fast jede Frage damit.

Im Klassenzimmer war auch alles bunt. Die Schulhefte hatten bunte Umschläge, und nachdem ich herausgefunden hatte, dass dahinter ein System steckte, wurde mein Leben einfacher. Mathematik erkannte ich an den Zahlen, Musik an den Noten, aber die anderen Fächer hielt ich an den Farben auseinander. Gelb war montags und mittwochs, Grün dienstags, mittwochs, donnerstags und hatte wohl etwas mit Geographie zu tun, es kamen immer wieder Städtenamen vor. Wenn wir das Klassenzimmer wechselten, lief ich wie ein willenloses Schaf der Herde hinterher; für den Religionsunterricht teilte sich die Klasse in Evangelisch und Katholisch auf, ich, die Jüdin, machte mal bei den einen, mal bei den anderen mit. Ich war elf Jahre alt und vor drei Wochen in Deutschland angekommen.

»Sie äußert sich mündlich nicht und antwortet nur nach ausdrücklicher Aufforderung«, würde zwei Monate später in meinem Schulzeugnis stehen, aber die Lehrerin, die das tippte (und sich beim Vor- und Nachnamen meines Vaters jeweils vertippte), nahm mich kaum wahr. Die anderen Kinder fanden mich sonderbar, sie hatten anfangs versucht, sich mit mir zu unterhalten, und es aufgegeben, nachdem ich mehrmals »Was, was?« und »Ich verstehe nicht« geantwortet hatte. Einmal hatte mich ein Mädchen gefragt, ob ich Geschwister hätte, ich sagte: »Ja, ich habe Bruder« und ärgerte mich den ganzen Nachmittag darüber, dass ich das Wörtchen »einen« vergessen hatte. Ich machte den Deutschfehler dafür verantwortlich, dass sie mich nie wieder ansprach. Die Kinder fanden mich sonderbar, schlimmer aber waren die Lehrer, die mich der Einfachheit halber ignorierten. Sie stellten Fragen an die gesamte Klasse, verteilten an die anderen Kinder Arbeitsblätter, ließen sie vorlesen, während ich zwischen jenen saß, an die sich dieser Unterricht richtete, und mich nach Russland zurückwünschte.

Sechs Sommerferienwochen, 42 auswendig gelernte Sätze (ein Satz pro Tag) und einige deutsche, mit Hilfe des Wörterbuchs entzifferte Kinderbücher später stand ich wieder auf dem bunten Schulhof, um die vierte Klasse zu wiederholen. Ich hatte mich an Deutschlands Farbenprächtigkeit gewöhnt. Ich trug nun auch eine Leggings. Ich hatte sogar eine rote Brotdose im Schulranzen. Und panische Angst. Ich drückte mich am Zaun herum, ich zählte die Minuten bis zum Schulende, so, wie ich die Tage der Sommerferien gezählt hatte, in der Hoffnung, sie würden niemals zu Ende gehen. Der Minutenzeiger auf meiner neuen, aufklappbaren Super-Mario-Uhr bewegte sich wie im Schneckentempo.

Ich war in eine neue Klasse gekommen und hatte einen neuen Klassenlehrer. Der neue Klassenlehrer sprach ausschließlich Schwäbisch. Wenn ich mich konzentrierte, verstand ich ungefähr die Hälfte von dem, was er sagte.

In der ersten Pause kam er an meinen Tisch. Er sprach mit mir. Er fragte. Einfache Dinge, die ich verstand. Woher ich komme. Ob ich Geschwister habe. (»Ich habe einen Bruder«, antwortete ich.) Was ich gerne mache. »Lesen«, sagte ich und fügte »Buch« hinzu, für den Fall, dass er mich nicht verstand. Er fragte mich nach Sankt Petersburg; ich berichtete stolz, wie schön die Stadt sei. Er fragte mich, ob ich vielleicht eine Geschichte über Sankt Petersburg schreiben wollte. Ein Abenteuer, eine Liebesgeschichte, irgendwas. Ich nickte, an meinen schriftstellerischen und Deutsch-Fähigkeiten zweifelnd. Ich nickte damals meistens, wenn ich unsicher war. Zuhause begann ich zu schreiben. Ich hatte mir von meinem Taschengeld ein nagelneues Heft gekauft, Wörterbücher bereitgelegt und schrieb meine erste Geschichte. Am nächsten Tag brachte mir mein neuer Klassenlehrer Fotos von Sankt Petersburg mit, die zur Bebilderung meiner Geschichte dienen sollten: die Eremitage, die Newa bei Nacht, der Palast von Peterhof … Ich nannte die Geschichte *Meine weißen Nächte*.

Meine weißen Nächte, so heißt auch mein erster Roman, der 2004 erschien und in dem ich zum Teil auch diese Erfahrungen beschrieben habe. Während des Schreibprozesses machte ich mir wie wohl jeder Autor Sorgen um meine schriftstellerischen Fähigkeiten, nicht aber um mein Deutsch. Irgendwann zwischen den ersten und den zweiten *Weißen Nächten* war Deutsch zu meiner Sprache geworden.

Kurz vor Veröffentlichung meines ersten Romans erstellte ich eine Liste, auf die ich die Namen meiner Familie und meiner Freunde schrieb, manche wieder verwarf, um sie durch andere zu ersetzen. Stolz verteilte ich an sie die Freiexemplare meines Buchs, die man als Autor von seinem Verlag gestellt bekommt. Undurchgestrichen, weil unangefochten blieb auf dieser Liste der Name meines damaligen Grundschulklassenlehrers, dessen Adresse ich im Telefonbuch fand.

Ich hatte ihn nie vergessen, weil er auf mich zugegangen war. Seine Schritte waren vielleicht nicht gerade innovativ, vielleicht kaum merklich gewesen. Für mich bedeuteten sie die Welt. Für mich waren sie ein Zeichen, dass ich erwünscht war in diesem Land. Eine Frage hier und da. Ein aufmunterndes Lächeln zwischendrin. Anerkennung für jeden noch so kleinen Fortschritt, für jedes »meinetwegen«, für jede Wortmeldung, für jeden Deutschfehler weniger. Vor allem aber ein ehrliches Interesse an mir, an der kleinen, elfjährigen Person aus Russland. Kein verallgemeinertes Interesse an der Integration einer »ausländischen Mitbürgerin« (das vorangestellte kurze »Mit« kam sogar mir mit meinen mangelnden Deutschkenntnissen als Abstufung, als Ausgrenzung vor). Kein ausgeprägtes Helfersyndrom, keine mitleidige Hilfe von oben herab, die in mir das Gefühl der Schuldigkeit und einer nicht wiedergutzumachenden Dankbarkeit hinterließ, die mich erdrückte. Keine Erwartung, ich möge doch bitte möglichst schnell deutsch werden. Sondern ein Interesse und eine Einladung, unaufdringlich und deshalb so herzlich. Die einfachste Bitte von allen, nämlich die, meine Geschichte zu erzählen.

Plötzlich war ich nicht mehr das problematische Ausländerkind mit zu schlechten Deutschkenntnissen, ich war ein kleiner Mensch, dessen Geschichte interessierte. Ich bemühte mich gerne, diese zu erzählen, in einem möglichst fehlerfreien Deutsch.

Das mag auf den ersten Blick zu einfach klingen. Aber so falsch kann es nicht gewesen sein, denn heute werde ich als Integrationsbeispiel auf Podien und Diskussionsrunden vorgeführt.

Dass das Zuhören übrigens eine zweiseitige Angelegenheit ist, versteht sich von selbst. Wer in Deutschland leben will, muss Deutschlands Geschichte kennen. Muss den Menschen hier zuhören wollen und dafür die Sprache lernen. Aber das versteht sich, wie gesagt, von selbst.

Und dann? Wenn wir gelernt haben, einander zuzuhören? Einander wahrzunehmen, das Land miteinander zu teilen – als Menschen statt als Fremde, Eindringlinge, die sich gegenseitig etwas wegnehmen wollen? Der ultimative Traum sozusagen? Nun, der ist eigentlich ganz einfach. Dann schmeißt jeder, der dieses Buch gerade in den Händen hält, es einfach in den Mülleimer. Weil man es nicht mehr braucht, weil es irrelevant geworden ist, so wie man alte Mathebücher entsorgt, wenn man das Einmaleins schon beherrscht. Ich wünsche mir beim Schreiben, dass dieses Buch überflüssig sein wird, weil so klar, so selbstverständlich ist, dass wir Wir sind.

Deutschland 2.0

Ein Kapitel, in dem das Wörtchen »eigentlich« häufiger auftaucht, als mir recht ist

Lange bevor ich Deutsch konnte, hatte ich Schwäbisch gelernt. Ich war überzeugt davon, dass Weckle Weckle heißen, Fleischküchle Fleischküchle und Kehrwoche ein feststehender bundesdeutscher Begriff ist, der zu Deutschlands – in meinen Augen oft sonderbaren – Ritualen ebenso dazugehört wie *Tatort*-Schauen am Sonntagabend. Ich lernte nicht nur Schwäbisch, ich lernte Schwäbischland kennen. Ich war zudem ein Besserwisserkind und dabei, mich in diesem Land – das ich mit der schwäbischen Kleinstadt, in der meine Familie zufällig gelandet war, gerne verwechselte – zurechtzufinden und zu behaupten. Und gleichzeitig so zu tun, als wüsste ich bereits Bescheid. Über Deutschland an sich. Also erklärte ich meinen Eltern, während ich ihnen Teile der *Tagesschau* ins Russische übersetzte – Kinder lernen Sprachen schneller als Erwachsene –, welche Wörter die *Tagesschau*-Sprecher meiner Meinung nach falsch aussprachen. »Das hätte«, fügte ich zum Beispiel unnötigerweise hinzu, während ich etwas zum Doppelbesteuerungsabkommen zwischen Deutschland und Bolivien übersetzte, »›die hän b'schlossa‹ statt ›es wurde beschlossen‹ heißen müssen.« Fragten meine Eltern nach, was ein Doppelbesteuerungsabkommen sei, belehrte ich sie, den politischen Inhalt mit meinen elf Jahren und dem Problem im Kopf, morgen möglicherweise eine zu russische Jacke in die Schule anziehen zu müssen, nicht nur nicht verstehend, sondern auch nicht besonders spannend findend: »Das weiß doch jeder, lernt doch Deutsch! Das lässt sich auf Russisch nicht erklären!«

Wir, meine Großmutter, meine Eltern und ich saßen zu

viert in unserem Asylantenwohnheimzimmer vor dem Sperr-müll-Fernseher gedrängt auf braunen Stahlhochbetten. Das Asylantenwohnheim, ebenfalls braune Holzbaracken hinter Stacheldraht, ein Zuhause, für das ich mich bis auf die Knochen schämte.

Später lernte ich, dass Weckle auch Schrippen heißen können, oder schlimmer noch Semmeln, und kriegte mich vor Lachen nicht mehr ein. Noch später fuhr ich nach Hamburg, wo Backsteinbauten statt Fachwerkhäusle standen, die Menschen sich mit »Moin« begrüßten und auf mein »Grüß Gott« mit einem »Mache ich, wenn ich ihn sehe« reagierten, und fühlte mich, als sei ich im Ausland gelandet, unsicher und fremd. So lernte ich Deutschland nach und nach kennen, das mit meinem neuen schwäbischen Zuhause häufig erstaunlich wenig gemein hatte.

Zu einer Zeit, als ich Deutschland bereits zu kennen meinte, mein Russisch längst schlechter war als mein Hochdeutsch und ich den schwäbischen Dialekt bereits bewusst abzulegen begann, um weltkundiger zu wirken – ich wollte immerhin Journalistin werden –, nahm mich mein damaliger Freund und späterer Ehemann in seine Heimat mit, an die schleswig-holsteinische Ostseeküste. Als wir ankamen – ich war sehr aufgeregt, zum ersten Mal sollte ich das deutsche Meer sehen, das früher mein russisches Meer gewesen war, die Ostsee –, trafen wir einen Nachbarn der Familie. Mein zukünftiger Mann sprach plattdeutsch angehauchtes Norddeutsch mit ihm, machte ein wenig Small Talk, ja, wir sind für ein paar Tage da, lange Anfahrt, kalter Seewind. Ich stand beeindruckt daneben und dachte mir: Ich wusste gar nicht, dass er so gut Niederländisch spricht. Ich verstand kein Wort. Es war Winter und kalt. Und später in jenem Winter fuhren wir zusammen Langlaufski – Langlauf, weil man im Norden

Deutschlands eher selten Ski fährt, wo denn auch?, und mein Freund es nie gelernt hatte – und übernachteten in einer kleinen, netten Pension irgendwo im südlichen Schwarzwald. Die Pension wurde von einer kleinen, dicklichen Frau geführt, die mich an die Großmutter aus *Rotkäppchen* erinnerte und wahnsinnig besorgt war, ob wir auch genug zu essen bekämen. Mehrmals wollte sie bei der Anreise wissen, welchen Aufschnitt und Käse wir zum Frühstück bevorzugten. Am ersten Tag in dieser Pension ging mein zukünftiger Ehemann erst einmal alleine zum Frühstücken hinunter, während ich noch duschte. Kaum zehn Minuten später, ich war noch dabei, mich fertig zu machen, kam er wieder ins Zimmer gestürmt und verlangte: »Du musst runterkommen. Jetzt sofort. Sie redet permanent auf mich ein, und ich verstehe nicht, was sie von mir will!« Ich musste lachen, ich fand das süß, und ich sagte mir, welt- und vor allem deutschlandgewandt wie ich inzwischen war: Das ist die Bundesrepublik Deutschland. Das ist mein Land.

Wir leben in einem Land, das von seinen historisch bedingten regionalen Unterschieden geprägt ist wie kaum ein anderes. Seien diese nun dialektaler, kultureller, traditioneller, politischer, geschichtlicher, religiöser oder sogar kulinarischer Natur: Im Norden liebt man Grünkohl, im Süden Spätzle. Die Münchner nehmen sich für die Wiesn frei, die Kölner fiebern dem Karneval entgegen. Die Amerikaner – in ihrer großen Mehrheit zumindest – hissen am 4. Juli ihre Flaggen und werfen ihr Fleisch auf den Grill, die Franzosen – in ihrer großen Mehrheit zumindest – freuen sich auf den *bal populaire* am 14. Juli, und die Deutschen? Wie viele der 80 Millionen Einwohner wissen, welche Bedeutung der 3. Oktober für die gemeinsame Geschichte hat? Gibt es auch nur einen Brauch, den die Mehrheit der hier lebenden Menschen, wenn auch nicht die große, an diesem Tag pflegt? Und wenn nicht an diesem, dann an einem anderen? Isst man in Deutschland nun Labskaus, grüne Soße, Kässpätzle, Käsespätzle oder Kasspatzen? Warum müssen die Menschen in Sachsen-Anhalt arbeiten, während die Glückspilze in Bayern aufgrund eines nur dort gültigen gesetzlichen Feiertags frei haben? Wie sagt man denn nun zu Brötchen? Und sind die Preußen deutscher als die Westfalen?

Wir leben in einem Land, zu dem die Vielfalt per Historie dazugehört, in einem Land, das sich nicht zuletzt durch diese zahlreichen Unterschiede wirtschaftlich, kulturell und sozial zu dem entwickelt hat, was es ist. Ein Sven aus Dänischenhagen mag mit einem Alois aus Bayrischzell ebenso wenig zu tun oder gemein haben – all die Klischees, die mit diesen Vor- und Ortsnamen einhergehen, für einen Augenblick übernommen – wie mit einer Doreen aus Meuselwitz, aber alle drei gehören zweifelsfrei zu diesem Land. Sie müssen einander nicht mögen, sie müssen auch kein Verständnis füreinander haben, ihre Zugehörigkeit zweifelt aber niemand an.

Selbiges gilt nicht nur für regional bedingte Unterschiede, sondern – wie in jedem anderen Land – auch für Menschen aus unterschiedlichen Generationen, unterschiedlichen Milieus, unterschiedlichen Vereinen sogar. Nehmen wir kurz mal an und bleiben wir dabei, dass Klischees nur für den Augenblick dieser Annahme in Ordnung sind: Prof. Dr. h.c. Arthur Schmid, benannt nach Arthur Schopenhauer, den sein Vater sehr verehrte, sitzt im selben Zug wie Uschi Müller aus Günstedt, die so heißt, weil ihre Mutter gerne Unterhaltungsserien im Fernsehen schaut, in denen Uschi Glas mitspielt. Nehmen wir mal an, auch wenn das eher unrealistisch ist, die beiden sitzen sich tatsächlich gegenüber, weil sie dieselbe (Preis-)Klasse gebucht haben. (Nehmen wir, damit es realistischer wird, an, Frau Müller hat heute ausnahmsweise nicht den Regionalexpress genommen, während Herr Prof. Dr. h.c. Schmid nicht wie sonst erster Klasse fahren konnte, weil diese ausgebucht war, und ja, auch diese Klischees lassen wir für den Augenblick einfach so stehen.) Was haben sich die beiden zu sagen? Er, der gerade von einer internationalen Konferenz an der Sorbonne kommt und die Fahnen seiner neuen Monographie Korrektur lesen muss, und seine Sitznachbarin, die ihren Zweitgeborenen Kevin zu dessen Erzeuger bringt und hofft, dass der Ex sie am Bahnhof abholen und Windeln besorgt haben wird, so dass sie pünktlich wieder nachhause kommt, um ihre Lieblings-TV-Gerichtsshow (nur dass Uschi Müller nicht ahnt, dass es sich in dieser um Laiendarsteller handelt und nicht um »wahre Fälle«) ja nicht zu verpassen? Oder was verbindet den Berliner Hausbesetzer mit Punkfrisur und Sperrmüll-Fahrrad, der die Grünen für konservativ hält, und den Oberarzt, der sich endlich seinen Porsche geleistet hat, für den er seit seinem Studium gearbeitet hat?

Nichts, so scheint es auf den ersten Blick. Aber: Sie sind Deutschland, um einmal eine gut gemeinte, aber wenig gelungene Kampagne zu zitieren. Und das Schöne ist: Das sprechen sie sich trotz der Unterschiede, trotz des wechselseitigen Gefühls, jeweils von einem anderen Planeten zu stammen bzw. auf einem solchen zu leben, trotz der zahlreichen Vorurteile, die die meinen möglicherweise sogar noch übersteigen, einander nicht ab. Die Diversität, die Heterogenität dieses Landes, die nicht in Frage gestellt wird, weil man es einfach nicht anders kennt, ist nicht zuletzt ein Merkmal Deutschlands. Die Tatsache, dass wir mit dieser Vielfalt nicht nur leben, sondern auf so vielen Ebenen von ihr profitieren, ist etwas, worauf wir stolz sein können. Weil wir uns von den vielen regionalen, kulturellen, auch religiösen Unterschieden nicht auseinandertreiben lassen, nicht feindliche Lager bilden, sondern ein großes Etwas, eine funktionierende Demokratie, eine zivilisierte Gesellschaft, eine international angesehene Wirtschaftsmacht bilden. Eine Art Dach, unter dem wir alle, so unterschiedlich wir sind, jeder auf seine eigene Weise, leben können, es auch gerne tun, dabei einander akzeptieren und respektieren, ohne uns gegenseitig missionieren zu wollen. Die Fähigkeit zu dieser Art des Zusammenlebens, diese Vielfalt ist eine Stärke Deutschlands, und gerade sie macht dieses Land so schön. Eine Vielfalt, die von außen nicht einfach zu verstehen ist: Haben Sie schon einmal versucht, Menschen aus anderen Ländern zu erklären, warum Filme, in denen bayerischer Dialekt gesprochen wird, in Frankfurt am Main mit Untertiteln gezeigt werden müssen?

Wir in Deutschland beherrschen von Haus aus einen Umgang mit Vielfalt, von dem viele lernen könnten. Warum aber schaffen wir es dann nicht immer, diesen Umgang auch auf »die andere« Vielfalt zu übertragen? Deutschland ist schon lange mehr als Prof. Dr. h.c. Arthur Schmid und Uschi Müller. Deutschland sind all die Menschen mit den teilweise fremd klingenden Namen, die ich jetzt nicht aufzählen werde, weil es kaum etwas Platteres, Herablassenderes und Naiveres gibt, als zu sagen: Deutschland ist auch: Mohammed, Giovanni und Fatema. Denn das versteht sich (eigentlich) von selbst.

Ein Nachtrag in eigener Sache: Mehrmals habe ich diesen letzten Satz hingeschrieben. Das Wörtchen »eigentlich« – ein unwichtiges, unnötiges Füllwörtchen – wieder gelöscht, bin noch einmal in mich gegangen, habe es wieder hinzugefügt, den gesamten Satz getilgt und ohne »eigentlich« noch einmal getippt, laut vorgelesen und dann doch wieder das »eigentlich« hinzugefügt, nur um alles wieder zu löschen. Und warum? Weil sich der Satz im deutschen Sprachgebrauch

ohne »eigentlich« unpassend, nicht relativierend genug anhört? Noch einmal der Versuch ohne »eigentlich«: Denn, dass
Mohammed und Giovanni und Fatema zu Deutschland gehören, versteht sich von selbst. Ist das Gefühl, mein angebliches
Gefühl für die deutsche Sprache, nicht nur für ihre Grammatik, sondern auch für ihren Gebrauch, das Gefühl, dass in
diesem Satz etwas, nämlich das Wörtchen »eigentlich«, fehlt,
nur in meinem Kopf, mein eigenes, falsches Gefühl? Würden
Sie denn, ohne zu zögern, sagen: Dass Mohammed und Giovanni und Fatema zu Deutschland gehören, versteht sich von
selbst?

Zu Deutschland gehören, und jetzt könnte ich aus meiner
eigenen Sicht ein »leider« einfügen, auch diejenigen, die diese
Entwicklung – nämlich dass all diese Menschen mit den »ko-
mischen« oder »Wie-spricht-schreibt-man-das?«-Namen
oder auch ohne, auf jeden Fall aber mit dem berühmt-berüchtigten Migrationshintergrund hier leben – nicht gutheißen.
Die diese Tatsache verdächtig finden und beängstigend und
falsch und vor allem höchst gefährlich. Ob ich das wiederum
nun gut heiße oder nicht, auch diese Menschen gehören zu
Deutschland, ja, sie sind Deutschland. Das darf ich ihnen
nicht absprechen. Aber sie mir meine Zugehörigkeit bitte auch
nicht.

Die Patentante meines Sohnes kommt aus Jugoslawien.
Meine beste Freundin ist Russin und ihr Mann Österreicher.
Der älteste Freund meines Mannes ist Schwede und seine
Frau Schweizerin. Die Freundin, die am selben Tag Geburtstag
hat wie er, Argentinierin. (Nein, es kommen nicht alle aus der
Türkei »und anderen arabischen Ländern«, würde ich gerne
hinzufügen, aber eigentlich – schon wieder eigentlich – versteht sich das von selbst.) In unserem Haus leben Amerikaner und Franzosen. Die Frauen, in die sich mein Sohn – mit

sieben Monaten – zum ersten Mal und auf den ersten Blick verliebte, waren eine Griechin und eine Pakistanin. Die Mutter des Kindes, mit dem mein Sohn in der Krippe spielt, ist Engländerin.

Und ja, ich weiß: Die Menschen, mit denen man sich umgibt, die sucht man sich selbstverständlich aus.

Deshalb: Jemand, der sich Uwe und Ute und Ulf und Ulrike und (nein, nicht Uschi) Peter zu Freunden aussucht, lässt sich möglicherweise von einem albanischen Busfahrer zur Arbeit fahren, kauft seinen Kaffee vielleicht bei einem afrikanischen Bäckereiverkäufer, arbeitet womöglich mit einem Italiener zusammen (oder nimmt spätestens sein Mittagessen bei einem ein), lässt seine Mutter im Altersheim von einer polnischen Krankenschwester pflegen und sich selbst abends in der Kneipe von einer chilenischen Kellnerin bedienen.

Ups, kann es sein, dass ich jetzt nur »niedere« Jobs aufgezählt habe, »nieder« in dem Sinne, dass wir sie als solche abgestempelt haben? Sind das denn nun diejenigen Jobs, die sie »uns« deshalb wegnehmen dürfen oder die gerade nicht?

Nun ja, jedenfalls lässt sich dieser Jemand den ganzen Tag zudem von türkischstämmigen Politikern im Parlament vertreten, liest in der Zeitung Artikel von einem kroatisch-stämmigen Journalisten, lässt sich im Autoradio das Wetter von einem in Spanien geborenen Moderator vorhersagen, fährt zudem ein von indischen, amerikanischen, japanischen, russischen, französischen, türkischen, italienischen, tschechischen Ingenieuren entwickeltes Auto und, ach ja, ist die Mutter seines Chefs nicht Iranerin »oder so was Ähnliches« gewesen?

Ob wir es wollen oder nicht, ob wir es gutheißen oder nicht, gehören sie, nein, gehören wir zu Deutschland. Wir, mit unserem zweiten (russischen) Pass oder der italienischen Großmutter oder den türkischen Eltern, dem albanischen Geburtsort, der französischen Muttersprache, den südafrikanischen Vorfahren und so weiter. Diese Aufzählung ist so banal wie unnötig, das sollte sie – eigentlich – sein.

Wir sind schon lange Teil des deutschen Alltags. Wir kommen nicht erst wie eine große, schwarze, gefährliche Wolke, die langsam aufzieht und uns warnt, sich warm anzuziehen, sonst … (nehmen sie uns die Jobs weg, führen die Scharia ein, verpesten alles mit Knoblauchgeruch, stoßen unsere Rentner auf die U-Bahn-Gleise, treiben die Kriminalitätsrate nach oben, sprechen Sprachen, die fremd in unseren Ohren klingen, bringen ihre eigene Mafia mit …). Nein, wir sind schon da, wie bunte oder auch graue Farbkleckse in der Landschaft, so unterschiedlich, wie Menschen nur sein können, ohne dass wir uns automatisch alle leiden könnten, denn das Einzige, was uns miteinander verbindet, ist, dass wir nicht Urdeutsche sind. Die andere Eigenschaft, die uns untereinander, aber auch mit all den »Urdeutschen« verbindet, ist, dass wir Teil Deutschlands sind.

So ist das nun mal.

So sehr sich unsere Frühstücksgewohnheiten, unsere Begrüßungsrituale, unsere Geschichten, auch der Grad unserer Verbundenheit zu diesem Land, die Bereitschaft, dieses Land kennenlernen zu wollen, die Fähigkeit, aktiv an seiner Gestaltung mitzuwirken, voneinander unterscheiden – diese Vielfalt ist Reichtum, der anstrengend und nervenaufreibend, problematisch und großartig zugleich sein kann. Dies ist – und das ist, ohne »eigentlich«, eine unumstrittene Tatsache – unser aller Deutschland.

Name gesucht

»Such was Neues!«, sagte sie zu mir. Sie war eine von den vielen, mit denen ich über dieses Buch, über dieses Thema sprach, in dem Versuch zu verstehen, wie andere ticken, was sie denken. Wie die Realität jenseits meines Kopfes ist.

Wir liefen durch die Innenstadt Stuttgarts, wichen den konsumierenden Menschenmassen aus, ich nahm sie kaum wahr. Wie viele Kopftuch-Trägerinnen waren darunter? Wie viele blonde, blauäugige Männer? Es war die Innenstadt einer deutschen Großstadt, es war Alltag, es hätte auch Köln sein können oder Hamburg. »Such was Neues, ein neues Wort!«, sagte sie, nachdem ich irgendeine Frage im Zusammenhang mit Migranten gestellt hatte. Die Frage hatte komplizierter geklungen, als sie tatsächlich war. Kompliziert formuliert deshalb, weil ich Begriffe wie Migranten und Menschen mit Migrationshintergrund und Ausländer zu vermeiden versuchte. »Ich finde diesen Migrationshintergrund schrecklich!«, fügte sie hinzu, womit sie nicht die Tatsache an sich meinte, sondern den Begriff, der sie umschrieb. Sie sprach mir aus dem Herzen.

Sie war eine von denen, die sich auskennt, weil sie mittendrin lebt, mittendrin arbeitet, mittendrin ihren Alltag verbringt. Sich mit Jugendlichen mit Migrationshintergrund befasst, selbst türkischstämmig ist – und schon wieder habe ich zwei dieser Begrifflichkeiten verwendet, scheinbar unreflektiert. Zu Letzterem sagte sie: »Wenn man türkischstämmig sagt und damit auch Kurden meint, sind die Kurden beleidigt. Wie aber sagt man dann?«

»Such was Neues!«, sagte sie, sie war die Erste, die mich darum bat, aber nicht die Letzte.

Ja, wie sagt man dann? Lange Zeit hatte man von Ausländern gesprochen, und in diesem Zusammenhang immer häufiger auch von Ausländerhass, Ausländerproblemen, Ausländerfeindlichkeit. Damit hatte der Begriff einen bitteren Beigeschmack bekommen, vielleicht weil keinem der angehängten Begriffe (Hass, Probleme, Feindlichkeit) positive Assoziationen folgten, vielleicht weil der Begriff zunehmend von der rechten politischen Ecke vereinnahmt wurde, vielleicht, weil man über dieses Thema niemals in einem unproblematischen, wertfreien Zusammenhang sprach. Man versuchte also, dem Beigeschmack zu entkommen, indem man dem Ausländer ein freundliches »Mitbürger« hinten anhängte, so dass aus Ausländern ausländische Mitbürger wurden. Die Menschen blieben dieselben, aber wer möchte schon gerne ein Mitbürger sein? Der so ein bisschen mit von der Partie ist, vielleicht, vielleicht auch nicht. Ein Mitbürger ist irgendwie ein Auch-Bürger, aber weshalb denn Auch?

Man probierte es mit typisch deutschen Wortkonstruktionen wie »Menschen nichtdeutscher Herkunftssprache«, »Personen ausländischer Herkunft« oder »Angehörigen einer in Deutschland ansässigen ethnischen Minderheit«. Die Länge der Wortkonstruktionen spiegelt das prekäre Verhältnis zu der Sachlage wider, die diese sprachlich zu fassen versuchten. Dann kam Migrant. Migrant sollte wertneutral klingen und keinerlei Assoziationen nach sich ziehen, nur Realitäten beschreiben, die keiner verleugnen will und darf. Migrant heißt ins Deutsche übersetzt so viel wie »Herumwanderer«, und angeblich bin ich ein solcher Migrant, eine Migrantin, um genau zu sein. Aber wandere ich herum? Oder wird mir nicht vielmehr unterstellt, herumzuwandern? Schließt dieser Begriff nicht schon von vorneherein aus, dass ich auch bleiben könnte, bleiben möchte, angekommen bin? Ich bin gewandert, das stimmt. Ich bin nach Deutschland ausgewandert, um hierzubleiben. Jetzt wandere ich nicht mehr herum, ich finde es hier schön. Nicht alles, aber genug. (Und gerade diese Feststellung zeigt aus meiner Sicht, dass ich hier zuhause bin, dass Deutschland und ich eine gute Beziehung haben, eine Beziehung wie eine lange, gute Ehe: Man findet nicht alles am anderen gut, aber ziemlich viel, und immer genug, um die Beziehung fortzuführen.) Ich lebe in München und tue dies gerne. Ich kenne zig Menschen, die jedes Jahr umziehen, weil es in Frankfurt die besseren Jobs gibt, weil Berlin noch cooler ist als Hamburg, weil der neue Freund in Köln lebt. Sind das nicht Herumwanderer, Migranten? Ich hingegen bin spießig und bleibe, wo ich bin.

Ein wenig später sprach man von Menschen mit Migrationshintergrund, um einen Namen für Menschen wie mich zu haben. Man gestand den Ausländern also mittlerweile zu, auch – oder in erster Linie – Mensch zu sein. Ein echter Fortschritt. Das befanden dann auch Wissenschaftler, Politiker, Öffentlichkeitsmacher für politisch korrekt, und der Begriff blieb, bis er wie eine ansteckende Krankheit um sich griff, sich verbreitete wie ein Virus. Jedermann erleichtert, sich endlich unproblematisch zu dieser problematischen Masse von Menschen äußern zu können, nicht für eine Sekunde in Erwägung ziehend, dass diese Menschen, für die man einen so schönen politisch korrekten Namen gefunden hatte, so heterogen sind, wie Gruppen es nur sein können. Aus verschiedenen Ländern, verschiedenen Kulturkreisen stammend, unterschiedliche Geschichten und Vergangenheiten mitbringend, unterschiedliche Wert- und Lebensvorstellungen, unterschiedliche Religionen und Bräuche, Sprachen erst recht, und der einzige gemeinsame

Nenner: ach ja, der Migrationshintergrund! Der übrigens nichts weiter bedeutet, als dass all diese Menschen eine Migration hinter sich haben und nun in Deutschland leben, aber bis auf die Tatsache, dass sie sich manchmal – und viele gar nicht – in der Ausländerbehörde (die übrigens nach wie vor so heißt) treffen, im Alltag nichts miteinander zu tun haben.

Seit dem Mikrozensus 2005 erhebt das Statistische Bundesamt auch die Zahl der Menschen mit Migrationshintergrund und teilt seine Statistiken nebst in Männer und Frauen, Alte und Neue Bundesländer und ähnliche Kategorien in ein »mit« und ein »ohne« ein. Als Personen mit Migrationshintergrund definiert werden dabei »alle nach 1949 auf das heutige Gebiet der Bundesrepublik Deutschland Zugewanderten, sowie alle in Deutschland geborenen Ausländer und alle in Deutschland als Deutsche Geborenen mit zumindest einem nach 1949 zugewanderten oder als Ausländer in Deutschland geborenen Elternteil«. Was bedeutet, dass es für diese Bezeichnung gar nicht notwendig ist, tatsächlich einen Migrationshintergrund zu haben, im Sinne von selbst herumgewandert zu sein. Es reicht, wenn die Vorfahren diese Aufgabe übernommen haben, auch: diese Erfahrung gemacht haben. Eine schöne Botschaft, die da mit diesem politisch korrekten Begriff versendet wird: Du bist hier geboren, du kennst – abgesehen von Urlaubserfahrungen – kein anderes Land, aber einer von uns bist du dennoch nicht. Nee, du hast da was. Was in deiner Biographie oder vielmehr der deiner Eltern. Einen Migrationshintergrund. Oder fällt jemandem spontan ein Satz ein, in dem Migrationshintergrund wie etwas Wünschenswertes, etwas Beneidenswertes klingt? Der Begriff ist so politisch korrekt, dass in ihm meist eine Gönnerhaftigkeit mitschwingt. Mensch, bin ich nicht wunderbar politisch korrekt, dass ich mir so einen schönen Namen für dich ausgedacht habe?

Vielen herzlichen Dank!

Wie sieht er aus, so ein Migrationshintergrund? Assoziationen sind eine sonderbare, aus psychoanalytischer Sicht höchst spannende Angelegenheit, als Autorin denke ich viel darüber nach. Einmal sagte jemand mit (einem türkischen) Migrationshintergrund zu mir: »Bei Multikulti denke ich immer an Multivitaminsaft.« Ich war mir noch nicht sicher, ob ein tieferer Sinn hinter diesem Satz steckte, bevor mir eine andere Assoziation in den Sinn kam: »Ich hasse Multivitaminsaft.« Bei Migrationshintergrund denke ich jedenfalls als Erstes an etwas, das hinter mir ist, also einen Hintergrund bildet. Und da ich ja aus der ehemaligen Sowjetunion stamme, stelle ich mir den eigenen immer als eine sowjetische Flagge vor. Rot, groß, im Wind wehend, darauf Hammer und Sichel in einem golden schimmernden Gelb. Stelle ich mir diese Fahne als meinen Hintergrund vor, überkommt mich plötzlich das Bedürfnis, mich aufzurichten, meinen Rücken durchzudrücken und die sowjetische Hymne anzustimmen: »Союз нерушимый республик свободных сплотила навеки Великая Русь …« (»die unzerbrechliche Union der freien Republiken vereinigte für die Ewigkeit die große Rus'«). So, als wäre ich wieder dabei, in der sowjetischen Grundschule mit vor Stolz geschwellter Brust als Oktjabrjönok, der Vorstufe zum Pionier, vereidigt zu werden. Aber ist tatsächlich diese Fahne gemeint, wenn von meinem Migrationshintergrund die Rede ist? Und soll das etwa derselbe Hintergrund sein wie der, den ein 63-jähriger Flüchtling aus Somalia mitgebracht hat? Und wie sieht der eines Jungen aus, dessen Großeltern in den sechziger Jahren aus Italien zum Arbeiten nach Deutschland gekommen sind, der kein Wort Italienisch spricht, sondern eher Berlinerisch als Hochdeutsch?

Unsere Hintergründe sind Collagen, die aus Fetzen unseres Lebens, Schnappschüssen, Geräuschen, Erinnerungen, Songtexten, Bildern bestehen. Sie sind bunt und unterschiedlich und oft nur für uns selbst zu verstehen. Es gibt nicht einen Migrationshintergrund, nicht eine Collage, die auf mehrere Menschen zutreffen würden, selbst wenn diese aus demselben Land ausgewandert sind. Wie aber soll er aussehen, unser, dieser angeblich gemeinsame, Migrationshintergrund? Eine durchgestrichene deutsche Fahne? Und was für eine Aussage wäre das dann? Ätschi-bätschi, Du bist nicht schon seit Generationen deutsch, reih Dich bei denen mit dem Migrationshintergrund ein!

Ein Begriff, der auf eine so extreme Weise pauschalisiert, ist eine Erniedrigung. Was man auch daran sieht, dass ich noch nie jemanden mit Migrationshintergrund kennengelernt habe (Sie etwa?), der sich selbst so beschrieben hätte: »Hi, freut mich dich kennenzulernen! Ich bin der Abdullah, ich habe einen Migrationshintergrund.«

Die »Karrieristen«, die Aufsteiger unter uns »Migrationshintergründlern«, erkennt man am deutschen Pass. Wir steigen auf – aufgrund der Anzahl unserer hier verbrachten Lebensjahre, aufgrund unserer Sprachkenntnisse, unserer Arbeitsamkeit (und unserer Steuerzahlsamkeit), aufgrund der Fähigkeit, den 300 Fragen langen Einbürgerungstest zu bestehen, an dem viele »Biodeutsche« scheitern würden, aufgrund unseres offenen Bekenntnisses »zur freiheitlichen demokratischen Grundordnung des Grundgesetzes der Bundesrepublik Deutschland«. Wir steigen auf, indem wir zum Beispiel Fragen beantworten wie die, was man unter »Freizügigkeit« in Deutschland versteht, oder die, welche Organe zu den Verfassungsorganen in Deutschland gehören, oder die, was in einer deutschen »Hausordnung« steht. Wir steigen auf, indem wir unter anderem auf dem zehn Seiten langen, klein bedruckten

Einbürgerungsformular fein säuberlich, ordnungsgemäß und selbstverständlich grundehrlich ankreuzen, dass wir keiner radikalen Organisation angehören, auch der LINKEN nicht. Bei jeder einzelnen: ein Nein-Kreuz. Und dann sind wir Deutsche, deutsche Staatsbürger zumindest, und unsere Prämie: der deutsche Pass. Im Sprachgebrauch sind und bleiben wir aber: Deutsche mit Migrationshintergrund, was auch heißt: schon Deutscher, aber eben doch nicht ganz. Was auch heißt: So brav warst du, du Nicht-Deutscher, dass wir dir die deutsche Staatsbürgerschaft verliehen haben. Verliehen wie einen Orden, vielen herzlichen Dank. Ich bin jetzt beinahe einer von euch.

Man versuchte es also über Jahre und Debatten hinweg mit Ausländer und Migrant und Mensch mit Migrationshintergrund und anderen fragwürdigen Wortkonstruktionen. Sie sollten alle möglichst wertneutral klingen und keinerlei Assoziationen nach sich ziehen, aber die Assoziationen des Ausländers kamen uneingeladen bei jedem neuen Begriff mit. Sprachwissenschaftler bezeichnen ein solches Phänomen als Euphemismus-Tretmühle: Jeder Euphemismus wird früher oder später die negative Konnotation seines Vorgängerausdrucks annehmen, solange die äußeren Verhältnisse gleich bleiben. Solange sich also in unseren Köpfen die Assoziationen, die wir mit diesem Thema verbinden, nicht ändern, solange die Verhältnisse, die Atmosphäre dieselbe bleiben, wird der unangenehme Beigeschmack nicht verschwinden. Solange der Begriff auch mit Sozialschmarotzern, Kopftuchträgerinnen, Kriminellen gleichgesetzt wird – trotz veröffentlichter Studien, die diesen Assoziationen widersprechen –, wird es nicht gelingen, die Neutralität, die Objektivität zu wahren, die notwendig wäre, damit man sich als Träger dieses Begriffs nicht gedemütigt fühlt. Oder wie viele von Ihnen denken beim Begriff

Migrationshintergrund an Studien wie die von SINUS Sociovision, eines Heidelberger sozialwissenschaftlichen Instituts, das Milieu-Studien betreibt und unter anderem vom Bundesministerium für Familie, Senioren, Frauen und Jugend damit beauftragt wurde, explizit Migranten-Milieus zu untersuchen und dabei zu dem Ergebnis gekommen ist, dass der Anteil von Leistungsträgern unter Migranten höher ist als in der gesamtdeutschen Bevölkerung? Oder wenigstens an Aussagen wie diese: »Die große Mehrheit der befragten Migranten will sich in die Aufnahmegesellschaft einfügen – ohne ihre kulturellen Wurzeln zu vergessen«, die das Resultat einer anderen Untersuchung sind? Und wie viele haben die Rütli-Schule in Neukölln im Kopf (natürlich nicht in ihrer neuen, reformierten Form, sondern als Problemschule der Republik von Terrorschülern mit Migrationshintergrund)? Jetzt mal ganz ehrlich …

Nun könnte man sagen: Ach bitte, es kann doch nicht nur um Begrifflichkeiten gehen, wichtig ist, was geschieht. Aber Sprache ist etwas, das geschieht. Sprache ist der Spiegel unserer Gedanken, unserer Assoziationen, Sprache ist öffentlich und Öffentlichkeit, und Sprache bewirkt. Sie bewirkt Reaktionen, Gefühle, zieht Handlungen und Konsequenzen nach sich. Sprache kann abgrenzen und ausschließen, und Sprache kann wehtun. Denn neben dem negativen Beigeschmack hatten und haben all die Begriffe eines gemeinsam: Sie teilen ein. Machen ein »Wir« versus »Ihr« aus Deutschland. Machen auf die Unterschiede aufmerksam anstatt auf das Gemeinsame, auch wenn es innerhalb des »Ihrs« wahrscheinlich mehr Unterschiede gibt als zwischen »Wir« und »Ihr«. Wozu? Wer genau hat einen Nutzen von dieser, noch nicht einmal inhaltlich sinnvollen, weil pauschalisierenden Unterscheidung? Diese Abgrenzung reduziert uns alle auf eine Herkunft, für die wir letztendlich nichts können. Sie macht andere Konstellationen von »Wir« und »Ihr«, wie zum Beispiel die »Wir Rockmusikliebhaber« versus »Ihr Leseratten« unmöglich, weil sie zwei Gruppierungen vorbildet, die zu verlassen unmöglich ist. Ich wüsste zumindest nicht, wie. Denn ich werde immer aus der ehemaligen Sowjetunion stammen.

Zudem vermittelt sie mir permanent das Gefühl, mich bedanken zu müssen. Mich dafür bedanken zu müssen, hier sein zu dürfen, nicht als gleichberechtigtes Puzzleteilchen dieses Landes, sondern als jemand, der eben hier sein *darf*. Hört das jemals auf? Es hat nicht mit dem deutschen Pass aufgehört, auch nicht mit den auf Deutsch geschriebenen Büchern, nicht den Preisen, die ich dafür erhalten habe, wann aber dann?

Ich bin übrigens nicht die Einzige, die auf der Suche nach einem neuen Namen zu sein scheint. Seyran Ateş hat den Begriff »Deutschländer« vorgeschlagen. Ich habe in Zeitungen auch schon »Multischland« und »Bunte Republik Neu-Schland« gelesen. Die *taz* hat kurz nach der Debatte um Thilo Sarrazin eine Umfrage gestartet, in der sie Prominente, aber auch Leser um Vorschläge für eine neue Bezeichnung für Migranten fragte. Unter den eingegangenen Vorschlägen waren: Antivergreisungshelfer, Kuckucksmenschen, Potenzielle Mitbürger, Neudeutsche, Panglobale Beute-Teutonen, Ausgrenzungsgefährdete, Meutsche, Migbürger, Von-wo-anders-Deutsche, Zweisprachler. Es waren Versuche dabei, den Wert der panglobalen Beute-Teutonen mit der Begriffswahl hervorzuheben wie mit Bereicherer oder Kulturbeweger, pragmatische Ausdrücke wie »präventive Genpoolerweiterungsmasse« oder »ethnisch gehandicapte Mitbürger«, zu lesen war in der Online-Umfrage aber auch: Kriminelle, Sozialschmarotzer, Untermenschen, Zurückzuführende, Auszuschaffende, Schnüffeldeutsche. Und einer schrieb: »Brauchen wir das?

Wir sollten das ersatzlos streichen. Mensch ist Mensch.« Ich blieb beim Lesen daran hängen, für einen Moment, ich mochte das auf den ersten Blick, schob den Autor auf den zweiten in die Naive-Gutmenschen-Schublade ab und ärgerte mich über mich selbst, dass ich darauf hereingefallen war. Erst auf den dritten Blick fiel mir auf, dass der naive Gutmensch, den ich nicht kannte und niemals kennenlernen würde, der mit großer Wahrscheinlichkeit auch gar keiner war, nichts weiter notiert hatte als eine Tatsachenfeststellung: Mensch ist Mensch. Unabhängig von seiner Herkunft, unabhängig aber auch von der Betitelung, die wir ihm verpassen.

Die Frage ist doch, was sagen all diese Begriffe über unsere Gesellschaft aus? Was für eine Gesellschaft, was für ein Land wollen wir sein? Wie definieren wir uns, wie sehen wir uns? Sehen wir uns zum Beispiel als eine Gesellschaft der Vielfalt? Vielfalt bedeutet, dass es viele gibt, und sie sind unterschiedlich, und das ist weder gut noch schlecht, das ist einfach so. Vielfalt schließt Unterschiedlichkeiten aller Dimensionen ein, es geht nicht nur um die Herkunft, die Religion, das Geburtsland. Zu einer Gesellschaft der Vielfalt gehören auch Homo- und Heterosexuelle, Liberale und Linke, Porschebesitzer und überzeugte Fahrradfahrer. Vielfalt ist eine Herausforderung für jede Gruppe, für jede Gesellschaft. Vielfalt ist nicht nur schön, einfach, weil es vielfältig, weil es bunt ist. Vielfalt ist anstrengend und stellt eine Gesellschaft immer wieder vor Probleme, bedeutet, dass die Teilnehmer und Teilhaber dieser Gesellschaft Wege finden müssen, sich diese zu teilen ebenso wie ihre Ressourcen, sie gemeinsam zu gestalten, sie so zu verändern, dass jeder sich darin zurechtfindet, damit zurechtkommt. Eine Gesellschaft der Vielfalt muss mit Verunsicherung umgehen können, denn Vielfalt schafft auch Verunsicherung, manchmal blendet sie einen gar vor lauter Buntheit,

Grellheit, und das muss sie dann wiederum auffangen können; und auch damit zurechtkommen können, dass zu einer Gesellschaft der Vielfalt auch diejenigen gehören, die diese vielleicht nicht gutheißen oder zumindest beängstigend finden.

Ein anderes Wort für Vielfalt, da wir gerade bei Begrifflichkeiten sind, für die Vielfalt von Ideen und Lebensstilen, wäre Demokratie.

Wenn man bereit ist, von Vielfalt zu sprechen, könnte man auch endlich über Diversität sprechen. Schon längst ist in der einschlägigen Fachliteratur anderer Länder von Diversität die Rede, während man bei uns immer noch zu Begriffen wie Integration, Migration greift. Wenn man von Diversität spricht, spricht man nicht vorrangig von Problemen. Man spricht nicht mit Angst in der Stimme, also mit der Angst zum Beispiel, jemand könnte sich der Integration verweigern. Die Fragestellung ist eine andere. Die Fragestellung ist eine positive, weil man nach dem Nutzen dieser Vielfalt, dieser Verschiedenheit fragt, weil man sie als Motor für gesellschaftliche Entwicklung begreift. Die Haltung dabei ist keine Erwartungshaltung, bei der die Mehrheit darauf wartet, dass sich die Minderheit anpasst. Die Haltung ist eine interessierte, in der es nicht um Mehr- oder Minderheiten geht, sondern darum, was jeder Einzelne mit seiner Herkunft, seinem Erfahrungsschatz zum großen Ganzen beitragen kann. Ein Ansatz, der von Unternehmen genutzt wird – Diversity Management ist da der Fachbegriff –, die ihren Gewinn maximieren wollen. Die nicht Probleme, die aufgrund von Vielfalt entstehen könnten, lösen wollen, sondern – das muss man sich noch einmal im Vergleich zu den Konnotationen von Begriffen wie »Ausländer« oder »Migrant« auf der Zunge zergehen lassen – ihren Gewinn maximieren wollen. Weil sie erkennen und davon profitieren – und zwar nicht etwa aus Mitmenschlichkeit, sondern aus reinem Gewinnstreben –, dass unterschiedliche Menschen unterschiedliche Fähigkeiten, Begabungen und Ideen mitbringen, die alle zusammen das Unternehmen weiterbringen. Das Konzept lässt sich auf Gesellschaften, auch auf die deutsche, übertragen. Und wem es nicht gelingt, Vielfalt als ein positives Gesellschaftsmerkmal, als eine Bereicherung, noch nicht einmal als eine Herausforderung, mit der man umgehen kann, zu sehen, der hat immer noch die Möglichkeit, wirtschaftlich-gewinnorientiert zu denken: Schaffen wir es, das Potenzial, das Kapital einer vielfältigen Gesellschaft zu nutzen, die Gesamtheit unserer Verschiedenheiten und Gemeinsamkeiten zu erkennen und zur Gestaltung unserer Gesellschaft zu aktivieren, dann wird dieses Land davon profitieren, werden die Probleme, die Vielfalt eben auch mit sich bringt, leichter zu lösen sein. Klingt das nicht vielversprechend für diejenigen in unserem Land, für die Vielfalt nicht unbedingt eine Bereicherung ihres eigenen Lebens darstellt, die aber dem Land an sich Prosperität und internationales Ansehen wünschen? Das ist nicht meine Denkart, das ist keine Denkart, die ich persönlich sympathisch finde, aber darum geht es auch gar nicht. Unser Land besteht aus Menschen nicht nur unterschiedlicher Herkunft, was zu akzeptieren ich allen ans Herz lege, sondern genauso aus Menschen mit unterschiedlichen Meinungen und Einstellungen, die ihren Platz in einer Demokratie finden. Wenn bei uns im Haus eine griechische Familie einzieht, die Eltern beide Ärzte, die hierhergekommen und eingeladen worden sind, weil hier Mediziner fehlen, und ich mich darüber freue, weil es unser Haus noch bunter macht, weil es neue Einflüsse gibt, während die Nachbarin im Flur zu mir sagt: »Naja, so bekommen wir zumindest die Fachkräfte, die wir brauchen!«, dann ist es eine andere Sichtweise als meine. Ich muss diese andere Art der Wahrnehmung nicht sympathisch finden, sondern nur akzeptieren. So wie die Nachbarin – aus rein wirtschaftlichen und arbeitsmarkttechnischen Gesichtspunkten – billigt, dass unser Haus und somit auch unser Land vielfältiger werden. Diese – aus meiner persönlichen Sicht unmenschliche – Denkweise, den Wert eines Menschen aus einem anderen Land ausschließlich an seinem Beitrag zum wirtschaftlichen Erfolg unseres Landes (oder eben nicht als solchen) zu messen, ist dennoch eine, die die Vielfalt, die ebendiese Menschen mit sich bringen, zumindest akzeptiert, wenn auch erst einmal aus sehr bestimmten, vernunft- und gewinngeleiteten Gründen. Sie wurde inzwischen selbst von der CDU, die der Zuwanderung als Ganzes jahrzehntelang skeptisch gegenüberstand, übernommen, insofern, als sie Einwanderungserleichterungen für Fachkräfte bestimmter Berufsspektren fordert.

Da, wo ich von einer Gesellschaft der Vielfalt, der Diversität spreche, sprechen manche von einer Gesellschaft der Toleranz und denken, wir meinten dasselbe. Ich aber möchte nicht toleriert werden. Toleranz bedeutet Duldsamkeit, Toleranz bedeutet Aushalten, Geltenlassen, irgendwie, obwohl, dennoch. Werde ich toleriert, wird hingenommen, eben ausgehalten, geduldet, dass ich da bin oder dass ich so bin, wie ich bin. Toleranz bedeutet noch nicht einmal Akzeptanz, Toleranz ist eine Haltung, die immer von oben herab kommt und einen in die Knie zwingt, erniedrigt: Ach schau mal, bin ich nicht nett, dass ich dich hier so, wie du bist, toleriere? Toleranz hat wenig mit Gleichberechtigung zu tun, auch wenig mit einem Miteinander. Toleranz baut Hierarchien auf, die aufzubrechen nicht möglich ist, weil von vornherein festgelegt ist, wer seinen Platz wo hat.

Ich erinnere mich gleichermaßen gut wie ungern an Toleranz. Als Kind wurde ich viel toleriert, toleriert, weil ich anders war. Es wurde geduldet, dass ich angesichts von Pudding nicht in Begeisterungsstürme ausbrach, vielmehr fand, diese Speise sei nicht nur eine wackelige, sondern aufgrund dieser wackeligen Konsistenz eben auch eine sonderbare Angelegenheit, die ich nicht essen mochte. Das einzige Kind, das nicht in Begeisterungsstürme ausbrach, wenn es Pudding gab, obwohl ich ihn selbstverständlich aß, wie es mir beigebracht worden war, mich dafür bedankte und alles dafür tat, dass man mir meine Skepsis nicht anmerkte. Es wurde toleriert, dass meine Kleider, meine Schulsachen anders aussahen als die meiner Mitschüler, es wurde netterweise sogar toleriert, dass ich manchmal Hefte mit in die Schule brachte, die nicht nach DIN normiert, sondern quadratisch waren, der Umschlag ein verblichenes Grün. So hatten alle Schulhefte in der Sowjetunion ausgesehen, wo es kein DIN gab (und ja, wir lebten ganz gut damit), und meine Eltern hatten viele dieser leeren Hefte mitgebracht, weil Gerüchte, die unter Auswanderwilligen in der Sowjetunion in Umlauf waren, besagten, dass Schulhefte in Deutschland teuer seien. Waren sie aus unserer Arbeitslosen-Neuankömmlinge-Sicht ja auch, weshalb ich also die russischen Hefte mit in die Schule nahm, die dort toleriert wurden.

Ebenso wie meine Frisur, die mein Mann später anhand der Fotos aus dieser Zeit als »Turmfrisur« betitelte – eine Frisur, die die meisten russischen Mädchen meines Alters trugen, an den Seiten kurz und oben lang, weshalb meine vielen Locken meinen Kopf nicht nur unmodisch, sondern auch unvorteilhaft nach oben hin verlängerten, ein wenig wie bei Marge Simpson, und die mir eine ukrainische Friseurin in der Küche unseres Asylbewerberwohnheims, die wir sowie fünfzehn weitere Familien miteinander teilten, regelmäßig verpasste, während meine Mutter und andere Mütter russische Pausenbrote für uns schmierten, die nun ja, das wusste ich damals, während ich den Müttern zusah und zuhörte, toleriert werden würden.

Vor lauter Toleranz hatte ich, die damals Elfjährige, nur einen Wunsch: nicht mehr toleriert werden zu müssen. Weshalb mein einziges Bestreben der kommenden Jahre darin bestehen sollte, all das abzulegen, was toleriert werden könnte, und so zu werden wie die anderen. Nicht mehr aufzufallen, in der deutsch-blonden Masse zu verschwinden. In meiner ehrlichen kindlichen Sprache von damals formuliert: deutsch zu werden. Ich färbte mir die Haare blond, ich schmierte mir meine Pausenbrote bald selbst, schnitt sie so zurecht, dass sie perfekt in die Vesperdosen passten und somit nicht anders aussahen als die meiner Mitschüler. Sah möglichst davon ab, Freunde aus der Schule nachhause einzuladen, ein Zuhause, das erst das Asylbewerberwohnheim war und sich später, unser großer Aufstieg, in einer Wohnhaussiedlung befand, die aus ehemaligen amerikanischen Offizierskasernen entstanden war. In Letzterer durften mich meine Freunde dann ab und zu besuchen, auch wenn ich ihren Eltern anmerkte, dass sie ein wenig um ihre Kinder fürchteten, wenn diese bei uns waren, aber sie wollten mich, die russische Freundin, dann doch tolerieren. Im Sprachgebrauch dieser Eltern war ich immer »die russische Freundin«. Bekam ich Besuch, so nahm ich meiner Mutter das Kochen ab. Meine Mutter, die russische Gerichte kochte, die sie in sowjetischem Geschirr servierte, war mir peinlich. In jener Zeit, die leider viel zu lange dauerte, war mir meine Familie des Öfteren peinlich, wofür ich mich heute in Grund und Boden schäme. Aber so groß war mein Wunsch, nicht mehr nur toleriert zu werden wie ein Mensch zweiter Klasse, der anders, aber, wir wollen mal nicht so sein, auch irgendwie willkommen ist, zumindest ein wenig, zumindest ab und zu, dass ich meine Familie verriet. Immer wieder, jeden

Tag aufs Neue, etwa wenn ich mir als Einzige wünschte, nicht von einer Klassenfahrt abgeholt zu werden, damit keiner meine Eltern sah, die nicht wie alle anderen mit dem Auto, sondern mit dem Bus kamen. So bestrebt war ich, deutsch zu werden, nicht mehr aufzufallen, mit meinen mittlerweile blondierten Haaren (nur die grünen Augen ließen sich nicht gegen blaue eintauschen), dass ich nicht nur meine Familie, sondern damit auch zunehmend mich selbst verleugnete. Bis ich nicht mehr wusste, wer oder was ich war, wo ich hingehörte, wer zu mir gehörte und überhaupt.

Wie erstaunt, wie schockiert ich doch war, als ich ein paar Jahre später junge Menschen traf, die ein ähnliches Schicksal ereilt hatte wie mich. (So empfand ich die Situation, meinen Migrationshintergrund, damals: als ein schweres Schicksal, das mich ereilt hatte, ein Unglück, das nicht zu verhindern gewesen war, das große Pech, nicht von Geburt an Müller oder Meyer geheißen zu haben, sondern Gorelik! Gorelik, die Gorelik aus Russland, ich kam mir gebrandmarkt vor.) Aber die jungen Menschen, die ich traf, die gingen bewusst und selbstbewusst mit diesem vermeintlichen Makel um, waren gar stolz darauf, eine andere Herkunft zu haben, schienen davon zu zehren und zu profitieren, vor allem aber versteckten sie sie nicht. Im Gegensatz zu mir, die ich alle Spuren meiner Herkunft beseitigte und damit mich selbst aufgab und damit so schwer beschäftigt war, dass ich unglücklich wurde, ohne es zu merken. Meine neuen Freunde, die auch nicht von Geburt an Müller oder Meyer geheißen hatten, stellten unsere gemeinsamen deutschen Bekannten ihren Eltern mit einer Selbstverständlichkeit vor, die ich für mich niemals beansprucht hätte, weil ich meinte, dafür nicht die richtige Familie abbekommen zu haben. So selbstbewusst schienen andere mit ihrer Herkunft umzugehen, so natürlich waren sie das, was sie nun einmal waren – in Deutschland geborene Italiener oder Deutsche mit türkischem Hintergrund oder Finnen mit einem deutschen Elternteil –, dass sie sich keine Gedanken darum machten, ob dieses Verhalten zu einem eventuellen Gefühl des Toleriert-Werdens führen könnte. Stießen sie dennoch auf Toleranz, so schienen sie diese nicht nur zu ignorieren, sondern sogar darüber zu stehen. Ich dagegen hatte mich immer kleiner und unbedeutender gefühlt, wenn und weil ich toleriert wurde; nun erlebte ich, wie die Tolerierenden klein, unbedeutend und sogar kleinlich wirkten, weil sie die Menschen tolerierten, die zwei Kulturen unkompliziert, voller Lebensfreude und vorteilhaft miteinander verbinden. Diese Menschen nahmen ihren Platz in der Gesellschaft mit einem solch sicheren Selbstwertgefühl ein, dass sie Toleranz nicht zu tolerieren schienen. Sie sagten Sätze wie »Bei uns macht man das so« oder »Bei uns isst man das so«, Sätze, die ich auch von meiner Mutter kannte, nur, dass sie dabei nicht entschuldigend klangen wie bei ihr, nicht beschämt, sondern mit einer Selbstverständlichkeit hervorgebracht wurden, in der manchmal sogar Stolz mitschwang. Jahrelang hatte ich Sätze dieser Art so gut es ging vermieden, indem ich – zumindest in der deutschen »Öffentlichkeit« – nichts tat, »wie man es bei uns tat«. Ich wurde neidisch auf diese anderen, auf diese anderen Deutschen, ich lernte von ihnen. Lernte, im Bus russischsprachige Bücher zu lesen, lernte, deutschen Freunden russisches Essen vorzusetzen, lernte, Russisch mit russischen Freunden auch in der U-Bahn zu sprechen, lernte, wer ich war. Es war ein längerer Prozess, ehrlicherweise vielleicht sogar einer, den ich bis heute nicht abgeschlossen habe. Je mehr ich lernte, desto besser ging es mir.

Es war mein zwölfter Geburtstag, mein erster Geburtstag, den ich mit deutschen Freunden feierte. Und so aufgeregt wie ich war auch meine Familie, vielleicht, weil sie merkte, wie aufgeregt ich war, vielleicht einfach nur, weil sie mir eine Feier bieten wollte wie die, von denen ich erzählt hatte, nachdem ich meine ersten beiden deutschen Kindergeburtstage erlebt hatte. Meine Eltern spürten, vielleicht sagte ich es ihnen auch, wie wichtig es mir war, einen deutschen Geburtstag zu haben, und sie taten ihr Möglichstes, nicht sie selbst zu sein. Ich hatte mich beim Programm, das ich für meine Feier entwarf, minutiös an dem orientiert, was ich bei meinen deutschen Freunden kennengelernt hatte. Ich hatte das Programm alleine erarbeitet, weil meine Eltern, die für mich in der Sowjetunion die großartigsten und beliebtesten Kinderpartys ausgerichtet hatten, nicht wussten, wie ein deutscher Kindergeburtstag auszusehen hatte, sich wohl auch bereits im Vorfeld für ihre deutsche Aussprache schämten, die meine Schulfreunde nicht immer verstanden. Nur eines behielt ich aus meiner Kindheit bei: Ich wollte »meine« Geburtstagstorte haben. Nun muss man wissen, dass russische Torten keine Sahne-, sondern Buttercremetorten sind, süß und klebrig. Auf die meine wird Schokoladenkuvertüre getröpfelt, anstatt sie komplett mit einem Schokoladenüberzug zu versehen, was sie für deutsche Augen ungewohnt aussehen lässt. Der Zubereitungsprozess meiner Torte dauert aufgrund der vielen verschiedenen Schichten einen halben Tag. Sie ist eine Kalorienbombe, bei der man jede einzelne Kalorie schmeckt. Eine köstlichere Süßigkeit kenne ich nicht. Es war das erste Mal, dass meine Mutter in Deutschland diese Torte buk, deren Rezept sie übrigens, wie ich vor kurzem erfahren habe, interessanterweise in der russischsprachigen Ausgabe der *Burda* vor Jahren in der Sowjetunion gefunden hatte; man hatte geglaubt, eine deutsche Torte zu backen. Ich freute mich riesig auf den Geschmack auf meiner Zunge, den ich in Deutschland vermisst hatte.

Meine Freunde fanden die Torte befremdlich, was sie mit Ausdrücken wie »Iiiiih«, »Igitt« und »Eklig« deutlich zu erkennen gaben, Aussagen, für die ich von meinen Eltern in ein anderes Zimmer geschickt worden wäre, weil Essen einem manchmal nicht schmeckt, aber nicht eklig ist. Am Diplomatischsten versuchte es ein Mädchen, das behauptete, gerade eben zuhause gegessen zu haben. Sie sagte es angewidert nach einem Blick auf die Torte, das schmerzte nicht weniger. Die Torte aß niemand, das brach mir innerlich das Herz, ich schämte mich doppelt. Ich schämte mich für die Torte, schämte mich, weil ich mir vorstellte, wie die anderen auf dem Nachhauseweg ihren sie abholenden Eltern von der »ekeligen Geburtstagstorte« berichten würden, die es bei Lena gegeben hatte. Die Eltern würden mich tolerieren, das wusste ich, auch das gab mir ein ungutes Gefühl. Ich schämte mich aber auch für meine Freunde, schämte mich ausnahmsweise – und im Rückblick endlich einmal! – meiner Mutter gegenüber, die den halben Tag in der Küche gestanden hatte, um mir, mir, aber auch meinen Freunden, eine Freude mit dieser Torte zu machen, um ihrer Tochter einen perfekten Geburtstag zu bereiten.

Wie wird man solche Erfahrungen wieder los? Sie brennen sich in der Erinnerung fest, nicht nur als Ereignis an sich, sondern vor allem als die Gefühle, die damit einhergingen, die Scham, auch kurz der Hass auf die anderen Kinder. Jahrelang vermied ich es, jemandem russisches Essen anzubieten, jahrelang aß ich Dinge wie meine Lieblingstorte alleine, nahm auch nichts Derartiges in die Schule mit. Selbst viele Jahre später, nachdem ich ein wenig über die Angst des Nicht-toleriert-werdens hinweggekommen bin und der russische Kartoffelsalat in meinem Umkreis legendär geworden ist, hasse ich es, wenn ich Freunde frage, was ich zur Party mitbringen soll, und sie antworten: »Den russischen Kartoffelsalat natürlich.« Weil es für mich bedeutet, dass ich mir den gesamten Tag Gedanken darüber mache, ob die anderen Gäste ihn nicht »eklig« und »igitt« finden werden, ob ich nicht wieder toleriert werde, weil man seiner Vergangenheit nicht entkommt, weil uns das, was wir an Erfahrungen machen, nun einmal prägt. Das zu verleugnen – zum Beispiel, indem man annimmt, wer in ein anderes Land kommt, wird ein anderer, neuer Mensch und kann seine Vergangenheit einfach ablegen, womit wir beim eigentlichen Thema wären –, ist schlicht und ergreifend hirnrissig. Sowie vollkommen realitätsfremd.

(Bislang ging der Kartoffelsalat immer gut weg. Ich erwähne das nicht deshalb, weil ich Werbung für den russischen Kartoffelsalat machen möchte, sondern um deutlich zu machen, dass meine Ängste davor, toleriert zu werden, auf früheren Erfahrungen beruhen, nicht unbedingt auf aktuellen Begebenheiten. Dass mir also durchaus klar ist, dass Erlebnisse aus meiner Kindheit in einer Kleinstadt nicht pauschalisierend auf die deutsche Mehrheitsgesellschaft zu übertragen sind, und auch wir Nicht-Urdeutschen, in dem Fall also ich, gut daran täten, unsere Ängste in dem Maße abzubauen, wie auf der anderen Seite mögliche Toleranzgefühle abgebaut werden).

Ein Filmemacher mit vietnamesischen Wurzeln – die in einem vietnamesischen Elternteil bestehen, ohne jegliche vietnamesische Sprachkenntnisse, dafür aber mit asiatischen Gesichtszügen und aufgrund dieser Tatsache zu vielen Toleranz-Erfahrungen – sagte letztens zu mir, ihm sei noch lieber die Ignoranz. Einfach die Ignoranz derer, die anders sind, die man vielleicht sonderbar findet, deren Torten einem verdächtig vorkommen oder nicht schmecken, derer, mit denen man nichts anfangen kann. Das Zugeständnis, nebeneinander (und nicht miteinander), also einander ignorierend leben zu können, reiche ihm vollkommen. Sei allemal besser als Toleranz, sei vielleicht gar Demokratie. (Ich fand den Gedanken traurig, Demokratie mit einem Zustand der Ignoranz gleichzusetzen, aber allerdings immer noch besser als die Erinnerung an Toleranz.)

Aber da wir schon bei anz-Begriffen sind: Wie wäre es einfach mit Akzeptanz? Wie wäre es, wenn wir alle einfach nur akzeptieren, dass es Menschen gibt, die anders leben, lieben, glauben, denken, lesen, sprechen, fühlen, arbeiten, erziehen, essen, trinken, gestalten, handeln, meinen als wir selbst? Dieses einfache Konstrukt der Akzeptanz wird in der Diskussion hierzulande, so meint man manchmal, als naiv abgetan, dabei ist es doch ein Fortschritt des Menschen, ja der Menschheit, zu lernen und zu akzeptieren. Von Nicht-Akzeptanz zur Akzeptanz zu gelangen, ist ein Schritt der Gesellschaft in die Demokratie, so einfach oder naiv das auch scheinen mag. Akzeptanz baut Hierarchien ab, die Toleranz mit sich bringt. Akzeptanz fordert von den einen wie von den anderen und sorgt damit für Gleichberechtigung. Akzeptanz bedeutet, dass man den anderen nicht mehr duldet, sondern annimmt. Ein einfacher Gedanke, den man bereits aus der Lesben- und Schwulen-Bewegung kennt und der alles andere als naiv ist. Es ist ein Gedanke, der, wenn man ihn als Leitfaden mit in den Alltag nimmt, das Leben aller Beteiligten vereinfacht. Gilt er als naiv, weil es unmöglich scheint? Ist es übermenschlich zu akzeptieren, dass Menschen anders sind als man selbst? Dass Andersartigkeit einen nicht bedroht, sondern einfach nur eine wertfreie Tatsache ist: Du bist anders als ich. (Und das bist du nicht, um mich zu bedrohen, mich zu verändern oder mir etwas wegzunehmen.)

Und wenn man das akzeptiert, wenn man das einmal verstanden hat, dann ist die Bitte »Such was Neues, such einen neuen Namen!«, die ich nicht nur von der Frau mit türkischen

Wurzeln, die mit Jugendlichen mit Migrationshintergrund arbeitet, sondern von vielen meiner Gesprächspartner zu diesem Thema gehört habe, tatsächlich obsolet. Weil man dann die Menschen nicht mehr abhängig von ihrer Herkunft, ihrem Geburtsort, ihrer Muttersprache abgrenzen muss, sondern sie ohne Sinn und Verstand in denselben Topf werfen kann. Es würde dazu führen, dass man nicht mehr das Gefühl haben müsste, niemals richtig dazugehören zu dürfen, auch wenn man noch so sehr wollte, vielleicht jemand anders werden zu müssen oder, schlimmer noch, besser als jemand anders geboren worden zu sein, um dazuzugehören. Wenn all das keine Rolle mehr spielt, man nicht länger durch bestimmte Begrifflichkeiten einen »Makel« aufgestempelt bekommt, dann, davon bin ich überzeugt, steigt auch der Wunsch, zur Gesellschaft beizutragen, ein Teil von ihr zu sein. Weil man sicher sein kann: Mensch ist Mensch.

Was man so sieht, was man so hört

Wollen wir mal ein Assoziationsspiel ausprobieren? Sie schließen die Augen und denken an nichts. Ich werde Ihnen Begriffe nennen. Bilder werden vor Ihrem inneren Auge auftauchen, wertfreie Bilder. Und Sie sagen mir ganz ehrlich, was Sie sehen. In Ordnung? Sind Sie soweit? Achtung, dann fangen wir mal an.

Ich sage: Migrant.

Jetzt sagen Sie mir, was Sie sehen. Oder warten Sie, lassen Sie mich raten! Ist es ein Mann mittleren Alters, mit einer eher dunklen Hautfarbe und einem Schnauzbart, der vor einem Dönerspieß steht? Oder ist es ein Mann mittleren Alters, mit einer eher dunklen Hautfarbe und einem Schnauzbart vor einer Obstauslage? Ist es vielleicht eine Frau mittleren Alters? Ebenfalls mit einer eher dunklen Hautfarbe, tendenziell vollschlank, die Haare von einem Tuch verhüllt? Ist es gar eine Horde von Frauen in langen, grauen Mänteln, alle mit Kopftuch versehen? Oder ist es jemand, der so aussieht, als würde er aus Afrika stammen? Hat einer von Ihnen vielleicht einen Menschen vor sich gesehen, dessen Gesichtszüge nicht südländisch, dessen Gesichtsfarbe nicht eher dunkel gewesen wären?

Ich tippe auf nein.

Und nein, ich führe Sie nicht vor. Ich führe auch mich selbst nicht vor, die ich konfrontiert mit dem Begriff Migrant dieselben Bilder vor Augen habe und mein Gehirn dann strengstens ermahne, die Bilder aus der Realität, nicht die aus den Medien hervorzuholen. Vor unserem inneren Auge taucht nichts anderes auf als das, was wir tagtäglich in unserer Umgebung sehen, die Bilder, die uns vermittelt werden, in der *Tagesschau*, im Fernsehen allgemein, in der Zeitung. Auch draußen, unterwegs nehmen wir eher das wahr, was wir bereits über den Bildschirm flimmern sahen. Wir registrieren auch dort eher die Menschen als Migranten, die eine etwas dunklere Hautfarbe haben, und weniger die Franzosen, Schweden, Polen, Engländer, US-Amerikaner, die ebenso in unseren Straßen unterwegs sind. Wir sehen das, was wir sehen sollen, und nein, das ist kein Verfolgungswahn à la George Orwell, es ist auch keine Hetze gegen die ach so bösen Medien, die an allem Schuld haben sollen. Es sind lediglich einige Beobachtungen sowie ein paar Gedanken, die dazu in meinem Kopf herumspuken.

Sieht man einen Migranten, einen Menschen mit Migrationshintergrund in den Medien, dann gehört er immer, und ja, den Begriff habe ich bewusst gewählt – immer – einer der beiden Kategorien an: Entweder ist er ein so genannter Integrationsunwilliger, einer, der sich nicht integrieren mag, einer, der kein Deutsch spricht oder höchstens ein paar Brocken (man möchte ihn schließlich im Fernsehen auch mit einem O-Ton, aber auch nicht mehr, zu Wort kommen lassen), der gerne dabei gezeigt wird, wie er gerade eine Moschee betritt, sich zuvor die Schuhe auszieht und sie fein säuberlich neben die vielen, vielen anderen Paare stellt. Die Botschaft ist klar: Es gibt viele (zu viele) wie ihn. Ihn? Mindestens genauso häufig, wenn nicht gar öfter, sieht man in dieser Kategorie eine Sie. Eine Sie ist ein schöner Anblick, und gerade Fernsehjournalisten denken bekanntermaßen gern in Bildern, weil eine Sie in dieser Kategorie meist mit einem Kopftuch zu zeigen ist – das Kopftuch, ein schönes Bild, ein schönes Symbol. Mit ein wenig Glück kann man die Frau auch umringt von vielen spielenden Kindern präsentieren, die ebenfalls eine eher dunkle Hautfarbe und deutlich südländische Gesichtszüge haben, ohne dass man im Off direkt aussprechen muss, wie gebärfreudig Migrantinnen, zumal diejenigen türkischer Abstammung, sind. Das ist die eine Kategorie, die näher zu beschreiben ich mir nun nicht die Mühe machen werde, weil wir sie alle kennen, haben wir diese Bilder doch schon des Öfteren, zuletzt wahrscheinlich gestern oder vorgestern im Fernsehen, gesehen.

Oder – und das ist die andere Kategorie – er gehört zu den so genannten Vorzeigeausländern, zu denen, die sich integriert haben, sich eigentlich assimiliert haben, was wir aber nicht so nennen (dürfen), weshalb wir uns daran erfreuen, dass es auch »welche« gibt, die sich sehr erfolgreich integrieren. Ein Vorzeigeausländer wird meist nicht in seinem Zuhause gezeigt, weil das langweilig wäre, weil sein Zuhause ähnlich aussieht wie Ihres, sondern in einem Studio sitzend und mit anderen – Deutschen – über Integration diskutierend, denn sein Deutsch ist ja gut genug dafür, wow! Er diskutiert immer über Integration, so, als hätten Menschen, die sich erfolgreich integriert haben und entsprechend auch sehr erfolgreich in ihrem Beruf sind, zu anderen Themen nichts zu sagen. Meist sprechen die in den Talkrunden sitzenden Migranten sogar ein schöneres, weil bewussteres Deutsch als ihre Mitdiskutanten.

Und zwischen den beiden Polen Integrationsunwilliger und Vorzeigeausländer? Nichts! Zwischen den beiden Polen ein großes, schwarzes Loch, also ein Nichts, in dem auch niemand lebt, und die Botschaft, die die Medien vermitteln, ist die: Migranten wollen sich nicht integrieren, außer dem hier, der ist ganz brav. Patsch, patsch, feiner Migrant! (Umso besser noch, wenn dieser Migrant Aussagen trifft, die sich gegen die andere Kategorie richten, also diejenigen, denen man ebendiese Integrationsunwilligkeit, wenn nicht gar -unfähigkeit

gerne vorwirft. Dann kann man sich bei ihm noch für das Frei-
ticket in den mit Vorurteilen gepflasterten Beschwerdehimmel
bedanken: Sogar der (die) hat das im Fernsehen gesagt, und
der (die) kennt sich ja aus, der (die) kennt DIE Türken ja
ziemlich gut!)

Würde diese mediale Wirklichkeit der tatsächlichen entsprechen, hätte ich auch Angst. Zumindest lassen sich viele
Ängste hierzulande dadurch erklären: Sowohl die Angst vor
Menschen, die hier leben, hier gar Sozialleistungen beziehen,
aber offensichtlich kein Interesse an diesem Land haben. Die
ihren Kindern Werte vermitteln, die auf den ersten Blick wenig mit denen gemein haben, die uns etwas bedeuten, diese
Menschen, die immer mehr werden, wie man an der die Kopftuch tragende Frau umringenden Kinderschar sieht. Als auch
die unbewusstere, seltener laut oder öffentlich geäußerte Angst
vor dem Abstieg. Die Angst davor, dass Migranten, wie die, die
da in einem schönen, gewählten Deutsch mit den hochrangigs-
ten deutschen Intellektuellen, Wissenschaftlern, Politikern,
Publizisten diskutieren, die etwas zu sagen und zu erzählen
haben, die es ins Fernsehen geschafft haben, vielleicht dann
doch mehr bekommen als man selbst. Mehr wovon? Egal,
mehr Geld, mehr Erfolg, mehr Arbeitsstellen, mehr Anerkennung, mehr Macht, mehr als man selbst aber auf jeden Fall.
Diese Ängste werden durch das verzerrte Medien-Bild, das
wir tagtäglich vorgesetzt bekommen, gepflegt, geschürt und
gesteigert, und das mit großem Erfolg. Die mediale Realität
ersetzt den Alltag.

Warum aber ist diese mediale Realität so verzerrt? Weil
sich die Medien gegen Menschen mit Migrationshintergrund
verschworen haben? Selbstverständlich nicht. Es ist ihr vermeintlicher Job, über Randphänomene zu berichten statt über
die langweilige Mitte. Man könnte auch sagen: über außer-

gewöhnliche Ereignisse und Menschen, über schockierende Ereignisse anstatt über den Alltag. Das ist an sich nicht verwerflich, sondern kundenorientiert: Jeder von uns wollte sich über die Anschläge in Norwegen informieren, aber kaum einer hätte sich an einem anderen Tag für einen Bericht über den alltäglichen Einkaufstrubel in Oslos Innenstadt interessiert. Die gute, alte Journalisten-Regel »Bad news is good news« funktioniert immer, das ist die profane Erklärung für das Medienverhalten. Nur das Bild, das in den deutschen Medien im Zusammenhang mit Menschen mit Migrationshintergrund (was für ein Zeilenfüller, dieser Begriff!) gezeichnet wird, ist leider nicht das »der Ausnahmefälle von Menschen mit Migrationshintergrund«, sondern wird uns als allumfassende Wirklichkeit vermittelt. Und die wäre ja schon wieder verwerflich-langweilig, wenn man den Berichten über die kriminellen Jugendlichen, die auch noch schlecht Deutsch sprechen und die Hauptschule abgebrochen haben, hinzufügen würde: Das sind übrigens Ausnahmen von der Regel. Die kompletten Integrationsverweigerer mit ihrem möglicherweise sogar islamistischen Hintergrund sind genauso eine Randerscheinung wie die absoluten Überflieger, die klug-hübsch-erfolgreich-selbstbewusst-charmanten Aufsteiger ohne jegliche Identitätsprobleme. So wie das übrigens in jeder Nation, in jeder Gesellschaft, in jedem Land der Fall ist. Denn dazwischen gibt es die Mitte, die eher langweilige Mitte, zu der aber der Großteil der Menschen gehört – egal ob mit Migrationshintergrund oder ohne. Diese Mitte wird gerne verschwiegen, weil sie keinen Nachrichtenwert hat. Man gaukelt uns gar vor, es gäbe keine Mitte, und wenn doch, dann eine, die vor allem aus den Randerscheinungen bestünde. Jedenfalls hat das Bild, das in den Medien gezeichnet wird, mit der Eintönigkeit unseres gemeinsamen Lebens wenig zu tun. In dem Menschen, unabhängig von dem Vorhandensein eines Migrationshintergrunds, sich morgens aus dem Bett quälen, zur Arbeit gehen, Kinder erziehen, Besorgungen machen, den Haushalt managen und abends erschöpft den Fernseher einschalten, um dann zu sehen, dass die Menschen mit Migrationshintergrund all das nicht tun. Selbst im Nationalen Integrationsplan der Bundesregierung hat man inzwischen festgestellt, dass Massenmedien »ein nur unvollständiges Bild der Migrantinnen und Migranten und ihrer Bedeutung im wirtschaftlichen, gesellschaftlichen und kulturellen Leben unseres Landes« zeichnen.

Selbstverständlich ist es nicht Aufgabe der Medien, alles, was mit dem Thema Migranten zusammenhängt, positiv darzustellen, und es kann auch nicht ihre Rolle sein, die »gelebte Integration« in Deutschland bewusst voranzutreiben. Es gehört aber zu den Aufgaben, denen sie – zumindest seriöse Erzeugnisse – sich selbst verschrieben haben, die Realität abzubilden, anstatt Ängste und Vorurteile zu bedienen und durch negative oder auch positive Pauschalisierung Ausgrenzung zu fördern. Ergebnisse empirischer TV-Nachrichtenanalysen zeigen, dass sich ca. 30 Prozent aller Beiträge über Migranten mit Kriminalität beschäftigen und weitere ca. 24 Prozent sich dem Thema Terrorismus widmen. Entspräche das der Realität – 30 Prozent der hier lebenden Migranten wären Kriminelle, weitere 24 Prozent Terroristen –, bekäme auch ich es massiv mit der Angst zu tun. Das soll nicht heißen, dass Migranten nie kriminell wären, dass es die Integrationsunwilligen (auch wenn ich den Begriff nicht leiden kann), die Kopftuch tragenden Frauen, die viele Kinder gebären, unter ihnen nicht gibt. Es gibt sie, aber sie sind nicht die typischen Migranten, so wie es uns in Fernseh-, Zeitungs- oder Zeitschriftenbildern gerne vermittelt wird. Wie würden Sie sich fühlen, wenn die Deutschen im Fernsehen immer nur als dicke, Bier trinkende

Schnauzbartträger gezeigt würden? Oder wahlweise nur als Nazis?

Mit dieser Skandalisierungs- und Pauschalisierungstaktik schaden die Medien im Übrigen schon lange nicht mehr nur der Atmosphäre dieser Gesellschaft, sondern nicht zuletzt auch sich selbst. Schaut man sich die wissenschaftlichen Untersuchungen zu diesem Thema an, und Medien schauen ja gerne auf Zahlen, so stellt man fest, dass diese Menschen, die da pauschalisierend aus einem – bzw. vielmehr zwei – Blickwinkel(n) gezeigt werden, mit wachsendem Anteil Kunden dieser Medien sind. Aus Sicht der Medien geht es also bei der Überlegung, wie man mit diesem Thema inhaltlich umgeht, nicht nur um einen Versuch der Objektivität, der Abbildung von Realität, der politischen Korrektheit, sondern schlicht und ergreifend um ihren Markt, um ihre Zielgruppe. Schaut man sich nämlich die wissenschaftlichen Untersuchungen an, stellt man fest, dass sich das Medienverhalten der »Menschen mit Migrationshintergrund« kaum von dem der »Urdeutschen« unterscheidet. So brachte die Studie »Migranten und Medien 2011« der ARD/ZDF-Medienkommission die Erkenntnis, dass die Mehrheit der Migranten deutsche Medien nutzt, gerade das Bilder produzierende Fernsehen erreiche die Zuwanderer nicht weniger als die »Einheimischen«. Wollen die Medienerzeugnisse also ihren Marktanteil sowie ihren Gewinn behalten bzw. steigern, müssen sie darüber nachdenken, ob sie es sich wirklich leisten können, von einem großen Teil ihrer Kunden ein Bild zu zeichnen, das nicht mit der Wirklichkeit übereinstimmt.

Die Tatsache, dass man in diesem Land das Thema Migranten immer in einem problematischen Licht sieht – von den Ausnahmen abgesehen, in denen die Migranten, ebenso unnötigerweise als alleskönnende Wunderkinder hochgehalten werden –, ist zu einem großen Teil medienverschuldet. Das Bild der Randerscheinungen macht uns Angst, vermittelt uns das Gefühl, dass diesbezüglich viele Probleme existierten, die einer Lösung bedürften, ohne dass man sie fände. Und lässt vollkommen außer Acht, dass diese Probleme ein Minimalteil der tatsächlichen Wirklichkeit ausmachen. Dass Dinge, und Menschen erst recht, nicht schwarz-weiß, sondern grau, im besten Fall gar eine Farbmischung sind. Dass dieses Land sich schon sehr lange nicht nur aus »Urdeutschen« zusammensetzt, sondern aus Menschen unterschiedlichster Herkunft und Kulturen und Religionen, dass wir uns – jeder auf seine eigene Weise – hier zuhause fühlen und dies ganz unproblematisch jeden langweiligen Tag aufs Neue beweisen. Dass wir schon längst ein Wir sind in unserem Deutschland, abgesehen von den Randerscheinungen, die uns in den Medien präsentiert werden. Dass dieses Wir am Rande der Gesellschaft Probleme hat, ist unbestritten, das ist allerdings nicht nur bei Migranten der Fall. Diese Randprobleme würden uns keine bzw. kaum Angst einjagen, würden nicht für Ressentiments und Ausgrenzungen auf allen Seiten sorgen, wenn wir bereit wären, die Realität zu sehen, so wie sie ist – und nicht so, wie sie im Fernsehen gezeigt wird.

Schaut man sich zum Beispiel die letzte große Integrationsdebatte an, die um Thilo Sarrazin, so fragt man sich zwangsläufig, ob es sie in dieser Form, in dieser Heftigkeit ohne Medien überhaupt hätte geben können. Hätte *Der Spiegel*, das deutsche Nachrichtenmagazin, nicht die verheerenden, von den Journalisten sorgfältig, weil medienwirksam, ausgesuchten und für einen Skandal als geeignet eingestuften Kapitel vorab gedruckt, hätte es die Debatte dann überhaupt gegeben? Wie viele der mehr als eine Million Buchkäufer hätten sich die Mühe gemacht, sich mit dem, seien wir mal ehrlich, vom Inhalt ganz abgesehen, aufgrund der vielen Statistiken schwer lesbaren Buch auseinanderzusetzen, hätten die Medien nicht einige griffige Zitate herausgepickt und in Großbuchstaben abgedruckt, hätte sich nicht jeder Fernsehsender dieses Landes dazu bereit erklärt, den Autor ins Studio einzuladen? Das Buch wäre untergegangen in den ausufernden Bücherregalen der Buchhandlungen, so wie die meisten Bücher zu diesem Thema untergehen. Wären die Medien nicht auf den Generalangriff gegen Muslime eingegangen, hätten wir dann auch diese plötzliche, feindliche Stimmung im Land gespürt? Und hätten bedeutende Feuilletonisten wie Thea Dorn und Frank Schirrmacher nicht plötzlich in den wichtigsten Zeitungen dieses Landes seitenlang ihrer Empörung darüber Ausdruck gegeben, dass der arme Thilo Sarrazin (der arme Thilo Sarrazin mit den sagenhaft vielen verkauften Buchexemplaren und einer persönlichen Einladung in fast jedes Fernsehstudio zur besten Sendezeit) mundtot gemacht werden sollte, wäre die Debatte nicht viel schneller abgeebbt, anstatt so immer wieder neu entfacht zu werden?

»Danke fürs Mitmachen, aber uns hat soeben ein Bundesbankvorstandsmitglied daran erinnert, dass ihr Türken und Muslime seid, weshalb wir euch jetzt nicht mehr leiden können; könnt ihr nicht wieder zurück?«

Wie inhaltsgeführt kann eine Debatte sein, bei der eine Kanzlerin ein Buch kritisiert, ohne es gelesen zu haben? Sie musste sich dazu äußern, weil die Medien danach fragten, weil die Medien beschlossen hatten, dieses Buch zum Thema des Sommers zu machen. Es wurde vom Sommer- zum Herbstthema, es verblasste irgendwann, ein Stück aber blieb, für lange, wenn nicht für immer, in den Herzen und Köpfen der Menschen zurück: in den Herzen und Köpfen derjenigen, die sich jetzt überlegen, ob sie sich in der U-Bahn neben eine

Dame setzen, die ein Kopftuch trägt. In den Herzen und Köpfen jener, die sich fragen, ob sich jemand in der U-Bahn wohl neben sie setzt, weil sie ein Kopftuch tragen, oder, schlimmer noch, das Gefühl haben, die anderen meinten, sie hätten ihnen unrechtmäßig den Sitzplatz geklaut. Unrechtmäßig, weil mit Kopftuch bedeckt.

Da hat einer ein Buch geschrieben, mit dem er provozieren wollte, das er aber auch unbedingt verkaufen wollte, das ist der berechtigte Wunsch eines Autors, die Medien aber hoben ihn auf einen Thron, von dem sie ihn später wieder herunterholten, sie taten es nicht um des Inhalts, sondern um des Skandals willens, und das Resultat ist: Das friedliche Zusammenleben, an dem viele Menschen viele Jahre lang bewusst und unbewusst hart gearbeitet haben, war vergiftet.

Man kann von einer Gesellschaft in unserer multimedialen Welt nicht erwarten, dass sie ihre Realitätswahrnehmung unabhängig von den Bildern, die ihr die Medien vermitteln, entwickelt. Man kann, darf auf der anderen Seite auch nicht von den Medien erwarten, dass sie bestimmte Themen, um des Friedens in dieser Gesellschaft willen, in einem besonders positiven Licht darstellen. Das wäre ebenso verheerend wie die verzerrte negative Realitätsdarstellung, die wir seit Jahren im Zusammenhang mit dem Thema Migration in Deutschland erleben. Man kann aber durchaus von denkenden Journalisten, etwa Nachrichtenredakteuren, erwarten, dass sie Randphänomene nicht zur Realität aufplustern, dass sie sich beispielsweise häufiger mal fragen, ob der Migrationshintergrund eines Verdächtigen erwähnt werden muss und ob das nicht diskriminierend wirkt. Ob es sich nicht lohnen würde, die Ergebnisse von wissenschaftlichen Studien oder Beobachtungen von Experten abzudrucken, die zu dem Schluss kommen, dass die meisten »Menschen mit Migrationshintergrund« ein Leben führen und Einstellungen haben, als hätten sie ebendiesen Migrationshintergrund nicht. Man wird von Medien- und damit Meinungsmachern wohl erwarten dürfen, dass sie erkennen, dass es an der Zeit ist, die gelebte Realität in diesem Land einzuholen und sich ernsthaft mit Vielfalt und Interkulturalität auseinanderzusetzen, anstatt billige Klischees zu vervielfältigen und mit den Ängsten der Menschen in diesem Land zu spielen.

Das Land der guten und der schlechten Ausländer

Es hätte schlimmer kommen können, klar. Ich hätte ja auch, Gott oder Allah oder Welcher-Allmächtige-auch-immer behüte, Türkin sein können. Oder – schlimmer geht's immer – aus »so einem anderen arabischen Land« kommen, aus einem, in dem man noch nicht einmal seinen Sommer-Pauschalurlaub verbringt, also praktisch direkt von Osama bin Laden abstammen/rekrutiert worden/mit ihm verheiratet sein können. So gesehen, lebt es sich als Russin – zumal mit dem Juden-Bonus – doch gar nicht so schlecht hier in Deutschland, das, so fühlt es sich als gebürtige Russin manchmal an, wohl ausschließlich das Land der »echten« Deutschen sein soll.

Doch auch die Russen sind nicht gerade das Gelbe vom Ei, alles andere als das, hohe Jugendkriminalität, sonderbare Klamotten, sprich: muskulöse Teenager-Jungs in Feinrippunterhemden und Baggy Pants, die deutsche Rentner auf S-Bahn-Gleise schubsen und auf Andersdenkende mit Messern losgehen, nachdem sie die eine oder andere Wodka-Flasche – natürlich Marke Gorbatschow – geleert haben. Die Russen, das sind außerdem stark geschminkte Frauen, entweder ältere Damen, laut und in Pelz gekleidet, knallrote Lippen versteht sich von selbst; oder auch ihre jüngeren Ausgaben, ebenfalls knallrote Lippen, Pelz, aber von Letzterem ein bisschen weniger. Weniger, weil das meiste Haut ist, wie Nutten sehen sie aus, aber das darf man so direkt ja nicht sagen. (Leider.) Die Russen jedenfalls, die sind so, und ich bin wohl eine von ihnen.

Jetzt könnte ich erwähnen, dass ich weder einen knallroten Lippenstift besitze noch Pelz in irgendeiner Form, sondern meist unförmige Kapuzenpullis und statt hoher Absätze Sneakers trage, aber auf diese Klischees einzugehen, wäre unter meinem Niveau. Unverkennbar aber ist die Tatsache, dass Russen in Deutschland leben. Die Russen kommen nicht, sie sind schon da.

Ebenfalls da sind all die anderen, die aus der Türkei, aus Italien, aus Spanien, aus Afrika, aus den Nachfolgestaaten Jugoslawiens oder der Sowjetunion, aber auch aus den USA, aus Mexiko, aus China, Indien, dann noch Chile, Argentinien, vielleicht sogar Norwegen oder der Schweiz kommen, aber Letzteres ist ja in Ordnung, das ist ja fast Deutschland, nur bergiger, teurer und mit einem sonderbaren Dialekt. Aus der Türkei sind übrigens zu viele da, aus Indien möglicherweise zu wenige – jedenfalls dann, wenn man es aus der Sicht der Wirtschaft betrachtet, die sich nach Fachkräften sehnt, die jedoch lieber abwandern, und beobachten muss, dass freiwillig keine Neuen hierherziehen. Zu viele Inder sind aus Sicht derer da, die bei Indien an »Turban« denken und außerdem daran – auch wenn das wieder einmal keiner laut aussprechen würde –, dass die ja schon so ein bisschen dreckig aussehen, dreckig, weil nicht richtig schwarz, aber auch nicht richtig weiß. Und beten die dort nicht sogar Kühe an? Hoch verdächtig, das Land! Aus Spanien sind übrigens definitiv zu wenige da, das ist doch ein feines, sonniges Land mit sehr schönen Stränden, wo man es versteht zu feiern (nur leider sind dort, wo die Spanier wissen, wie man feiert, manchmal auch Russen und Engländer, nicht nur die Deutschen, was für eine Frechheit!). Und wenn man nicht feiern will, dann kann man abseits von El Arenal auf Mallorca auch schön wandern, was viele ja nicht wissen, weshalb es einem ein jeder erzählt. Die Spanier jedenfalls – die machen doch auch diese leckeren Tapas oder wie die Dinger heißen und trinken Sangria und Rioja, was beides nicht schlecht ist, wenn auch nicht so gut wie das deutsche Bier –, und deshalb dürften die herkommen, wenn denn schon jemand kommen muss. Muss. Ansonsten bleiben wir auch gerne unter uns.

Und wer ist noch einmal »uns«? Ach ja, die Urdeutschen an sich. Deutschland, das Land der Deutschen.

Blöde Ironie. Schleicht sich im Schreibprozess immer wieder einfach so ein.

Was ich sagen wollte, unironisch eigentlich, was schwerfällt, weil es schwerfällt, diesen Gedankenprozess nachzuvollziehen, ist: Dass in den Köpfen vieler Menschen hierzulande eine nicht-offizielle, niemals zu veröffentlichende, individuell unterschiedliche Rangliste der Herkunftsländer potenzieller Migranten existiert. Vereinfacht gesagt: so eine Art Hitliste der Ausländer, denn es gibt die guten (oder die besseren) und die anderen, die man nicht hier haben möchte. Niemand würde das Vorhandensein einer solchen Liste zugeben, aber die wenigsten würden sie in einem vertraulichen Gespräch komplett abstreiten.

Denn, wie antworten Sie ehrlich auf die Frage: »Wenn Sie sich jemanden als Sitznachbarn im Flugzeug aussuchen dürften, wen würden Sie wählen?«, wenn als Antwort zur Auswahl steht:

einen Nigerianer
einen Palästinenser
einen Deutschen
einen US-Amerikaner
einen Türken.

Ich spreche bewusst von einer männlichen Person. Und bevor Sie die politisch korrekte Antwort geben oder auch die

eines viel gereisten, an fremden Kulturen interessierten Welt-
bürgers, müsste man noch wissen, dass man erstens einen langen Flug vor sich hat und zweitens bei der Beantwortung dieser Frage an einen Lügendetektor angeschlossen wird.

Und jetzt die Antwort bitte.

Ist doch klar, es ist ja nur, weil man sich seit dem 11. September 2001 eben nicht mehr sicher fühlen kann; sich sowieso
nur schwer sicher fühlen kann neben einem Palästinenser, die
sprengen sich ja immer wieder in die Luft; und das afrikani-
sche Essen, das der Sitznachbar sich eingepackt haben könnte,
das riecht ja wirklich manchmal ein bisschen streng oder, sagen
wir es vorsichtig, gewöhnungsbedürftig; und es ist eben ein
langer Flug. (Schon wieder zurück, Du Ironie?). Ist es ja auch,
keine Frage. Ein langer Flug ist ein langer Flug, aber der ist
trotzdem irgendwann einmal vorbei, während die Migranten
für länger bleiben, für den Rest des Lebens wahrscheinlich.
Ihres und unseres. Die gehen heutzutage ja nicht mehr brav
zurück, wie die Gastarbeiter es – zumindest vereinzelt – einmal taten (und weiterhin hätten tun sollen). Nein, die bleiben.
Und kochen Abend für Abend ihr, sagen wir mal, »sonderbar«
riechendes Essen in der Wohnung nebenan.

Wahlweise auch: russisches Essen. Ich erwähne das nur
deshalb, weil ich das vor kurzem so gehört habe. Manchmal
mache ich Veranstaltungen in Hauptschulen, ich, die deutsch-
russische Autorin, also die Russin, liest; und ein deutsch-
türkischer Kabarettist, also der Türke, spielt Kabarett, ein
Begriff, den er in den Hauptschulen erklären muss, »das ist
wie Comedy, nur politischer«. Wir machen das auch, weil der
öffentlich-rechtliche Rundfunk meint, etwas für Migrantenkinder tun zu müssen, nachdem er das muttersprachliche, also
das Migranten-Radio, aus Spargründen abgeschafft hat. Wir
machen das selbstverständlich auch deshalb, weil wir unser

Geld damit verdienen. Und wir machen das, obwohl. Obwohl es kaum ein schwierigeres, unvorhersehbareres, aber auch ehrlicheres Publikum gibt als Hauptschüler, weil es – wenn es gut läuft – kein dankbareres, interessierteres und interessanteres Publikum gibt. Weil das Publikum aber so ist, wie es ist (also so ist, wie es tatsächlich ist, und nicht, wie es in den Medien beschrieben wird), kann man sich als Autor nicht einfach vorne hinsetzen (wenn es ganz schlimm kommt, an ein Lehrerpult direkt vor einer Tafel, auf der die Schüler eine halbe Stunde zuvor verzweifelt schwitzend versucht haben, eine Mathematikaufgabe zu lösen) und vorlesen und erwarten, dass das Publikum höflich, selbst wenn gelangweilt und/oder uninteressiert, zuhört und im Nachhinein vermeintlich kluge Fragen dazu stellt. Nein, man muss das Publikum erst einmal dazu bringen, überhaupt ein Fünkchen Interesse zu zeigen, zumindest für die erste halbe Seite, muss es für sich gewinnen. Jedenfalls frage ich, bevor ich lese, nachdem ich ein wenig über mich erzählt und ein bisschen zu theatralisch darüber geklagt habe, dass man für die Schule so früh aufstehen müsse (sich mit den Schülern verbrüdern!), in die Runde, was die ersten Begriffe (denn dass man das Wort »Assoziationen« kennt, kann ich hier nicht voraussetzen) sind, die ihnen zum Thema Russland einfallen. Das funktioniert immer, weil die Schüler dann lachen müssen, denn in ihren Köpfen taucht vor allem ein Begriff auf, und Arme in die Höhe schnellen, Arme, die zum Körper eines Teenagers gehören, zu denen auch ein Mund gehört, der unbedingt als Erster »Wodka« rufen möchte, damit die anderen noch mehr lachen, lauter innovative Klassenclowns sitzen da. Meist folgen dem Wodka Kälte und »Babuschkas, oder wie diese Puppen da heißen« (sie heißen Matrjoschkas, aber will ich die Schüler gleich besserwisserisch lehrerhaft verbessern?), vielleicht noch Stalin und Putin und

Gorbatschow, dann ein paar Fußballer-Namen, die ich nicht kenne, und meist noch Moskau und Sibirien. Einmal aber meldete sich ein Junge, sein Arm war als Erster oben, noch vor den anderen »Wodka«-ausrufen-Wollenden, und ich nahm ihn dran, und er sagte: »Fisch.« Und ich wunderte mich, und alle wunderten sich, wieso denn Russland und Fisch? Und er erzählte, er hieß Holger, ich erwähne den Namen, weil ich meine, dass er von Bedeutung ist, Holger erzählte, dass in seinem Haus viele Russen lebten, die alle Fisch äßen, viel Fisch, und die Reste, die Gräten, die Köpfe und die Schuppen, die schmissen sie alle in den Müll (wohin denn sonst?), und der würde immer so wahnsinnig stinken, das sage seine Mutter auch. Das erinnerte mich dann an ein sehr plattes Jugendbuch, das ich in meiner Schulzeit schätzungsweise in der siebten Klasse habe lesen müssen, ich erinnere mich nicht mehr an den Titel, aber an den Inhalt: Erzählt wird aus der Sicht eines Jungen, eines Siebtklässlers wahrscheinlich, wie eine türkische Familie in sein Haus zieht, die immer nach Knoblauch stinkt, und sein Großvater (alter Nazi?) sie unerträglich findet, die Knoblauch-Fresser, und am Schluss freundet sich der Enkelsohn dennoch mit der türkischen Familie an und stellt fest, dass Türken ganz nett sein können und Knoblauch gar nicht so schlimm riecht.

Ach ja, und das ist die letzte Abschweifung vom Thema, versprochen, wussten Sie eigentlich, dass Knoblauch in den meisten Sprachen nicht stinkt, sondern riecht oder duftet? Ein kleiner, aber nennenswerter Unterschied.

Jedenfalls, um wieder zurück zum Thema zu kommen: Ich ging Mitte der neunziger Jahre in die siebte Klasse, als man noch Lichterketten gegen Ausländerhass bildete, »Migrationshintergrund« kein feststehender Begriff war, und Helmut Kohl noch regierte, so wie man es eben schon immer kannte, da schien so ein Buch im Lehrplan wohl zu reichen, um uns

Schülern zu sagen: Ach, die Türken, die sind doch gar nicht soooo schlimm.

Und, um nun wirklich wieder zum Thema dieses Kapitels zu kommen: Auch wenn von diesen Lesereisen durch Hauptschulen noch viel zu berichten wäre, festzuhalten bleibt, dass nicht nur das Essen der afrikanischen Nachbarn, sondern auch das der russischen stinken kann, insbesondere anscheinend der Fisch. Nun ist es so, dass aus meiner wiederum recht russischen Sicht für diesen kurzen olfaktorischen Moment Sauerkrautgeruch an einem Sonntagmittag den Gang durch den Hausflur im Sommer auch nicht gerade angenehm macht, aber wir sind hier in Deutschland, und da isst man eben Sauerkraut. Sonst hätte ich ja auch in Russland bleiben können (wo ich hingehöre?) mit dieser Art von olfaktorischer Empfindlichkeit.

Die Migranten, die heute kommen, die Nigerianer und die Russen und all die anderen, die bleiben also länger, für immer gar, und da überlegt man schon genau, wen man sich als Nachbarn holen will. Wen man als Nachbarn, auch olfaktorisch, erdulden kann. Aber nicht menschen-, sondern länderspezifische Überlegungen werden hierbei angestellt. In unseren Köpfen haben wir Listen, auf denen wir festhalten, welche Migranten uns angenehm sind und welche nicht, weil sie eine Kultur mitbringen, die mit der unsrigen nicht vereinbar zu sein scheint, obwohl wir ihre Kultur eigentlich gar nicht kennen. So wie Länder auf diesen imaginären Listen aufgrund bestimmter Ereignisse (11. September), bestimmter »Mitbringsel« (Kopftücher) oder einfach festsitzender Vorurteile (Knoblauchgeruch) ganz unten rangieren, stehen trendige, spannende Länder, aus denen Zuwanderer – zumindest in bestimmten Kreisen – durchaus willkommen sind, ganz oben.

Die Stimmung wechselt wie der Wind. Griechenland war ziemlich lange toll. Großartiges Reiseziel, sowohl für Bildungsinteressierte als auch für Ruhe und Sonne suchende Strandurlauber. All die antiken Ruinen, diese Geschichte, Ursprung der europäischen Kultur, die blauen Lagunen, die feinen, weißen Sandstrände, die Inseln mit den romantischen Namen. Die Griechen, die in Deutschland lebten, waren zwar Gastarbeiter wie die Türken und die Italiener, aber sie konnten einen dabei beraten, welche Insel die beste für einen Urlaub mit Kindern Anfang Juni ist. Und die Gebildeten unter ihnen konnten einen durch das archäologische Museum führen. Es gab dann noch Gyros und Mousakka und ab und zu einen Ouzo, und eigentlich war doch alles ganz gut zwischen Deutschland und Griechenland, also zumindest zwischen den Deutschen und den Griechen hier. Dann kam die große Finanzkrise in Griechenland, Deutschland musste zahlen, und plötzlich war alles anders: Aus den netten Griechen wurden die bösen Griechen, die ihr Geld verplemperten, und wir durften einspringen. Plötzlich, innerhalb von Tagen in jenem Sommer, in dem sich der eine oder andere durchaus auch an die griechischen Strände wünschte, war Griechenland in der Hitliste der Herkunftsländer um einige Plätze nach hinten gerutscht. Statt Epikur und Kreta Staatsbankrott.

Ist ja auch eine schlimme Sache, so ein Staatsbankrott, möchte ich gar nicht kleinreden. Nur: Was haben die einzelnen Menschen, die hier, in Deutschland, also noch nicht einmal in dem pleitegegangenen Land leben, damit zu tun? »Ich bin so traurig aufgrund dessen, was gerade passiert! Das nimmt mich so mit!«, sagte mir eine aus Griechenland stammende Freundin damals, und ich dachte, sie meine die Situation in Griechenland, die ja auch schlimm war, ohne Frage. Bis sie hinzufügte, dass es ihr um den plötzlichen Meinungsumschwung ging. »Wie man die Griechen plötzlich nicht mehr mag, von heute auf morgen«, beschrieb sie es. Und fügte schnaufend hinzu: »Die Griechen!«

Ich habe eine Freundin, die aus Südamerika stammt. Auch sie ist des Öfteren genervt. Sie spricht Deutsch mit einem südamerikanischen Akzent. Sie hat dieses süße »Rrr« und eine bestimmte Satzmelodie, die auf andere eine faszinierende, anziehende Wirkung auszuüben scheint. Sie lebt seit vielen Jahren in diesem Land, sie hat ihre Dissertation hier und auf Deutsch verfasst, sie ist mit einem Deutschen verheiratet, aber wenn sie Menschen kennenlernt, die »Wo kommst Du her?« fragen, und sie darauf antwortet, dann wechseln viele ihrer Gesprächspartner ins Spanische, in ein sehr gebrochenes Spanisch, beschwert sie sich, in dem sie ihr unter anderem zu erklären versuchen, wie das Land, aus dem sie stammt, und Südamerika an sich so sind. Schließlich ist man da vor ein paar Jahren mit dem Rucksack herumgereist, in einem Bus, um »richtig Land und Leute kennenzulernen«, nicht als »normaler Tourist«. Wie schön, dass man jetzt endlich mal wieder jemanden trifft, der sich dort auch ganz gut auskennt. Auch ganz gut.

Nun könnte man, diese Betrachtungen einander gegenüberstellend, sagen, den Migranten kann man es aber auch nie recht machen. Ignoriert man sie, ist es ihnen nicht recht. Interessiert man sich für ihre Kultur, ist es ihnen auch nicht recht. Was ist ihnen denn nun recht? Also auch Ihnen, Lena Gorelik, die Sie immerhin in diesem Ihren eigenen, nicht immer angenehmen, ja lassen Sie es mich so formulieren, bissigen Ton diese Zeilen schreiben?

Ein gerechter Vorwurf. Könnte das vielleicht stimmen? Auf den ersten Blick vielleicht.

Auf den zweiten Blick aber hätte ich noch eine Nachfrage.

Wer sind denn »ihnen«, wer sind denn diese »sie«? Die Ausländer im Allgemeinen? Die Menschen mit Migrationshintergrund? Die Türken und die Südamerikaner? »Sie« wie »die«? »Die Ausländer«?

»Die Deutschen« – wie viele finden das schön?

Fühle ich mich moralisch überlegen und rede und schreibe überheblich arrogant daher? Bin ich ein besserer Mensch? Mit Sicherheit nicht. Aber ich versuche, wenn ich jemanden kennenlerne, den Menschen in ihm zu sehen. Ich lerne Menschen kennen, nicht Völker, Ethnien, Länder, Religionen. Individuum versus »die Südamerikaner«, versus »die Araber«, versus »die Deutschen«.

Was macht einen Ausländer zu einem guten, also einem interessanten Ausländer? Die Faktoren, die Gründe ändern sich, manche verlieren an Bedeutung, andere kommen neu hinzu, es entstehen Trends. In den vergangenen Monaten, wenn nicht gar Jahren hat der christliche Kulturkreis an Bedeutung gewonnen, man könnte auch negativ, sprich: direkt formulieren: Wer nicht dem abendländischen Kulturkreis zuzurechnen ist, hat schon mal schlechte Karten für einen der vorderen Plätze auf der Rangliste. Auch Geld spielt – wie fast immer im Leben – eine Rolle. Wer aus einem eher reicheren – wobei reich in der Assoziationskette sofort »zivilisiert« nach sich zieht – Land kommt, kann so gefährlich nicht sein. Arm ist hingegen = Bettler = »will unser = mein persönliches Geld«. Nicht selten entscheidet die wirtschaftliche Situation in unserem eigenen Land über den Beliebtheitsgrad von Migranten: Werden dringend Fachkräfte gebraucht, sind selbst politische Parteien, die der Zuwanderung sonst eher skeptisch gegenüberstehen, plötzlich sehr an Migranten interessiert. Aber nicht an Migranten im Allgemeinen, sondern an Migranten mit bestimmten Berufen aus bestimmten Ländern. Wir möchten uns unsere Ausländer gerne passgenau aussuchen, manchmal kommen welche, die wir nicht hier haben wollen, und aktuell kommen diejenigen, die wir für unseren Arbeitsmarkt gerne wollen, nicht. Viele andere Faktoren spielen bei der Erstellung solcher Ranglisten eine Rolle: die geographische Nähe des jeweiligen Herkunftslandes zu Deutschland, dessen Geschichte, selbst die Essenskultur, die Sprache, die aktuelle politische Situation ... Unser Wissen darüber und unser Nicht-Wissen, also unsere Klischees. Und wohl immer noch die Frage, wie man aussieht. Die Hautfarbe, die Art, sich zu kleiden, die Körperbehaarung gar. Machen die Skandinavier weniger Angst, weil sie groß, blond, blauäugig sind? Ich denke lieber nicht darüber nach.

Vielleicht ist es etwas Menschliches, so zu denken. Wahrscheinlich sogar. Manche meiner linksalternativen Freunde finden jeden in einem maßgeschneiderten Anzug verdächtig, ohne – so meine ich zumindest in meiner ebenfalls voreingenommenen Welt – einen maßgeschneiderten Anzug von einem von der Stange bei H & M unterscheiden zu können. Das sind vielleicht Menschen, denen die Araber nicht fremder erscheinen als die Südamerikaner, umso verdächtiger finden sie aber »Anzugsmenschen«. Selbst auf tierischer Ebene funktioniert dieses Prinzip und ist vielleicht deshalb umso menschlicher. Fast täglich gehe ich im Englischen Garten in München mit meinem Hund spazieren. Meinem Hund, der ein Mischling aus unzähligen Rassen ist, ein gebürtiger Slowake, der trotz sorgfältigen Bürstens und teurer Fellpflege mit einer Lavendel-Spülung, die mehr kostet als meine Haarwaschprodukte, zottelig, verstrubbelt und zerzaust aussieht, eine undefinierbare Farbe zwischen schwarz, grau und einen rötlichen Bart hat, leicht zu lang ist und aufgrund dieser falschen Proportionen mit seinem Hintern wackelt, als sei er eine unanständige Frau, und wohl der einzige Hund im Englischen Garten ist, der auch nach dem siebten »Bring's!«-Ruf den Ball nicht zurückbringt, sondern im Gebüsch versteckt. Bilde ich es mir ein, oder schauen mich die Besitzer der reinrassigen, wohl erzogenen Hunde, die in einem bestimmten Winkel bei Fuß laufen und deren Körperteile wie Beine und Ohren den Maßanforderungen der jeweiligen Rassezüchtung entsprechen, herablassend an? Warum werde ich eher von Besitzern anderer sonderbar aussehender, aber sehr sympathischer Hunde angesprochen? Werte ich meinerseits schon zu sehr, indem ich andere Mischlinge als sympathisch bezeichne, während ich die reinrassigen Hunde aufgrund ihres Aussehens oder vielmehr sogar aufgrund der Blicke ihrer Besitzer eher verurteile?

Oder warum meine ich, jetzt, wo ich Mutter bin und mich lang und breit mit dem Thema Kinderwagen auseinandergesetzt habe, auf dem Spielplatz aus der Marke des jeweiligen Kinderwagens auf die dazugehörenden Kinder bzw. Eltern schließen zu können? Verbiete ich mir schnell durch den Kopf huschende Gedanken wie »Ist doch klar, dass das Kind zuckersüßen Industrie-Eistee bekommt, es schaut zuhause bestimmt auch schon fern!« oder »Na, darf das Kind nicht in den Sandkasten, weil es sich das Kleidchen für 100 Euro dreckig machen könnte?« Gedanken, die nur deshalb durch meinen Kopf huschen, weil ich gesehen habe, in welchem Gefährt das Kind zum Spielplatz kutschiert wurde. Ich bin mit Sicherheit kein besserer Mensch!

Wo ist der Unterschied zu »Ist doch klar, dass aus dem Kind nichts wird, wenn die Mutter nicht Deutsch mit ihm spricht!« oder »Na, wenn das mal nicht der nächste Terrorist wird!« oder auch »Ach, das Kind lernt Schwedisch, das ist ja schön! Die Schweden können eh so gut mit Kindern, haben ja die ganzen Bildungsstudien gezeigt, hat man aber auch an der Atmosphäre in dem Land gemerkt, als wir dort im Urlaub waren!« Es gibt keinen. Es sind »die Araber«, »die Anzugsträger«, »die Tierheimhunde«, »die Vollzeitmamis« etc.

Ich denke, man muss sich einfach zwingen. Sich der Vorgänge, die da in einem stattfinden, bewusst zu sein, bewusst zu werden. Ich zwinge mich. Zwinge mich, mich an spannende Begegnungen zu erinnern, sogar an gute Freunde, von denen ich anfangs sicher war, dass sie … Zwinge mich, an eine gute Freundin zu denken, deren beide Hunde nicht nur reinrassig, prämiert und sonst was sind, sondern auch fast jedes Wochenende an einer Show oder einer Prüfung teilnehmen, während mein Hund und ich im dritten Jahr das Kommando »Bring's« üben. Ohne die Ratschläge und Hilfe dieser Freundin wäre mein Hund nicht der brave Hund (abgesehen von der Ball-Sache), der er heute ist. Ich zwinge mich, Tag für Tag. Zwinge mich zu differenzieren, »Stopp« zu den Bildern, den Verallgemeinerungen in meinem Kopf zu sagen, mir darüber klarzuwerden, was an Pauschalisierungen darin abläuft. Die Situation und die Menschen wahrzunehmen, die ich tatsächlich sehe und erlebe, nicht die in meinem Kopf.

Es wird besser, bis ein neues Thema hinzukommt, eines, das mich beschäftigt, eines, über das ich Bescheid zu wissen meine. Und dann zwinge ich mich erneut und freue mich an den Erfahrungen, die ich machen darf, weil ich Pauschalisierungen vermieden habe. Vielleicht ist der Mensch niemals fehlerfrei, aber er ist verbesserlich. Verbesserlich im Gegensatz zu unverbesserlich, auch wenn das Wort so nicht im Duden steht.

Unsere Köpfe sind voll von Bildern. Sie variieren von Kopf zu Kopf, manchmal auch von Tag zu Tag im selben Kopf, sie ähneln oder widersprechen sich, aber sie tauchen auf, ungebeten, ob man will oder nicht. Sie ist Russin: Sie hat mit Mafia zu tun – sie liest Dostojewski – sie hat lange Fingernägel – ihr ist Bildung wichtig – sie weiß nicht, was Demokratie ist. Sie hat einen Hund: einen dreckigen Hund – einen süßen Hund – er hinterlässt überall Haare – sie kann mit ihm spielen – in ihrem Kühlschrank wird Dosenfutter stehen – sie mag keine Katzen – der Hund bringt vielleicht die Zeitung. Sie ist Mutter: Kinder sind das Schönste auf der Welt – sie redet bestimmt seit der Geburt des Kindes nur noch über Windelinhalte – sie hat schlaflose Nächte – Kinder zu haben ist ein Geschenk – Arbeiten ist da wohl nicht mehr drin – sie verbringt ihr Leben auf dem Spielplatz – ach, das würde ich gerne mal sehen, das kleine Würmchen. Sie lebt in München: Schickeria-Tussi – sie hat es schön nah in die Berge – sie spricht Bayerisch (wahlweise so ein furchtbarer oder so ein netter Dialekt) – sie zahlt ein Vermögen für ihre Wohnung – sie lebt in einer der schönsten Städte Deutschlands – sie ist spießig und aalglatt wie München spießig und aalglatt ist – wie, sie lebt als Autorin nicht in Berlin? Unsere Köpfe sind voll von Bildern. Das ist in Ordnung so, sie sind Zeugen und Ergebnis unseres Lebens, unserer Erfahrungen, der Geschichten, die wir gehört oder gelesen haben, der Erlebnisse, der Ideen, die in unseren Köpfen herumschwirren, sie sind nicht zuletzt das, was uns ausmacht. Die Frage ist nur, was man damit macht. Lässt man sie stehen? Oder betrachtet man sie für ein paar Sekunden und lässt sie dann los, um sich selbst nicht die Möglichkeit zu nehmen, eine neue Erfahrung zu machen, den Bilderreichtum zu vergrößern, zu vervollständigen, zu hinterfragen? Gleicht man sich mit der Realität ab, also dem Menschen vor sich?

Es geht so einfach. Man muss nur die eine oder andere Frage stellen. Interesse nicht zeigen, sondern haben, schon wieder so ein kleiner, aber feiner Unterschied.

»Du kommst aus Russland, ach, das wusste ich nicht! Vielleicht kannst du mir eine Frage beantworten, ich habe nämlich mal gehört, dass ... Was hältst Du davon?«

»Du hast einen Hund? Macht er nicht furchtbar viel Dreck?«

»Du hast ein Kind? Da kommt man wahrscheinlich nicht zu viel anderem, oder doch?« Oder doch, eine kleine Nachfrage, die den Unterschied macht.

»Du lebst in München? Man liest ja immer so viel über die hohen Mieten dort. Ist es immer noch so?«

Es ist so einfach.

Ich habe ein T-Shirt. Es ist grün. Grün wie das Grün in der palästinensischen Flagge. Darauf ist ein Schriftzug, in den anderen Farben der palästinensischen Flagge, er sieht nach arabischen Buchstaben aus. Ein T-Shirt, das eine politische Aussage ist, ist doch klar. Nur, dass der Schriftzug ein verschnörkeltes Deutsch ist, das man spiegelverkehrt lesen muss. Liest man es spiegelverkehrt, steht da nichts weiter als »Du bist einfach super« auf Deutsch, ein buntes Sommer T-Shirt in grellen Farben. Manche fragen mich: »Was steht denn auf deinem Shirt?« und müssen lachen, wenn sie es erkannt haben, vielleicht über das T-Shirt, vielleicht über sich selbst. Diejenigen, die nicht fragen, denken sich ihren Teil. Sehen und stellen im Kopf fest, ohne mit dem Menschen, mit mir in diesem Fall, zu reden. Bilden sich eine Meinung und marschieren mit dieser davon. Ein Kleidungsstück, das mehr über Vorurteile aussagt als manch langer Vortrag.

Man bildet sich hierzulande Meinungen nicht über Menschen, sondern über Länder, Kulturen und Religionen, und davon leitet man ab, wer hier willkommen ist und wer weniger und wer vielleicht, unter bestimmten Umständen, unter bestimmten Bedingungen ein bisschen. Man schämt sich dieser

Ranglisten noch nicht einmal. Man schämt sich ihrer deshalb nicht, weil man überzeugt ist zu wissen, wie einzelne Menschen, wie Individuen sind, nur weil man das eine oder andere Merkmal von ihnen kennt: den Geburtsort, die Hautfarbe, die Religion, ihre Essensbräuche, die Sprache. Frei nach dem Motto »Ein guter Indianer ist ein toter Indianer« denkt man sich »Ein guter Türke ist ein Türke, der in der Türkei bleibt«. Das ist nicht nur primitiv, es ist auch schade für die Meinungsbildenden selbst. Weil ihnen Begegnungen und Erfahrungen, neue Kenntnisse und neue Freunde entgehen. Bereit zu sein, jemanden kennenzulernen, heißt noch nicht, dass man bereit ist, denjenigen auch zu mögen. Jemanden automatisch aufgrund bestimmter Kriterien zu mögen, ist ebenso primitiv, wie ihn dafür zu verurteilen oder Angst vor ihm zu haben. Ihn aber kennenzulernen und sich dann ein Urteil zu bilden, ist eines denkenden Menschen würdig.

Ich spreche, und das muss an dieser Stelle noch einmal festgehalten werden, nicht von möglichen Begegnungen in der fernen Zukunft. Ich spreche von Begegnungen mit Menschen, die bereits unsere Nachbarn sind, die Wir sind, von Menschen, die nicht eventuell kommen werden, um zu bleiben. Sondern von Menschen, die schon lange hiergeblieben sind.

Etwas, das nicht existiert,
kann nicht versagen

Die Integrationspolitik in Deutschland

Die Politik, also die Politiker, die Regierung, die Opposition (die Ex-und-Möchtegern-Regierung), die Minister samt ihren Ministerien, und jeder, der sich selbst diesem Milieu zurechnen würde, hat einen Selbstschutzinstinkt. Den Trieb, sich vor möglichen Angriffen, Vorwürfen, gar Vorwürfen der Untätigkeit (tatenlose Politik!) zu schützen, um am Leben oder vielmehr an der Macht zu bleiben. Man schützt sich, mit Reden und Vorschlägen und vagen Ideen, die wie Taten aussehen oder wirken sollen, in der Realität aber nichts weiter vermögen außer vorgetragen zu werden, um bald im Nirvana zu verschwinden. Der Rest ist Kulisse: Gremien, Untersuchungskommissionen, Berichte zur Lage von irgendwas … Mit der Konsequenz, dass am Ende alles beim Alten bleibt, auch wenn diejenigen, die sich Politiker nennen, sich selbst auf die Schulter klopfen und stolz verlautbaren: Wir haben etwas getan. Das Gremium gegründet, die Kommission ins Leben gerufen, den Bericht in Auftrag gegeben. Oder sie geben zum Beispiel stolz bekannt: Wir haben einen Gipfel, nämlich einen Integrationsgipfel, initiiert, wir haben eine Beauftragte, nämlich die Beauftragte für Migration, Flüchtlinge und Integration, bestellt. Und dann freut man sich, so getan zu haben, als hätte man etwas getan, und alles scheint für die Dauer der Pressekonferenz ganz gut.

Aber fragt dann jemand: Womit genau ist diese Integrationsbeauftragte denn beauftragt worden? Sich um die Integration zu kümmern? Wie kann ein einzelner Mensch sich um die Integration so vieler Menschen in einem ganzen Land kümmern? Was tut, was kann so eine einzelne Integrationsbeauftragte denn überhaupt bewirken? Sie kann weitere Kulissen aufbauen. Zum Beispiel in regelmäßigen Abständen einen Bericht in Auftrag geben, den »Bericht zur Lage der Ausländerinnen und Ausländer in Deutschland«. Obwohl man sich eigentlich schon vor Jahren dazu entschlossen hat, die Ausländerinnen und Ausländer politisch korrekt »Menschen mit Migrationshintergrund« zu nennen, heißt dieser Bericht noch genauso. Mit anderen Worten: Obwohl man sich vor Jahren dazu entschlossen hat, mit diesem neuen Begriff auch beim Mikrozensus eine offizielle Teilung in ein »Ihr« und ein «Wir« vorzunehmen, damit auch dem Letzten klar wird, auf welcher Seite er steht bzw. stehen muss, damit die ehemaligen Ausländerinnen und Ausländer nicht plötzlich aus Versehen ins »Wir« rutschen.

Der letzte »Bericht zur Lage der Ausländerinnen und Ausländer in Deutschland«, immerhin der achte, aus dem Jahr 2010, stellt so überraschende Tatsachen fest wie die, dass in Deutschland keine Chancengleichheit existiert. Nur: Überraschend für wen? Er stellt beispielsweise fest, dass Migranten unter anderem viel länger nach einem Arbeitsplatz suchen müssen als Deutsche, im Durchschnitt 17 Monate lang auf eine Lehrstelle warten müssen, 17 Monate, in denen sie was tun? Nicht zu verzweifeln versuchen? Sich aus Verzweiflung gar zurückziehen, sich vielleicht extremistischen Organisationen nähern? Diese Tatsache findet dann auch die Integrationsbeauftragte nicht schön und kommt entrüstet zu dem Schluss: »Es darf niemand wegen seiner Herkunft aussortiert werden.« Und das ist dann auch schon die ganze Konsequenz aus dem Bericht. Sie (nicht sie persönlich, selbstverständlich; aber so viel Polemik sei an dieser Stelle erlaubt) geht nicht etwa in die Betriebe, um diese auf ihr fremdenfeindliches Auswahlverfahren der Auszubildenden aufmerksam zu machen. Sie legt keine Quoten fest, nach denen jeder Betrieb auch eine bestimmte Anzahl »Jugendlicher mit Migrationshintergrund« einstellen muss. Sie ergreift auch sonst keinerlei Maßnahmen, die dazu führen könnten, dass sich die Einstellung in den Betrieben, und damit im gesamten Land, ändern würde. Maßnahmen, die dazu führen würden, dass bei der Einstellung von Auszubildenden oder sonstigen Arbeitnehmern andere Kriterien als der Klang des Namens oder der Geburtsort eine Rolle spielen. Maßnahmen, dass im Ausland erworbene Abschlüsse schneller und unkomplizierter anerkannt werden. Maßnahmen, die Stadtteile mit schwieriger sozialer Lage gezielt fördern. Sie äußert sich moralisch richtig zu den aus moralischer Sicht zu beanstandenden und im »Bericht zur Lage der Ausländerinnen und Ausländer in Deutschland« festgehaltenen Umständen.

Und das nennt sich dann in diesem Land Integrationspolitik.

Aber wie viele Menschen fühlen sich nach der Veröffentlichung dieses Berichts, nach den Kommentaren der Integrationsbeauftragten dazu animiert, sich zu integrieren oder, wenn wir die Seite wechseln, andere zu integrieren, oder sich auch sonst auf irgendeine Weise mit Integration an sich zu beschäftigen? Also ich mich, ehrlicherweise nicht, und ich gehöre immerhin dem geringen Anteil der Menschen in diesem Land an, die solche Berichte und solche Kommentare überhaupt zur Kenntnis nehmen. Wie viele Arbeitgeber werden darüber in der Zeitung lesen und sich daraufhin vornehmen: »Ach stimmt, Menschen wegen ihrer Herkunft aussortieren sollen wir ja nicht, dann lade ich den Jungen mit dem persischen Nachnamen doch mal zum Vorstellungsgespräch ein«? Seit Jahren wird in diesen und ähnlichen Berichten – zu

Recht – festgestellt, wie wichtig frühkindliche Sprachförderung, also das Erlernen der deutschen Sprache, für den späteren Lebensverlauf sind. Politiker aller im Bundestag vertretenen Parteien sind sich darin einig, dass es sich lohnt, darin zu investieren. Politiker aller Parteien sowie die Integrationsbeauftragte stellen, halten dies – auch schriftlich – regelmäßig fest, man macht sogar konkrete Vorschläge wie ein verpflichtendes, beitragsfreies letztes Kindergartenjahr, und dann passiert: nichts. Was nach all diesen Reden und Bekenntnissen nicht verordnet wird, ist: Ein verpflichtendes, beitragsfreies letztes Kindergartenjahr.

Nichts passiert? Naja, das stimmt nicht ganz. Kulissen werden weiterhin aufgebaut. Vier Integrationsgipfel wurden seit 2006 anberaumt, bereits 2007 wurde ein Nationaler Integrationsplan erarbeitet, der sehr wichtig klingt, weil er national ist. Darin wird dann festgehalten, dass es darum gehen müsse, »die Integrationspolitik verbindlicher zu machen«, was wiederum eine sehr konkrete, weitreichende Maßnahme ist, die ich als Staffage bezeichnen würde. Festgehalten wird auch, dass dieser Integrationsplan »zu einem Aktionsplan mit festen Zielgrößen weiterentwickelt werden« soll. Wir haben jetzt also den Plan, einen Aktionsplan zu entwickeln. Damit treiben wir die Integration möglichst schnell voran. Es wird dann auch noch ein »Integrationsindikatorenbericht« in Auftrag gegeben, der auf einem Integrationsmonitoring basiert, weil der »Bericht zur Lage der Ausländerinnen und Ausländer in Deutschland« anscheinend nicht ausreicht. Es wird außerdem nach »weiteren geeigneten Integrationsmaßnahmen« gesucht, obwohl bislang kaum welche durchgeführt wurden. Und all das zusammen nennt sich dann Integrationspolitik in Deutschland.

Wer sich politische Papiere zu diesem Thema durchliest,

wird schnell feststellen, wie viele zusammengesetzte Begriffe es mit »Integration« gibt. Alleine in dem besagten »8. Bericht zur Lage von Ausländerinnen und Ausländern in Deutschland« finden sich unter anderem (!): Integrationspolitik, Integrationsplan, Integrationsmonitoring, Integrationsindikatorenbericht, Integrationsförderung, Integrationsfonds, Integrationskurse, Integrationsvereinbarung, Integrationsministerkonferenz, Integrationsleistungen, Integrationsprognose, Integrationsprobleme, Integrationsbereitschaft, Integrationsanstrengungen, Integrationsmaßnahmen, Integrationsgipfel, Integrationsreport, Integrationskonzept, Integrationsexperte, Integrationsfähigkeit, Integrationsengagement, Integrationsprogramm, Integrationsbeirat, Integrationsmanagement und Integrationsfragen.

Als Höhepunkt solcher Begriffsbildungen, die nichts weiter als Staffage sind, als Höhepunkt auch sinnloser Maßnahmen, als Beweis dafür, dass die Politik und insbesondere die Bundesregierung nicht genau wissen, wie sie mit dem Thema umgehen sollen, oder vielleicht als Beweis dafür, dass die Politik nichts tun möchte, ist die Schaffung eines Integrationspreises zu sehen, der 2010 bei der Bambi-Verleihung an den Nationalspieler Mesut Özil überreicht wurde. Was genau sagt ein solcher medienwirksamer Preis eigentlich aus? Du hast dich so gut bei uns integriert, also so viele schöne Tore für uns geschossen, dass du beinahe ein Deutscher bist, dafür ehren wir dich. Aber vergiss dabei bitte nicht, dass du eben nur beinahe ein Deutscher bist (sonst bräuchtest du ja auch keinen Integrationspreis), ein bisschen Türke bleibst du trotzdem. Aber ein vorzeigbarer! Ein Jahr später ging die Auszeichnung – umstrittenerweise – an den Rapper Bushido, mit bürgerlichem Namen Anis Mohamed Youssef Ferchichi, der nicht zuletzt durch schwulen- und frauenfeindliche Texte wie »Ihr Tunten werdet vergast« berühmt und reich geworden ist. Was sagt dieser Preis nun aus?

Die Stürme, die die wiederholten und sich inhaltlich wiederholenden Debatten um das Thema Integration auslösen, die Mengen an Stimmen, die sich in diesen zu Wort melden, zeigen der jeweiligen Bundesregierung deutlich, dass es sich hierbei um ein Thema handelt, das die Menschen, die diese Regierung vertritt, bewegt und bei dem sie durchaus Handlungsbedarf sehen. Dennoch haben wir zwar weiterhin eine Bundesbeauftragte für Integration, aber kein entsprechendes Ministerium. Ebenso deutlich wird in diesen Debatten (auch in den im Bundestag geführten) die konkrete Angst der Menschen vor einem zunehmenden Extremismus und Radikalismus in muslimischen Kreisen, die Angst davor, dass Werte »um sich greifen«, also den jeweiligen Kindern und Jugendlichen beigebracht werden, die mit denjenigen, an denen sich das deutsche Bildungssystem orientiert, angeblich wenig gemein haben. Nichtsdestotrotz lassen wir es zu, die religiöse – muslimische – Erziehung komplett Organisationen außerhalb unseres Bildungssystems zu überlassen. Organisationen wie beispielsweise Millî Görüş, die nachmittags Religionsunterricht für muslimische Schüler anbieten, obwohl sie wegen ihrer antidemokratischen Haltung vom Verfassungsschutz beobachtet werden. Erst 2010 ist man endlich der Empfehlung des Wissenschaftsrats gefolgt, des wichtigsten Beratungsgremiums von Bund und Ländern in Sachen Hochschulpolitik, bestehend aus Professoren und politischen Vertretern, und hat damit begonnen, Lehrstühle an deutschen Universitäten einzurichten, an denen Imame und islamische Religionslehrer ausgebildet werden. Nachdem man so lange damit gewartet hat und es wohl noch eine Weile dauern wird, bis genug staatlich ausgebildete Religionslehrer für den Islamunterricht an den Schulen zur Verfügung stehen, könnte man in der Zwischenzeit einen einheitlichen Lehrplan für den islamischen Religionsunterricht erstellen und regelmäßig die im Moment für den Unterricht zuständigen muslimischen Organisationen vom jeweiligen Schulministerium überprüfen lassen, ob dieser auch eingehalten wird, so wie es beim jüdischen Religionsunterrichts seit Jahren gehandhabt wird. Man könnte als Politiker, wie gesagt, so einiges tun.

Es gibt so viele seit langem bekannte Phänomene, es gibt Probleme, die nicht nur Politikern aller Couleur, sondern auch den Menschen in diesem Lande bewusst sind, es gibt so viele »man könnte …«. Und so wenig: »Dann tun wir doch …« »Wir müssen in das Vertrauen zwischen den Menschen investieren«, forderte der damalige Bundesinnenminister Thomas de Maizière zum Beispiel bei der deutschen Islam-Konferenz im September 2010, ein Satz, den ich – für mich überraschenderweise – hätte unterschreiben können. Hier seien alle gefordert, fuhr er fort, Nachbarn, Vereine, Arbeitgeber, Lehrer, die Kirchen usw., der Staat alleine könne das nicht bewältigen. Und das war es dann. Der Staat in Gestalt seines Innenministers beließ es dabei, die anderen Akteure zu ermahnen und zurechtzuweisen, einen Weg einzuschlagen, den er selbst nicht ging.

Selbstverständlich kann der Staat das geforderte »Vertrauen zwischen den Menschen« nicht per Gesetz verordnen, aber er kann die Weichen hierfür stellen. Der Staat kann und muss Maßnahmen ergreifen, die (zumindest mehr) Chancengleichheit garantieren. Ein Land, in dem der mögliche schulische und berufliche Erfolg der Menschen nicht zuletzt von ihrer Herkunft, vom Klang ihres Nachnamens abhängt, ein Land, in dem meist diejenigen studieren, deren Eltern schon studiert haben, der Akademikerstatus sozusagen vererbt wird wie die Monarchie, ist ein Land, in dem man von Chancengleichheit, die einer Demokratie würdig wäre, noch sehr weit entfernt ist. Diese herzustellen, Maßnahmen zu ergreifen, die diese fördern, ist die Aufgabe eines Staates, zumal wenn er von seinen gesellschaftlichen Akteuren – Nachbarn, Vereinen, Arbeitgebern, Lehrern, den Kirchen usw. – erwartet, dass sie das Vertrauen zwischen den Menschen stärken. Weil der Staat als gutes Beispiel vorangehen muss, indem er zeigt, dass er Vertrauen in alle Menschen hat, die hier leben. Niemand anders als der Staat kann den Menschen, die hier leben und arbeiten wollen, die Bedingungen hierfür erleichtern, niemand anders als der Staat kann dafür sorgen, dass die Menschen auch einen Anreiz haben, hier arbeiten zu wollen. Niemand anders als der Staat kann eine Grundstimmung des Vertrauens zwischen den Menschen herstellen, indem er, sei es durch gesetzliche Aufnahmebedingungen, vereinfachtere Einbürgerungsverfahren, Integrationsangebote oder öffentliche Gesten den Bürgern dieses Landes zeigt: Wir freuen uns, dass Menschen aus anderen Ländern hierherkommen und bei uns leben, wir freuen uns, weil sie unser Deutschland bereichern.

Auf der anderen Seite ist es selbstverständlich die Aufgabe der zugewanderten Menschen, Teil dieses Staates, Teil dieses Landes sein zu wollen. Ist dies – in einzelnen Härtefällen, nicht in der überwiegenden Mehrheit, so wie es manchmal dargestellt wird – nicht der Fall, so ist es ebenso Aufgabe des Staates, einen strengen Umgang mit diesen zu finden. Sei es durch zu überprüfende Schul- und Ausbildungspflicht, sei es durch einzeln getroffene und zu überprüfende Vereinbarungen, sei es durch Kürzungen von Sozialleistungen im Fall von Nichteinhaltung dieser, durch andere Sanktionen, durch verpflichtende Sprachlernprogramme oder andere Maßnahmen, die zu erfinden, zu testen, durchzusetzen eben Aufgabe des Staates ist, nicht die anderer gesellschaftlicher Akteure sein kann. Der Staat muss die Rahmenbedingungen und damit auch die notwendige Atmosphäre schaffen, innerhalb derer sich Vertrauen zwischen den Menschen entwickeln kann, so wie es de Maizière gefordert hat. Selbstverständlich kann der Staat alleine nicht für die Lösung aller Probleme in diesem Bereich sorgen. Machen diejenigen, um die es geht, nicht mit, sind alle Versuche seitens der Politik umsonst. Desinteresse, Verweigerung der Migranten kann nicht akzeptiert werden, davon wird später noch die Rede sein.

Ähnlich wie bei den Medien wäre es auch aus Sicht der Regierung bzw. der Parteien nicht ganz uneigennützig, wenn ein Umdenken (und damit verbunden neues Handeln) einsetzte. Denn da die Realität so aussieht, dass ein großer Teil unserer Gesellschaft, und damit auch die Wähler bzw. die zukünftigen Wähler, zunehmend häufig einen so genannten Migrationshintergrund hat, ist es für Politiker wenig ratsam, all diesen Menschen das Gefühl zu vermitteln, sie seien unerwünscht und unwillkommen, sie seien nur ein lästiges, dazu noch ein unlösbares Problem, sie seien zu tolerieren, irgendwie. Selbst die CDU/CSU, die jahrelang (und teilweise bis heute) per se nicht gerade positiv auf uns »Migrationshintergründler« zu sprechen war, hat sie inzwischen als Wählerpotenzial erkannt. Es ist womöglich kein Zufall, dass ausgerechnet diese Parteien sie als mögliche Klientel erkannt haben, schließlich vertreten viele Zuwanderer ähnlich konservative Werte, beispielsweise beim Thema klassische Rollenverteilung in der Familie, wie die beiden Schwesternparteien. So beklagte sich der ehemalige CSU-Mann und Pressesprecher der Strauß-Tochter Monika Hohlmeier, Michael Stürzenberger, der für seine offen islamfeindlichen Äußerungen bekannt ist, nach seinem Austritt aus der Partei: »Ein Parteifreund hat mir gesagt, dass ohne die Stimmen der Muslime keine Wahlen zu gewinnen seien.« Ob dies rechnerisch tatsächlich der Fall ist, sei dahingestellt. Tatsache aber ist, dass Menschen mit Migrationshintergrund, nicht nur Muslime, zum Glück Teil des Landes sind und damit auch politisch daran teilhaben und dies noch mehr tun sollen. In Deutschland ist das Wahlrecht bekanntermaßen an die Staatsbürgerschaft gekoppelt, gleichzeitig ist der Besitz der doppelten Staatsbürgerschaft außer in Ausnahmefällen untersagt. Was miteinander verknüpft und vereinfacht formuliert folgender Aussage gleichkommt: »Willst du bei uns politisch mitmachen, musst du dich erst beweisen. Damit wir dir genug vertrauen, eine Wählerstimme zu geben, also bereit sind, auch auf deine Meinung zu hören, musst du erst zeigen, dass du bereit bist, deine alte Herkunft komplett hinter dir zu lassen.« Ein Gedanke, der mich und andere häufig vor den Kopf stößt: Warum muss ich mein altes Ich komplett aufgeben (und selbst wenn ich das wollte, wie machte ich das?), um mich auch deutsch fühlen zu können? Auch deutsch. Aber das »auch« scheint schon Anspruch zu viel zu sein, durch die Prüfung gefallen, du willst nicht wirklich eine von uns sein, also darfst du auch nicht politisch teilhaben an unserem Land. Wer hat etwas von dieser Haltung? Keiner. Weil das Gefühl, dass manche Menschen hier nicht willkommen sind, so wie sie sind – nämlich mit ihrem fremdländischen, anderen Hintergrund, der sich für manche auch in einem Stück Papier, dem Pass, äußert –, sie davon abhält, sich als (aktiver) Teil dieses Landes zu fühlen. Was wir ihnen wiederum in der nächsten Debatte wieder zum Vorwurf machen können. Das Vorurteil übrigens, die Menschen hielten nur deshalb an ihrer »alten« Staatsbürgerschaft fest und wünschten sich die doppelte, weil sie sich ein Hintertürchen offenhalten möchten, um jederzeit in »die Heimat« zurückzukönnen, wird von zahlreichen Studien widerlegt: Laut der Friedrich-Ebert-Stiftung hat nur jeder siebte Zuwanderer, der die deutsche Staatsbürgerschaft nicht beantragt, obwohl er es theoretisch könnte, tatsächlich Rückwanderungsgedanken.

Die Politik ist in der Pflicht. Sie ist es insbesondere deshalb, weil viele Probleme, mit denen sie, mit denen wir alle jetzt zu kämpfen haben, etwa die erhöhte Kriminalität in so genannten Migrantenvierteln, in denen besonders viele Menschen ohne deutschen Pass leben, einer mangelnden staatlichen Migrationspolitik in den vergangenen, vor allem in den achtziger Jahren zu verdanken ist. Sie ist auch deshalb in der Pflicht, weil die Beispiele, in denen Regierungen Worten Taten folgen ließen, in denen sie tatsächliche Prozesse angeschoben haben, zeigen, wie viel sie ausrichten kann. Die Rütli-Schule ist nicht von Zauberhand von einer Terror- zu einer Vorzeigeschule geworden, auch nicht nur durch die Arbeit der Lehrer. Die Lehrer konnten sie deshalb in eine Vorzeigeschule verwandeln, weil die Regierung der Stadt Berlin beschlossen hat, Geld in diese Einrichtung zu stecken, und zwar mehr Geld als in andere Hauptschulen der Stadt. Das sind konkrete Taten, die zu konkreten Erfolgen führen. Keine Taten sind Floskeln und Vorschläge, die entweder im Sande verlaufen, nur für die eine oder andere kurze Schlagzeile sorgen, damit ein anderer Politiker mit einer ebenso theoretischen Floskel darauf reagieren kann, was im Glücksfall (aus der Sicht ebendieses Politikers, nicht aus Sicht der Bürger, um deren Zusammenleben es dabei geht) eine weitere Schlagzeile ergibt. Nicht nur unsinnig, sondern auch hochnotpeinlich sind Vorschläge und Floskeln, die sich widersprechen, obwohl sie aus derselben Richtung kommen: Wenn zum Beispiel die schwarz-gelbe Bundesregierung an einem Tag den Vorschlag zur Diskussion stellt, Arbeitsmigranten die Einwanderung zu erleichtern, um den Fachkräftemangel zu beheben. Und der CSU-Chef Horst

Seehofer am nächsten Tag beim Deutschlandtag der Jungen Union verlauten lässt, Multikulti sei tot. Ebenso wenig hilfreich sind die von allen Seiten strömenden Versprechen, die bestehenden Regelungen würden die Probleme (jeglicher Art) bereinigen, sobald sie konsequenter angewendet würden. Das beste Beispiel hierfür ist der ehemalige Bundesinnenminister Thomas de Maizière, der wiederholt forderte, die Nichtteilnahme an verpflichtenden Integrations- und Sprachkursen zu sanktionieren, weil das viele Probleme lösen würde, dabei vergessend oder schlicht unterschlagend, dass solche Sanktionen schon längst existieren: Wenn Neuzuwanderer diesen Verpflichtungen nicht nachkommen, wird ihnen die Aufenthaltsgenehmigung entzogen. Wenn Hartz-IV-Empfänger, deren Deutschkenntnisse als unzureichend bewertet werden, aus diesem Grund zu einem Sprachkurs verpflichtet werden, diesen nicht regelmäßig besuchen, werden ihnen die Sozialleistungen gekürzt oder komplett gestrichen.

Nach der ausführlichen Integrationsdebatte infolge des Werkes von Thilo Sarrazin schlug die FDP vor, alle Vierjährigen (auch die mit einem deutschen Pass) einem Deutsch-Test zu unterziehen, um wiederum diejenigen, die ihn nicht bestehen, zu einem Sprachkurs zu verpflichten. In der FDP wurde weiterhin überlegt, Türkisch als Unterrichtsfach anzubieten, um die Zweisprachigkeit zu nutzen. Die Bundeskanzlerin Angela Merkel forderte, mehr Migranten in der Polizei, in Jugendämtern und anderen Behörden einzusetzen, um Konflikte zwischen Polizisten und Jugendbanden besser vermeiden zu können. Die Bundesbildungsministerin Annette Schavan (CDU) forderte die Ausbildung und den Einsatz von Bildungslotsen, die Hauptschüler ab der 7. Klasse beim Schulabschluss, bei der Berufswahl und beim Übergang in eine Ausbildung unterstützen. Dabei peilte sie an, bis 2013 (also aus damaliger Sicht innerhalb der kommenden drei Jahre!) 1000 von ihnen einzusetzen. 1000 Bildungslotsen, das ist dann wohl der berühmte Tropfen auf dem heißen Stein, wenn man bedenkt, dass laut dem Bildungsbericht der Kultusministerkonferenz, dessen Zahlen die Bundesbildungsministerin bestimmt kennt, 27,2 Prozent der Unter-25-Jährigen einen Migrationshintergrund haben. Ein innenpolitischer Sprecher der CDU machte gar den Vorschlag, Kinder vor der Zuwanderung einem Intelligenztest zu unterziehen; ein Vorschlag, auf den zu reagieren die Bundesregierung sogar für nötig erachtete.

Die Integrationsbeauftragte Maria Böhmer (CDU) kündigte an, der Staat wolle künftig Integrationsvereinbarungen mit Neuzuwanderern schließen. Die SPD schlug vor, ein Bundesministerium für Bildung und Integration zu schaffen. Der Bürgermeister des so genannten Problembezirks Berlin-Neukölln Heinz Buschkowsky (SPD) sowie Berlins Regierender Bürgermeister Klaus Wowereit (SPD) forderten eine Kita-Pflicht für Kinder.

Und das Ende der Geschichte? Auch mehr als ein Jahr nach dieser Debatte, nach diesen – in den Medien – teilweise viel diskutierten Vorschlägen wurde kein einziger von ihnen umgesetzt. Sie mögen nicht alle sinnvoll sein, manche sind sogar auf absurde Art unnütz, wie zum Beispiel der, die deutsche Sprache ins Grundgesetz aufzunehmen, um Integration zu fördern, aber selbst diese wurden nicht durch neue oder bessere ersetzt. Sie wurden einfach nicht weiter verfolgt, verschwanden in Zeitungsarchiven, und alles blieb beim Alten.

»Die Politik« ermahnt andere gesellschaftliche Akteure, sich für Integration zu engagieren, Vertrauen zwischen den Menschen herzustellen, bestehende Regelungen stärker durchzusetzen. Doch sind diesen Akteuren häufig die Hände gebunden, weil sie ohne das Eingreifen des Staates, ohne seine

Unterstützung nicht viel ausrichten können. Lehrer klagen über mangelnde Ausbildung im interkulturellen Bereich. Polizisten klagen über zu wenige Migranten in ihrer Behörde. In der Integrationsarbeit aktive Kulturvereine klagen über fehlende oder gestrichene Zuschüsse. Jugendämter und Justizverwaltungen klagen über mangelndes Personal, um Jugendlichen zu helfen, die beispielsweise in kriminell orientierten Familienclans aufwachsen. Der Zentralrat der Muslime klagt über fehlende Gelder für die präventive, politische Bildung junger Muslime sowie für mögliche Aussteigerprogramme für Extremisten. Dies sind konkrete Probleme, die konkreter Lösungen, nicht Worthülsen bedürfen. Der Staat ist derjenige, von dem diese Lösungen kommen müssen. Und die Politiker müssen sich darauf konzentrieren, zu tun anstatt zu reden, um eine noch verheerendere Stimmung in diesem Land als die jetzige zu verhindern, zu der sie sich so wortgewandt äußern. Denn die würde die tatsächlich vorhandenen Probleme, die heute noch durch Taten zu lösen wären, nur weiter potenzieren.

Fehlt es der Politik an eigenen, innovativen, praxisorientierten Ideen, täte sie gut daran, die bereits vorhandenen Ideen anderer gesellschaftlicher Akteure aufzugreifen, sie (finanziell) zu unterstützen und weiter zu verbreiten. So bildet die Diakonie Wuppertal zum Beispiel bereits seit 2002 so genannte Sprach- und Integrationsmittler aus, Menschen, die selbst eine Migrationserfahrung hinter sich haben, die damit verbundenen Gefühle und Schwierigkeiten kennen und nun Neuankömmlingen bei ihren Behördengängen helfen sollen. Sie können dolmetschen und bei soziokulturellen Fragen vermitteln, sie können – ein wenig zumindest – verhindern, dass es zu Missverständnissen zwischen deutschen Beamten und den Neuzuwanderern kommt. Der Verein HIPPY – Home Instruction for Parents of Preschool Youngsters – ermöglicht

Hausbesuche bei so genannten bildungsfernen Eltern von Kindern im Vorschulalter. Sie bekommen zuhause anhand konkreter Materialien wie Geschichtenbüchern und geometrischen Formen 15-minütige Übungen gezeigt, mit denen sie ihre Kinder fördern können. So wird nicht nur den Kindern ein einfacherer Schulstart ermöglicht, sondern werden auch deren Eltern von Anfang an in ihre Bildungskarriere mit einbezogen, ohne sie damit zu überfordern. Projekte wie dieses gibt es in Deutschland zuhauf. Sie werden in den meisten Fällen von Kirchen, Stiftungen, Vereinen und anderen Einrichtungen finanziert, selten vom Staat. Dies wäre aber das Mindeste, was ein Staat tun kann, der von solchen Einrichtungen, von all seinen Bürgern fordert, sich für mehr Verständnis zwischen den Menschen einzusetzen.

Es geht nicht darum, dass die Integrations- oder Migrationspolitik der vergangenen Jahre und Jahrzehnte versagt hätte. Etwas, das kaum existiert, kann nicht versagen. Es geht darum, jetzt etwas zu tun, konkrete Gesetze und Regelungen durchzusetzen, damit der Rest der Gesellschaft wiederum seinen Teil zu Lösungen beitragen kann. Zum Beispiel das Problem der mangelnden Deutschkenntnisse bei nachgezogenen Ehepartnern anzugehen anstatt sich wortreich und möglichst zitierfähig zu schwammigen Allgemeinängsten wie der vor »einer Islamisierung Deutschlands« zu äußern.

Es geht darum, eine Integrationspolitik aufzubauen.

»Ich kenne da einen Ausländer, der ...«

Die Rolle der Vorzeigeausländer

Manchmal bin ich ein Tier im Migrantenzoo. Ich bin es ungern, niemals freiwillig, aber welches Tier ist schon freiwillig im Zoo? Tiere leben aus einem Grund in Käfigen und Gehegen im Zoo: Weil wir Menschen meinen, ein Anrecht darauf zu haben, unseren Kindern Tiere, die sie sonst nicht in der Natur zu Gesicht bekämen, außerhalb von Bilderbüchern zeigen zu müssen. Manchmal, wenn wir keine Lust auf den Zoo haben, gehen wir mit unserem Nachwuchs in den Zirkus, weil es noch spannender ist zu sehen, wie wilde Tiere in Zirkusmanegen antreten, auf und ab marschieren, auf Kommando »Sitz« machen und ähnlich »sinnvolle« Kunststücke vorführen.

Und genauso dürfen manchmal auch Migranten im Migrantenzirkus auftreten. Sie dürfen dann Kunststücke vorführen wie: »Ich kann akzentfrei Deutsch sprechen« oder »Ich bin Migrant und kann Goethe zitieren.« Sie dürfen dann auf Kommando Sätze sagen wie »Aber natürlich ist Deutschland mein Zuhause!« und »Ich bin dankbar, dass ich hier leben darf«, und wenn sie es besonders gut machen, geben sie diese Sätze in einem regionalen Dialekt von sich, und dann freut man sich, dass man den Türken so gut dressiert hat, dass er sich in breitestem Fränkisch zu seiner Heimat, nämlich Oberfranken, bekennt, diese sowie seine Bewohner in den Himmel lobt und sogar weniger »Integrationswillige« kritisiert, weil sie mit einem Fuß noch in Anatolien leben und es tatsächlich wagen, ihre alte Religion beizubehalten. Und am Ende setzen sie sich brav wieder auf ihren Stuhl, weil sie ja nicht zwischen zwei Stühlen sitzen. Applaus, Applaus! Applaus ist bei solchen Kunststücken garantiert!

Bin ich zynisch angesichts dieses Vergleichs? Anstatt mich darüber zu freuen, dass es (auch!) Menschen aus Anatolien gibt, die sich so toll, so brav (ach schon wieder bin ich zynisch!) integrieren? Aber ich freue mich ja. Ich mag nur den Migrantenzirkus, auch den Migrantenzoo nicht. Ich mag nicht für meine Sprachkenntnisse bewundert werden, nicht dafür, dass ich Goethe und Hesse gelesen habe, nicht dafür, dass ich die Bundesligavereine kenne. Ich mag diese Art der Bewunderung deshalb nicht, weil ich sie nicht in dem Maße verdiene, wie ich sie manchmal bekomme, wenn ich zum Beispiel irgendwo – wortwörtlich – als »Beispiel für eine gelungene Integration« vorgestellt werde. Ich verdiene sie deshalb nicht, weil diese Sprachkenntnisse und dieses Wissen über die deutsche Kultur so herausragend nicht sind, weil ich eines von vielen »Beispielen für eine gelungene Integration« bin. (Obwohl sie, ebenso wie ich, wahrscheinlich nicht als Beispiel herhalten wollen.)

»Sie sprechen aber gut Deutsch!« Wie oft habe ich diesen Satz gehört, mit Überraschung und Staunen in der Stimme, danach folgte meist Bewunderung. Ich möchte aber weder bestaunt noch bewundert werden für etwas, das für mich so selbstverständlich ist. Eine gute Freundin (mit Migrationshintergrund; ich erwähne das nur deshalb, weil es an dieser Stelle relevant ist) verdiente sich während ihres Studiums ihren Unterhalt unter anderem mit Nachhilfe, auch in Deutsch. Über ein Jahr lang gab sie einem Kind Nachhilfe in diesem Fach, erfolgreich, seine Noten verbesserten sich, die Eltern freuten sich, alles war gut. Dann, in einem Nebensatz erwähnte meine Freundin, dass sie nicht in Deutschland geboren worden, sogar erst mit vierzehn Jahren hierher gezogen war. Und bekam daraufhin zu hören: »Sie sprechen aber gut Deutsch!«

»Ja, ich habe es Ihrem Sohn ja auch beigebracht.« Eine Reaktion, die einem meistens erst hinterher einfällt, in der WG-Küche, in der man sich über den Vorfall aufregt.

Man steht oder sitzt als Vorzeigeausländer da und lässt sich für etwas beklatschen, was so beklatschenswert nicht ist, weil es normal ist. Es fällt uns nur meistens gar nicht auf, eben deshalb, weil so viele mit Migrationshintergrund gut Deutsch sprechen, so gut, dass wir nie auf die Idee kämen, sie dazu zu beglückwünschen, weil uns ihr Migrationshintergrund – außer bei manchen vielleicht wegen des Aussehens, aber da wagt man ja nicht nachzufragen – gar nicht auffallen würde. Unser Alltag ist voller solcher Menschen, wir sitzen neben ihnen im Bus, wir stehen hinter ihnen in der Supermarkt-schlange, wir lassen uns von ihnen beim Einkaufen (nicht nur von Gemüse, sondern auch von Büchern) beraten, wir begeg-nen ihnen jeden Tag und nehmen sie noch nicht einmal richtig wahr, und das ist gut so. Es ist gut so, weil es bedeutet, dass sie unser Alltag, unsere Realität sind, weil ihre Anwesenheit »nor-mal« ist, auch wenn dieser Begriff fraglich ist, »normal« in einem positiven Sinn, in dem nämlich, dass ihre Anwesenheit nicht in Frage gestellt wird.

Und weil das so ist, ist mir nicht klar, wozu wir dann all die anderen brauchen, die wir in Fernsehstudios oder auf Po-dien setzen, mit denen wir angeben, die wir vorstellen und vorführen, wie in einem Zoo oder einem Zirkus eben, im Mi-grantenzirkus. Schauen Sie mal, er oder sie hat das Unmög-liche geschafft! Es ist aber nicht unmöglich, dass es alles andere als unmöglich ist, zeigt uns die Realität in diesem Land. Und deshalb schämt man sich immer ein wenig, wenn man als Vor-zeigeausländer auftreten darf, weil einem dann all die Freunde und Bekannten und Unbekannten in den Sinn kommen, die einem alleine an diesem Tag begegnet sind und genauso gut auf diesem Platz sitzen könnten, man schämt sich, weil der Platz so unverdient ist. Und genau deshalb sagte Deniz Baspinar zu mir, die Psychotherapeutin ist und eine Kolumne namens »Kölümne« für *Zeit Online* schreibt, als ich sie fragte, was sie sich wünscht: »Ich will kein gutes Beispiel sein müssen, weil ich eine von vielen bin, weil das, was ich bin, nicht die Ausnahme ist, sondern die Normalität. Nicht Normalität sind die Ehrenmorde, auch wenn das genau andersherum dargestellt wird.«

Oder um es mit den Worten von einem zu sagen, der mittlerweile unter anderem die deutsche Leitkultur an sich, nämlich den obligatorischen *Tatort* am Sonntagabend verkörpert, in dem er den Kommissar in Hamburg spielt: »Das höchste Maß an Integration ist Normalität.« Das sagte der Schauspieler Mehmet Kurtulus kurz vor der Ausstrahlung seines ersten *Tatorts*, er fügte hinzu, dass er es gerne sehen würde, dass die Menschen den Filmdialogen lauschen, weil sie die Handlung spannend finden, nicht, weil sie hören wollten, ob man ihm irgendeine Art von Akzent anmerkt. Und die NDR-Fernsehfilm-Chefin Doris Heinze ergänzte: »Einen Vorzeigetürken brauchen wir nicht.« Aber ist Normalität nicht, wenn man auf diese Tatsache nicht mehr hinweisen muss, wenn der Nachsatz einfach überflüssig klingen würde?

(Ach ja, und da wir gerade beim Thema *Tatort* sind, muss ich eines noch loswerden: Ich persönlich glaube ja, dass die Integration beim *Tatort* endet. Noch nie habe ich einen Migranten getroffen, der diese Fensehserie gerne sähe. Oder der verstanden hätte, warum man sich immer am selben Tag der Woche, immer um dieselbe Zeit einen – meistens – nicht so spannenden Krimi anschauen muss. Wenn das die deutsche Leitkultur ist, dann werden wir wohl nie richtige Deutsche, auch wenn wir uns Mühe geben und immer wieder am Sonntagabend den Fernseher einschalten. Während der Sarrazin-Debatte rief ich an einem Sonntagabend eine Freundin mit Migrationshintergrund an, die mich kurz vor 20 Uhr 15 unterbrach: »Entschuldige, aber ich muss mich jetzt mal endlich integrieren. Ich muss *Tatort* schauen.« Aber das nur so nebenbei.)

Es gibt auch Migranten, die sich gut in der Rolle des Vorzeigeausländers gefallen. Es sind meist diejenigen, die den Moment im »Braver-Ausländer«-Rampenlicht nutzen, um gegen andere zu wettern, die sich nicht so viel Mühe geben wie sie selbst. Die die Gunst der Stunde vielleicht sogar nutzen, um sich »auf die sichere Seite zu bringen« und die Reden der konservativen Zuwanderungskritiker dieses Landes aufzugreifen, um auch ihre eigenen Ängste zu äußern, Deutschland könne sich selbst abschaffen (bzw. ließe sich gerade von Anders-Denkenden, Anders-Sprechenden, vor allem von Anders-Glaubenden abschaffen). Mit solchen Äußerungen integrieren sie sich noch weiter in Deutschland, in ein Deutschland, das von Ängsten beherrscht wird anstatt von der Realität. Aber wie man sich im »Braver-Ausländer«-Rampenlicht verhält, ist selbstverständlich jedem selbst überlassen, von mir aus kann sich jeder, der möchte, für diese Art der politischen Argumentation vereinnahmen lassen. Ich persönlich allerdings fühle mich als Vorzeigemigrantin eher wie ein Hund, patsch, patsch, gut gemacht, feiner Ausländer. Und jetzt: Sitz!

Die Vorzeigeausländer, die wir im Fernsehen sehen, sind alles andere als immergültige Beispiele für die Realität, weil das türkische Mädchen, das einen IQ von 160 hat und fünf Sprachen spricht, obwohl ihre Mutter Analphabetin ist, genauso wenig für Abertausende türkischer Mädchen steht, wie dasjenige, das von den eigenen Brüdern ermordet wird, weil es eine voreheliche sexuelle Beziehung eingegangen ist. Sie sind beide Ausnahmen, positive oder negative, wie es sie in jeder ethnischen Gruppe, in jeder Gesellschaft, in jedem Milieu, in jedem Land gibt. Die Vorzeigeausländer, die wir im Fernsehen zu sehen bekommen, sind häufig zudem nicht gut integriert, wie es in der Bauchbinde heißt, sondern vielmehr assimiliert. Auch das ist keine repräsentative Eigenschaft. Die meisten Menschen mit Migrationshintergrund, die ich kenne, neu kennengelernt habe im Zuge der Arbeit an diesem Buch (womit ich sagen möchte, dass ich mich nicht nur auf meinen Freundeskreis beziehe, den man sich selbstverständlich aussucht, sondern auch auf Menschen, denen ich normalerweise in meinem selbst ausgesuchten, selbst bestimmten Leben nicht begegnen würde), sind durchschnittlich »normal«. Was in diesem konkreten Fall bedeutet, dass sie entweder so gut Deutsch sprechen, dass ich niemals an ihrer Sprache erkannt hätte, dass sie in den Statistiken unter die »Migrationshintergründler« fallen würden oder zumindest in ihrem eigenen Alltag in Deutschland mehr als gut zurechtkommen. Nein, sie bewältigen ihn nicht, was nach einer schwierigen, anstrengenden, gar kaum lösbaren Aufgabe klingt, sondern sie kommen zurecht, wunderbar, für sie ausreichend. Sie haben alle ihren eigenen Weg gefunden, mit dem Reichtum der sie prägenden Kulturen (zwei und manchmal sogar drei oder mehr) umzugehen, sie wissen, was diese für sie bedeuten, sie wissen um die eigene persönliche Entwicklung, die sie durch diese Erfahrungen gemacht haben. Sie müssen sich weder assimilieren, noch müssen sie vorgezeigt werden, weil sie einfach – und erfolgreich – ihr Leben in unser aller Deutschland leben. Weshalb sie sich – und ich mir – Fragen, die man üblicherweise Vorzeigeausländern stellt, niemals stellen würden. Fragen wie: »Wie haben Sie denn so gut Deutsch gelernt?«, eine Frage, die impliziert, dass man ein Ding der Unmöglichkeit bewältigt hat, dass man ein Held ist. Ich bin aber kein Held. Ich habe einfach Deutsch gelernt, als ich nach Deutschland kam, und spreche und schreibe diese Sprache nun schon seit so vielen Jahren, dass ich mir die Frage nach dem Lernprozess nicht stelle, weil dieses Können für mich so selbstverständlich ist. Für die, die mir diese Fragen stellen, offensichtlich nicht. Ebenso wenig möchte ich die Frage beantworten, ob ich mich nun als Russin oder als Deutsche fühle. Wobei ich zumindest bei Lesungen das Gefühl nicht loswerde, dass das Publikum sich darüber freuen würde, wenn ich »Deutsche« antworten würde, als endgültigen Beweis dafür, dass man als »Mensch mit Migrationshintergrund« nicht nur die deutsche Sprache akzent- und fehlerfrei erlernen kann, sondern tatsächlich auch emotional ein Deutscher werden kann.

Wir wissen schon, wie wir unsere Ausländer haben wollen, und wenn es nicht alle schaffen, dann sollen zumindest die Vorzeigeausländer so sein, wie wir sie haben wollen.

Die üblichen Fragen an einen Vorzeigeausländer (und dessen Antworten) sind:

»Wie haben Sie sich so gut integriert?« – Ich weiß nicht, ich bin nun Mitglied im Kegelklub und im Gesangsverein und esse jeden Tag pünktlich um 12 Uhr zu Mittag.«

»Haben Sie den Eindruck, zwischen zwei Stühlen zu sitzen?« – Nee, normalerweise nur auf einem. Manchmal sitze ich auch gerne auf der Couch.

»Was ist Ihre Heimat?« – Russland. Weil Heimat immer mit Kindheitsgerüchen verbunden bleiben wird, etwa dem der Metro, wenn man die lange Rolltreppe in den Sankt Petersburger U-Bahn-Stationen hinunterfährt, dem der Birken in den Wäldern, in denen ich essbare Pilze von den giftigen zu unterscheiden lernte, dem Pilzgeruch an meinen Händen, dem Duft nach Apfelkuchen, wenn Oma gebacken hatte … Schockiert, weil ich »Russland« antworte? Dann fragen Sie mich nach meinem Zuhause.

»Fahren Sie also trotzdem gerne in Ihre Heimat?« – Trotz was?

»Haben Sie Ideen, Vorschläge, wie man andere Migranten, die sich da, sagen wir mal, schwerer tun als Sie, sich zu integrieren, dazu bringen könnte, ebendies zu tun?« – Nein, die Tatsache, dass ich gut Deutsch spreche, bedeutet nicht, dass ich ein Patentrezept entwickelt habe, mit dem man alle – auch die aus Ängsten heraus imaginierten – Probleme lösen kann.

Wenn ich jemanden sehe, der etwas gut kann, der ein Buch geschrieben, einen Film gemacht, Lieder komponiert, Menschenleben gerettet, eine Studie veröffentlicht oder sonst irgendetwas Bemerkenswertes hervorgebracht hat, dann interessiert er mich vor allem aus diesem Grund, eben, weil er etwas gut kann. Und nicht, weil er etwas gut kann, obwohl er einen Migrationshintergrund hat. (Wenn überhaupt, dann hat dieser Jemand aus meiner Sicht eher noch einen Vorteil durch diesen, er kann also etwas, weil er den Reichtum mehrerer Kulturen geschenkt bekommen hat, Reichtum wie bereichernd.) Mich interessiert sein Können, dieser Mensch an sich, nicht in erster Linie seine Herkunft. Ein türkischstämmiger Freund von mir, der Journalist ist und viel über die Türkei sowie die türkische Gemeinde in Deutschland berichtet, weil er immer für diese Themen »abgestellt« wird, hatte sich eines Herbstes in der Kulturredaktion seiner Zeitung gemeldet, weil er gerne etwas für die Literaturbeilage, die zur Buchmesse erscheinen sollte, schreiben wollte. Die Kulturredaktion freute sich, weil sie eine Rezension zu dem Buch eines türkischen Autors brauchen konnte. Was er mir eines Abends traurig erzählte und mit den Worten schloss: »Aber ich lese doch gerne Bücher und schreibe gerne darüber. Also Bücher im Allgemeinen, nicht nur die türkischer Autoren.«

Menschen sind Individuen, mit ihren Fähigkeiten, ihren Interessen, ihren Talenten. Sie sind es, unabhängig von der Frage, aus welcher Region dieser Welt sie oder ihre Familien stammen. Unser Interesse an ihnen sollte ein Interesse an diesen Individuen sein und nicht von der alleinigen Frage geleitet werden, ob sie sich denn nun wirklich als Deutsche fühlen oder das nur nach außen hin so wirkt, weil sie sich so fein integriert hätten.

Ich bin das, was gemeinhin als »gut integriert« bezeichnet wird, und weil ich das bin, sage ich: Ich möchte gerne in einem Land leben, in dem man sich für mich als Mensch interessiert, nicht nur für meine so genannte erfolgreiche Integration. Ich möchte kein gutes Beispiel sein, ich möchte ein ein Puzzleteilchen, Teil dieses Landes sein. Ich möchte nicht darüber nachdenken müssen, zu wie viel Prozent ich mich deutsch, zu wie viel russisch fühle. Ich wünsche den Menschen in diesem Land, dass sie sich diese Gedanken über mich und andere wie mich ebenfalls nicht machen müssen. Ich wünsche mir und Deutschland, dass es keine Vorzeigeausländer mehr zu brauchen meint.

»Ich spreche Deutsch, aber nicht sehr gut«

Probleme (mit) der deutschen Sprache

Manche Sätze bleiben hängen. Die Sätze selbst, nicht die Erinnerung an den Inhalt, nicht die Bedeutung einzelner Worte für uns und unseren weiteren Lebensverlauf, nicht der Gesprächspartner und die Tonlage, sondern Sätze an sich. Wort für Wort. Es kann einem bei einmaligen Erfahrungen im Leben passieren, wie einem Heiratsantrag – oder bei besonders witzigen Begebenheiten wie dem Ausspruch eines Kindes, das Begriffe verwechselt. Es kann alles sein.

Es kann auch sein: »Ich kann nicht schreiben, ich bin doch nur Ausländerin.«

»Ich kann nicht schreiben, ich bin doch nur Ausländerin.« Ich habe den Satz immer noch in den Ohren. Ein kleines Mädchen von etwa elf Jahren sagte ihn zu mir. Es wäre schön, sie an dieser Stelle beschreiben zu können, wie sie in dem langen, zu dunklen Schulflur stand, zu mir hinaufblickte (obwohl ich ja so groß nicht bin), wie sie dabei schüchtern lächelte oder vielleicht resigniert mit den Schultern zuckte. Die Wahrheit ist, ich kann es nicht. Ich erinnere mich nicht mehr an sie. Ich kann nicht sagen, ob sie blond oder dunkelhaarig war. Ich kann nicht sagen, ob sie wie ein Kind wirkte, gerade noch, oder ob sie schon in der Vorpubertät war, sich vielleicht bereits die Wimpern tuschte. Ich weiß auch nicht mehr, wie sie hieß. Dafür hallt ihre Stimme immer noch in meinem Kopf wider: »Ich kann nicht schreiben, ich bin doch nur Ausländerin.« Sie spricht fast akzentfrei Deutsch, vielleicht rollt sie das »R« ein bisschen zu sehr, sie könnte als Fränkin durchgehen, nur dass sie in Schwaben lebt. Sie spricht den Satz knochentrocken dahin, nicht abgeklärt, nicht zynisch, ohne jegliche Ironie. Sie spricht ihn so, wie Kinder vermeintliche Tatsachen von sich geben, die sie für sich nicht in Frage stellen: Das Christkind bringt die Geschenke. Die Zahnfee hat meinen Zahn geholt. Meine Mama ist die beste Mama der Welt. Ich kann nicht schreiben. Ich bin doch nur Ausländerin.

Das Mädchen, das diesen Satz sagte, der bis heute in meinem Kopf herumschwirrt, sprach ihn tatsächlich in der Schule aus. Wir standen dort zusammen, weil sie ihre Bildung in dieser Einrichtung verpasst bekam, die Art von Bildung, die für die deutsche Hauptschule nun einmal vorgesehen ist, und ich eine Ergänzung dieser Bildung war. Ich war zusammen mit anderen Autoren eingeladen worden von einem Verein, der sich der Aufgabe widmete, Migrantenkindern durch kreative Schreibkurse und Begegnungen mit »echten Schriftstellern« die deutsche Sprache näherzubringen. Diese Art von Projekten, Schreib- oder Lese- oder Lese-Schreib-Tage, findet immer wieder, hoffentlich auch zunehmend, statt. Wie sie jeweils heißen, ist nicht von Bedeutung, von Bedeutung ist, dass es sie gibt. Große und mittelgroße Autoren, »echte Schriftsteller« treffen kleine Autoren, sie erleben und schaffen gemeinsam Literatur, und im besten Falle treten die großen Autoren in den kleinen Köpfen etwas los, auf jeden Fall aber lernen alle Beteiligten dazu. Das Mädchen hatte im Vorfeld einen Text geschrieben so wie auch die anderen Schüler, die an dieser Schreib-Lese-Woche teilnahmen. Die meisten Texte, die ich zu lesen bekam, waren Gedichte, vor Bedeutung triefende Gedichte, in denen es meistens um Liebe ging, die einzig wahre, die, der das gebrochene Herz folgte, ICH LIEBE DICH in Großbuchstaben kam in jedem dritten solchen Gedicht vor, und DU oder ER wollte meist nicht verstehen oder sehen, was er der jeweiligen Lyrikerin bzw. ihrem erzählerischen Ich antat. In der zweithäufigsten Kategorie drehte es sich um den Keiner-kann-mich-verstehen-wie-ich-wirklich-bin-Topos, einen To-pos der Pubertät, der sich lyrisch in Zeilen wie »Und ich bin allein in der schwarzen Masse« äußerte. Ich liebte all diese Gedichte, da sie mich an meine eigenen Poesieversuche in diesem Alter erinnerten, an DEN, der mich nicht sah, und an das Gefühl, keiner wisse, wie ich wirklich war. Ich schmunzelte viel, als ich die Texte zur Vorbereitung der Woche las. Bei einem aber schmunzelte ich nicht. Es war der Text dieses Mädchens, mit dem ich später im Schulflur sprach, eine karierte Schreib-blockseite mit krakeliger Füllfederhandschrift gefüllt, er handelte vom Tod. Wer gestorben war, ging aus dem Text nicht hervor, ich dachte, es könnte vielleicht die Mutter sein, der Text klagte nicht, er stellte keine Fragen, er war frei von verbrauchten Assoziationen wie Leere und Dunkelheit und Warum und Einsamkeit und Danach. Mir liefen beim Lesen Schauer über den Rücken, und ich machte das Fenster zu. Es war nicht kälter geworden.

Am nächsten Tag fragte ich den Klassenlehrer in der Pause diskret, wer die Verfasserin dieses Textes sei. Er rief das Mädchen beim Namen, an den ich mich heute nicht mehr erinnern kann, sie löste sich aus der Gruppe ihrer Freunde und stellte sich zu uns, und nachdem ich kurz gesagt hatte, dass ich den Text beeindruckend fand, meldete sich auch ihr Klassen- und Deutschlehrer zu Wort, der ja schließlich für ihre Bildung zuständig war, auch er wollte Feedback geben. Sein Feedback bestand in der Aufzählung mehrerer Rechtschreib-, Grammatik- und Zeichensetzungsregeln und dem ausführlichen Hinweis darauf, dass man, um schreiben zu können, erst einmal die deutsche Schriftsprache perfekt beherrschen müsse, wovon sie, die junge Autorin, der dieser Titel mit dieser Predigt mit einer Bestimmtheit aberkannt wurde, die mich schockierte, noch ziemlich weit entfernt sei. Ich erinnere mich nicht mehr an den genauen Wortlaut seines Vortrags, umso genauer aber an den der Antwort des Mädchens, die sie mir entgegenwarf, als ich ihr, nachdem der Lehrer enteilt war, um andere Kinder wegen irgendetwas zu ermahnen, noch einmal sagte, dass das Wichtigste doch sei, dass sie überhaupt schrieb. Dass ich fände, dass sie Talent habe und weiter schreiben sollte, wenn auch nur für sich. Ihre Antwort lautete: »Ich kann nicht schreiben, ich bin doch nur Ausländerin.«

So einfach vernichtet man kleine Autoren.

Ich habe viele solcher Schreibwerkstätten mitgemacht, in vielen Schulen aus meinen Romanen vorgelesen. Ich habe Lehrer erlebt, die ihre Schüler schon im Vorfeld niedermachten (»Sie wissen ja, wir sind eine Hauptschule hier, die können mit Büchern und Literatur und Schreiben eh nichts anfangen, die können ja noch nicht einmal richtig Deutsch.«). Ich habe aber auch – leider seltener – Lehrer erlebt, die ihre Schüler ermunterten, sich deren Geschichten anhörten, ihnen beim Niederschreiben halfen, kleine Bücher mit ihnen herausgaben. Ich habe sogar eine Lehrerin erlebt, die zu mir sagte: »Ich habe viel, auch sprachlich, von meinen Schülern gelernt.« Ein Satz, der überraschend klang, weil ich spontan dachte, dass er in dem hiesigen Bildungssystem nicht vorgesehen ist.

Ich selbst habe gelernt, dass aus an der einen oder anderen Stelle fehlenden oder aus Duden-Sicht falschen Deutsch-Kenntnissen wunderschöne Sprachbilder entstehen können. Dass Texte auf Deutsch häufig berührender sind, wenn sie mithilfe anderer Sprachen geschrieben wurden. Dass sich beispielsweise ein Apfel besser beschreiben lässt, wenn man kurz die Augen schließt, das Wort »Apfel« in eine andere – vielleicht die Muttersprache – übersetzt, laut ausspricht und merkt, dass ein ganz anderer Apfel vor dem inneren Auge auftaucht als der, den man normalerweise in der Obstauslage eines deutschen Supermarkts sieht. In meinem Fall sehe und beschreibe ich dann kleine, weiße, beim Reinbeißen saftig-triefende Äpfel, die direkt unter einem Apfelbaum liegen, wie ich sie noch von unserer Datscha in Russland in Erinnerung habe. Ich habe gelernt, dass aus anderen Sprachen übersetzte Metaphern und Bilder, die auf Deutsch erst einmal holprig oder sogar falsch klingen, Texte interessanter machen. Dass Denkweisen, die sich von unseren, im Laufe der Jahre ange-glichenen unterscheiden, zu neuen stilistischen Mitteln füh-ren. Wenn zum Beispiel ein Junge schreibt: »Am Dienstag war ich Schlittschuhlaufen, und dann hatte ich einen Pickel, dann war ich vierzehn und dann in der Pubertät«, und der Saal bei der Abschlusslesung einer solchen Schreibwerkstatt lachen muss. Die Aufzählung war, wie wir im Gespräch heraus-fanden, nicht als kunstvolles, literarisches Stilmittel gemeint gewesen, sondern aufgrund fehlender Aufzählungswörter-Alternativen so entstanden, vielleicht auch, weil in einem Jun-genkopf von zwölf Jahren Prozesse so ablaufen: Und dann und dann und dann, bis man in der Pubertät ist. Man kann anschließend darüber sprechen, was nun – unbeabsichtigter-weise – entstanden ist, vielleicht lernt der Junge dann (ja, dann!) ein bisschen mehr, zwischen den Zeilen zu lesen, viel-leicht sogar das eine oder andere Synonym zu »dann« zu ver-wenden. Und ich lerne ganz gewiss, wie Denkprozesse und Sätze und Stilmittel auch funktionieren können, und fühle mich, als hätte ich eine Konsultation bei einem »echten Schriftsteller« gehabt.

Und dann, um diesen »echten Schriftsteller« zu zitieren, kann es einem passieren, dass man in einem Vortrag zum Thema »Kreatives Schreiben mit Schülern mit Migrations-hintergrund« sitzt und sich innerlich bereits über den Titel des

Themas aufregt, denn kreatives Schreiben ist kreatives Schreiben, egal mit wem, das sage ich als »echte Schriftstellerin« jetzt mal so, und sich dann noch Folgendes anhören muss: Dass es besser ist, solchen Schülern, also denen mit diesem großen Makel, diesem unsäglichen Migrationshintergrund, vorgefertigte Gedichtzeilen aus grammatikalisch korrekten deutschen Sätzen vorzulegen, die sie jeweils ein wenig ergänzen können, indem sie hier mal ein Adjektiv hinzufügen, dort mal ein Akkusativ-Objekt (und wie viele von uns wissen noch, was genau ein Akkusativ-Objekt ist?) ... So lernen die Kinder trotz ihres Migrationshintergrundes vielleicht endlich richtiges Deutsch. Vielleicht tun sie das, kreativ sein, schreiben lernen sie so aber mit Sicherheit nicht.

Und warum das alles, warum diese Geschichten? Weil es immer wieder schockierend ist zu beobachten, was für Erwartungen in diesem Land beim Thema Sprachkenntnisse herrschen. Erst einmal vorweg: Ja, auch ich finde, wer in diesem Land lebt, wer zu diesem Land gehört, wer zu diesem Land (wirtschaftlich) beiträgt, wer Teil des Landes ist, muss die deutsche Sprache können. Nicht beherrschen, sondern können. Die Definition von »können« variiert, sie darf, sie muss auch variieren, weil wir unterschiedliche Menschen mit unterschiedlichen Voraussetzungen, Fähigkeiten, Lebensläufen, Lernmöglichkeiten, auch Ansprüchen sind. Und das ist im Übrigen gut so. Wie viel Deutsch muss meine Großmutter können, die mit 75 Jahren hierherkam, zu alt, um hier noch zu arbeiten? Sie ging gerne und viel spazieren und lernte bei ihren Spaziergängen im Wäldchen nebenan andere ältere Leute kennen, mit denen sie sich teils auf Jiddisch, teils mit Händen und Füßen, teils durch ein freundliches Lächeln unterhielt. Reicht das nicht, muss sie Goethe im Original lesen können? Sie hat ihn auf Russisch gelesen, sie hat *Faust* gelesen, was schon mehr ist, als viele Ursprungsdeutsche von sich sagen können. Meine Eltern hingegen, die im Alter von 52 und 46 Jahren den Schritt der Auswanderung gewagt haben, und wagen ist hier wirklich der richtige Begriff, haben hier nicht nur seit ihrer Ankunft gearbeitet, also Steuern bezahlt, sondern immerhin so viel Deutsch gelernt, dass sie sich auch in einem deutschen Freundeskreis bewegen, eine seriöse deutsche Tageszeitung abonnieren und möglicherweise zu den größten Patrioten gehören, die dieses Land je haben wird. Ich bin in den letzten Jahren nicht mehr viel mit meinen Eltern unterwegs gewesen, aber fast jedes Mal, wenn ich es war, konnte ich, wenn sie auf andere Menschen trafen – Kellner, Verkäufer, Sitznachbarn im Zug, wen man im Alltag eben so an Fremden trifft –, etwas spüren, was mir nicht behagte, was zu benennen mir schwerfällt. Es ist nie etwas vorgefallen, etwas, das man als eine ausländerfeindliche Handlung bezeichnen könnte. Es ist einfach die Art, der Tonfall, in dem zum Beispiel die Schuhverkäuferin reagiert, wenn meine Mutter sie um eine andere Größe bittet. Es steckt zwischen den Zeilen, es lässt sich nicht beschreiben, schon gar nicht festhalten, aber es tut weh. Vielleicht kann man es so zusammenfassen: Hätte ich in meinem akzentfreien Deutsch nach einer anderen Schuhgröße gefragt, wäre ich freundlicher, zuvorkommender, respektvoller behandelt worden; das ist das Gefühl, das bleibt. Einen bitteren Nachgeschmack hinterlässt, um mal eine abgegriffene Metapher zu verwenden, in mir den Wunsch weckt, nach dem Schuhkauf im Café den Kaffee für alle bestellen zu wollen, weil ich akzentfrei Deutsch spreche, weil ich damit so gut kaschieren kann, wer ich eigentlich bin. Das ist ein Wunsch, auf den ich nicht stolz bin, den ich aber immer wieder verspüre, wenn ich meine, von Menschen, die mich nicht kennen, als Ausländerin abgestempelt zu werden. Oder warum lasse ich *Die Zeit* auf dem Tischchen im Zug liegen, wenn ich ein russisches Buch zum Lesen hervorhole? Warum habe ich Angst, dass mein Sitznachbar, mit dem ich kein Wort geredet habe und nie ein Wort reden werde, vielleicht außer »Darf ich mal vorbei?«, denken könnte: Oh, komische Buchstaben, was für eine Ausländerin sitzt denn da neben mir? Mag sein, dass das alles nur in meinem Kopf stattfindet, der Sitznachbar mich noch nicht einmal wahrgenommen hat, aber was da in meinem Kopf stattfindet, kommt nicht von ungefähr, sondern vom Nachgeschmack. Der Nachgeschmack bleibt noch länger wohl bei meinen Eltern, nicht nur bei ihnen, sondern bei Tausenden jener, die sich nach ihrer Einwanderung in dieses Land – nach den ihnen eigenen Möglichkeiten – so viel Mühe gegeben haben, das neue Zuhause, die Bräuche zu begreifen, die Sprache zu lernen. So gut es ihnen eben gelang. Der Nachgeschmack bleibt, und mein Vater, der sehr gerne essen geht, tut es manchmal nicht, um nicht auf Deutsch bestellen zu müssen, und meine Mutter ruft mich regelmäßig an, um mich nach der Aussprache bestimmter Worte zu fragen, die zu benutzen sie gedenkt: »Ich will ein Fondue-Gerät verschenken. Wie spricht man Fondue genau aus?«, und dann übe ich am Telefon mit ihr, ehe sie losgeht und dann doch undeutlich oder eben einfach mit Akzent spricht, und der Ton, in dem die Verkäuferin dann antwortet: »Ich habe Sie nicht verstanden. Was wollen Sie?«, hat nichts mehr mit ihrem anfänglichen, automatisierten und wahrscheinlich deshalb extrafreundlichen »Was kann ich für Sie tun?« zu tun, weil die Herablassung nicht zu überhören ist und wieder einen Nachgeschmack hinterlässt. Und der Nachgeschmack mehrt sich, bis man einmal ausspucken möchte oder den Mund spülen, weil es zu unangenehm wird.

Wenn man nicht perfekt oder schlecht oder schlechter als jemand anders oder mit Akzent Deutsch spricht, ist man dann ein schlechterer Mensch? Ein Mensch zweiter Klasse? Manchmal fühlt es sich so an.

Ich habe eine Weile in Jerusalem gelebt, und als ich dort ankam, reichte mein Hebräisch gerade einmal, um Falafel zu bestellen und mit Taxifahrern über den Fahrpreis zu verhandeln. Später begann ich einen Sprachkurs, den ich nicht beendete, ich schnappte wichtige Wortfetzen bei meinen Mitbewohnern auf, ich redete auf die Taxifahrer ein, ich versuchte, die Boulevardzeitung zu lesen, und übte meine Pantomimefähigkeiten, wenn mir Begriffe fehlten. (Ich sprach und verstand definitiv um einiges schlechter Hebräisch als meine Eltern Deutsch.) Und permanent wurde ich für meine Sprachkenntnisse gelobt. In diesem Lob steckte keine Überraschung darüber, keine Herablassung, die Israelis stellten es vielmehr fest. Wie gut ich mich ausdrücken würde, wie schnell ich die Sprache gelernt hätte (gelernt, als abgeschlossene Handlung bereits, obwohl ich in jedem meiner Sätze mindestens einen Fehler machte und nur im Präsens sprach, weil mir die anderen Zeitformen fehlten), bewunderten mich die Menschen, denen ich begegnete, weil die Israelis was? verlogener, unehrlicher sind? Wenn jemand in den USA davon spricht, dass jemand Englisch kann, ist damit immer das hochgestochene Englisch eines Professors der englischen Literatur aus Harvard gemeint?

Deutsch können sollen die Zuwanderer, wird immer wieder gefordert, dieser Forderung schließe ich mich an, aber wo beginnt Deutsch können?

Wann haben Sie zuletzt eine Sprache gelernt? Oder konkreter formuliert: Wann haben Sie zuletzt eine Sprache gelernt, während Sie gleichzeitig versuchten, sich in einem Ihnen komplett fremden Land zurechtzufinden, Ihre Familie zu ernähren, Ihren Kindern trotz des permanenten eigenen

Unsicherheitsgefühls Selbstsicherheit und Stabilität zu vermitteln? Wir, all diejenigen, die seit ihrer Schulzeit keine neue Sprache mehr ge-, geschweige denn erlernt haben, vergessen beizeiten, wie schwer das ist. Erst recht, wenn man schon älter ist oder gerade dabei, sich ein komplett neues Leben aufbauen zu müssen. Das Erlernen einer neuen Sprache ist ein immerwährender Prozess, der möglicherweise nie aufhört, selbst für Muttersprachler nicht, da man den Wortschatz immer wieder erweitert. Ich zum Beispiel habe vor ein paar Wochen das Wort »Stollen« gelernt, nicht im Zusammenhang mit Weihnachten, sondern im Zusammenhang mit Schuhen, Fußballschuhen. Ich lernte es während eines Spiels mit Freunden, bei dem man die zu erratenden Begriffe zeichnen musste, und ich bekam »Schuhstollen« als Begriff und wusste nicht weiter, was den Sohn unserer Freunde schockierte und mich in seinen Augen wahrscheinlich herabsetzte. Ich bin ein Mädchen, ich spiele nicht Fußball, meine Söhne sind zu klein, um Fußballschuhe haben zu wollen, der Begriff und ich, wir sind uns bisher nicht über den Weg gelaufen, ich hätte bis zu diesem Zeitpunkt die Stollen als »die Dinger an den Fußballschuhen« bezeichnet, wäre das ein Problem gewesen? Oder nicht, weil ich »die Dinger an den Fußballschuhen« akzentfrei aussprechen kann? Wo beginnt Deutsch können? Soll ich mir wieder Vokabelkärtchen schreiben, wie damals in der Schule im Lateinunterricht? Werden mir meine Autorenpreise nun aberkannt? Ich merkte mir »Schuhstollen«, speicherte das Wort im Kopf bewusst ab, so wie ich das in meiner Anfangszeit in Deutschland täglich mehrmals getan habe. Mein zweiter deutscher Satz hieß: »Ich möchte mit deutschen Kindern Freundschaft halten.« Den Satz hatte ich direkt aus dem Russischen mithilfe eines sowjetischen Wörterbuchs übersetzt. Ich war wild entschlossen, Deutsch zu lernen und deutsche Freunde zu finden. Solchermaßen sprachlich ausgerüstet, machte ich mich auf den Weg zum nächstgelegenen Spielplatz. »Ich möchte mit deutschen Kindern Freundschaft halten. Ich spreche Deutsch, aber nicht sehr gut«, erklärte ich den Kindern, die schaukelten und auf Klettergerüsten herumturnten. Sie zeigten keinerlei Interesse an mir, und in meiner Verunsicherung zog ich mich zurück auf die Wiese, auf der mein Bruder mit ein paar neuen russischsprachigen Bekannten sprach. Was ich hier machen würde, wollten sie wissen, ich war jünger und hatte dort nichts zu suchen. Ich wolle mich mit deutschen Kindern anfreunden, erklärte ich und zeigte auf den Spielplatz. »Das sind doch Türken, gar keine Deutschen!«, lachte mich einer von ihnen aus.

Eine Sprache zu lernen ist ein Prozess, der seine Zeit braucht, das ist nun einmal so. Ich las die Verpackungen von Lebensmitteln und fand langsam heraus, dass Spaghetti, Tortellini, Fusili und Rigatoni Nudeln sind. Ich achtete darauf, wann genau die Menschen »ade« sagten, sie schienen es anstelle von »tschüss« einzusetzen, das ich schon kannte; das merkte ich mir. Was ich nicht einzuordnen wusste, aber öfter hörte, versuchte ich im Wörterbuch zu finden, was nicht einfach war, weil ich ja meistens nicht wusste, wie man das Gehörte buchstabierte. Mein Grundschullehrer begann seine Sätze gerne mit einem »und zwar«, ich suchte im Wörterbuch danach und fand es nicht – ich buchstabierte es als »uns war« und war verwirrt, weil »uns war« am Anfang eines Satzes keinen Sinn zu ergeben schien. Nach einer Weile sprach ich scheinbar problemlos Deutsch, ich war ja auch noch ein Kind von noch nicht einmal zwölf Jahren, während die Maschinerie in meinem Kopf niemals stoppte: Ich sammelte Redewendungen, sog Aussprachen in mich ein, übte zuhause den Unterschied zwischen langen und kurzen Vokalen. Mein schwierigstes Wort war »Ofenkartoffel«, weil ein kurzes »O« auf ein langes folgt. Mein Bruder, der schon älter war, nahm an einem Sprachkurs der Otto-Benecke-Stiftung in einer anderen Stadt teil und zog bei uns aus; wenn er uns besuchte, erzählte er, dass sein Mitbewohner und er sich in der Wohnung das Russischsprechen verboten hätten, weshalb sie nun auf den Balkon gingen, wenn ein längeres oder komplizierteres Gespräch zu führen war. Eine Freundin hatte jahrelang an jeden Gegenstand in ihrem spärlichen Zimmer, sogar an manche Besteckteile und die Zahnbürste kleine Zettelchen gehängt, auf denen der deutsche Begriff dafür stand. Sprachenlernen ist ein Prozess, ein Prozess, der einigen leichter und anderen schwerer fällt, ein Prozess, für den man nicht immer Zeit hat.

Die Einwanderung nach Deutschland begann mit dem Anwerbeabkommen von Arbeitskräften in den sechziger Jahren. Deutschland lud Gastarbeiter ein, aber die Gastarbeiter, die nach Deutschland kamen, lebten nicht in Deutschland, sie lebten in einer Art Niemandsland. Es war ein Land, in dem man arbeitete und schlief, für mehr hatte man nicht die Kraft. Es war ein Land, in dem man keine Fragen stellte, nicht sich selbst und nicht den anderen, schon gar nicht die Frage, ob und wann es sinnvoll wäre, die deutsche Sprache zu erlernen, die Sprache des Landes, in dem sich dieses Niemandsland irgendwie befand. Und hätten sie gefragt, dann wäre die Antwort ein eindeutiges Nein gewesen, wozu denn auch, sie waren zum Arbeiten eingeladen worden, wie der ihnen verliehene Name schon sagte, nicht um die Sprache zu lernen. Weshalb in den Schulen bis in die siebziger Jahre so genannter muttersprachlicher Ergänzungsunterricht für die Kinder der Gastarbeiter angeboten wurde, damit diese in der Heimat keine Schwierigkeiten hätten, wenn ihre Eltern wieder zurückkehren würden dahin, woher sie gekommen waren, dahin, wohin sie gehörten. Sprachkursangebote gab es keine, wozu denn auch? Arbeiten, Geld verdienen, zurückgehen, ein Abkommen, von dem beide Seiten profitieren. Das Sprachenlernen hat keiner verlangt.

Und als dann nicht alle zurückgingen, und in den Siebzigern wiederum Forderungen lauter wurden, wer hier lebe, müsse auch die hiesige Sprache beherrschen? Nun, zu diesem Zeitpunkt hatten sich auch die Gastarbeiter hier – auf ihre Weise – eingelebt, sich das an Sprache angeeignet, was sie brauchten, um sich in ihrem Alltag zurechtzufinden, aber auch eine Art eigene Infrastruktur aufgebaut, innerhalb derer sie sich frei in ihrer Muttersprache bewegen konnten. Meist hatte man im Freundeskreis jemanden gefunden, der bei wichtigen Terminen übersetzen half, man brachte einander Deutsch bei, jeder steuerte die Brocken bei, die er sprach, man gab auch die Fehler einander weiter, bis eine Sprache entstand, mit der man sich zurechtfand, sich in seiner inzwischen nun neuen Heimat einigermaßen wohl fühlte. Und sich daran gewöhnte, sowohl an die Sprache als auch an das neue Zuhause. Eine griechische Freundin, die Tochter einer Gastarbeiterin, erzählte mir, dass in den griechischen Kreisen, in denen sie verkehrte, die so genannte Invalidenkarte, eine Fahrkarte für Menschen mit einer Behinderung, »Vanillekarte« hieß. So hatte es einer gehört und verstanden, so hatten es andere aufgegriffen und weitergegeben. Es bedeutete nicht, dass man nicht wusste, was die Invalidenkarte war oder wie man sie beantragte. Sie hieß nur anders, Vanillekarte eben. Wer zwei Jobs hatte, hatte wiederum »eine Extra«, »ich gehe zur Extra« konnte man dann stolz oder müde verkünden, man kam zurecht.

Als Gerasimos nach Deutschland kam, war er zu jung, um sich Gedanken zu machen. Er wollte weg, weg von der griechischen Militärdiktatur, weg von dem eintönigen Leben, das er auf dem Schiff führte, auf dem er arbeitete. Er war 23 Jahre jung, und als zwei Freunde vorschlugen, zum Arbeiten nach Deutschland zu gehen, weil mit Deutschland ein Anwerbeabkommen existierte, da sagte er Ja und landete hier. Heute sagt Gerasimos über diese Zeit: »Schwierige Zeiten. Sprache nicht gekannt.« So spricht er, abgehackt, nicht immer verständlich, häufig fällt ihm eine Vokabel nicht ein, dann wiederholt er einfach die Zusammenfassung: »Schwierige Zeiten.« Schwierige Zeiten waren das, weil Deutschland nicht nur und wahrscheinlich gar nicht eine Abenteuerreise war, sondern harte Arbeit. Drei-Schichten-Dienst bei Siemens, jeden Tag, im Akkord. Wenn er nicht arbeitete, schlief er. Wenn sie nicht arbeiteten, schliefen sie. Sie, die Gastarbeiter, die wir, wie der Name schon sagt, als Gast einluden, hier zu arbeiten, nicht, um Deutsch zu lernen. Aber wer erinnert sich heute noch daran?

Gerasimos jedenfalls arbeitete im Akkord, drei Schichten, und zwischen den Schichten schlief er, und als er nicht mehr konnte, suchte er sich eine Arbeit in München bei BMW, weil er gehört hatte, dass es dort einfacher sein würde, war es aber nicht. Oder in Gerasimos' Sprache formuliert: »Wenn du arbeiten musst, ist das Leben so. Schwierige Zeiten.« In den Fabriken verständigte man sich irgendwie, wie, kann er auch nicht erklären, »aber keine Probleme gehabt«. Meist habe es in jeder nationalen Gruppe jemanden gegeben, der gedolmetscht habe, einen Türken, einen Griechen, einen Italiener mit brauchbaren Deutschkenntnissen, notfalls kommunizierte man mit den Händen, auch die Vorarbeiter taten das; man unterschied nicht zwischen den einzelnen Gastarbeitergruppen. Alle arbeiteten, alle schliefen, wenn sie nicht arbeiteten, man kommunizierte mit seinen paar Brocken Deutsch, Händen und Füßen, das reichte aus, wenn Sympathie vorhanden war.

Es ist nun fast zwanzig Jahre her, dass er mit seinen Freunden nach Deutschland kam – ohne Familie, ohne

Sprachkenntnisse, ohne Wissen über Deutschland. Heute hat er eine deutsche Frau, zwei Kinder, er arbeitet immer noch, im Sommer fährt er nach Griechenland, wie fast alle Griechen, die hier leben, wo es warm und schön ist. Zu keinem Zeitpunkt hat er die bewusste Entscheidung getroffen, für immer in Deutschland zu bleiben, es kam einfach so, würde er sagen, in einem Jahr hat er es aus dem Grund nicht geschafft, zurückzugehen, in dem nächsten aus einem anderen. Inzwischen wuchsen die Besitztümer in Deutschland, Möbel, ein Auto, aber auch die Zahl der Freunde wuchs, die Kenntnisse über, die Zuneigung zu diesem Land. Manchmal denkt er noch daran, zurückzugehen, also für immer in die Wärme und die Heimat zurückzugehen, so wie die meisten Gastarbeiter diesen Gedanken manchmal in ihren Köpfen aufblitzen sehen, aber er hat zwei Kinder, er hat eine Frau und seine Arbeit, und er hat das Griechische Haus in München, in dem er viel seiner spärlichen Freizeit verbringt. Da, wo die Griechen Münchens sich treffen, wo sie unter sich sind und die Sprache sprechen, die sie mit der Muttermilch aufgesaugt haben. Einer von ihnen sitzt an der Theke, lässt sich seine Souvlaki schmecken und liest die Münchner Abendzeitung. So ist das nun mal.

Gerasimos sagt: »Wenn du in einem Land bist, brauchst du die Sprache«, und er sagt auch: »Wenn ich ein Wort höre und nicht verstehe, dann ist schlimm«, und zur Selbstberuhigung sagt er dann noch: »Aber bayerischer Dialekt versteht niemand.« Gerasimos spricht Griechisch und ein Deutsch, das sein eigenes ist, nicht wahnsinnig viel, aber auf jeden Fall genug, genug für ihn. Er lebt seit zwanzig Jahren hier, und er tut das gerne.

Andrej lebt »erst« seit elf Jahren in Deutschland und war, als er sich entschloss, aus Russland auszuwandern, bereits

62 Jahre alt. In seinem früheren Leben, »dort«, hatte er als Ingenieur gearbeitet, Sprachen waren noch nie seine Stärke gewesen, schon in der Schule und an der Universität fiel ihm alles Sprachliche schwer. »Natürlich habe ich versucht, Deutsch zu lernen, habe einen Kurs gemacht, zuhause gebüffelt, nur im Kopf ist nichts geblieben«, sagt er in schönstem Russisch. Er sagt es mit einem Lächeln, es macht ihm nichts, seine Frau spricht »ganz gut« Deutsch, das ist ihre Domäne. Sie schreibt die Briefe, er trägt sie zur Post. Komplexe hat auch Andrej nicht. Er hat zuhause seinen Computer und ein Stadtviertel weiter seine Enkel, einen kleinen Garten hat er auch, dort werkelt er bei gutem Wetter herum. Sein Zuhause ist »jetzt hier«, und wenn er sagt, dass er die Sprache nicht spricht, dann stimmt das nicht ganz, er versteht viel, und statt des russischen »Ой, чёрт!«, sagt er nun, wenn ihm etwas herunterfällt, »Scheiße«.

Jeder spricht die Sprache auf seine Weise, und die Erwartung, dass beispielsweise Kinder, die aus welchen Gründen auch immer, mit einer anderen Muttersprache aufgewachsen sind, das Deutsche beherrschen oder in seiner Perfektion in einer Geschwindigkeit lernen müssten, die allenfalls Genies zueigen ist, ist nicht nur unrealistisch und anmaßend, sondern auch entmutigend. Warum begegnet man Schülern, deren Deutsch nicht akzent- und nicht fehlerfrei klingt, mit einer Vorsicht, hinter der sich meistens auch eine gewisse Geringschätzung verbirgt? Wo ist das Vertrauen in die Lernfähigkeit und die -freude kleiner Menschen geblieben, das Vertrauen, dass sie in Geschichte und in Biologie, für die sie ebendieses Deutsch brauchen, schon noch aufholen werden? In der ihnen eigenen Geschwindigkeit eben? Nichts zerstört diese Lernbegierde mehr als Kommentare wie diese: »Ach, das werden sie nicht schaffen, die können ja noch nicht mal richtig

Deutsch.« Ein Kommentar, den ich in meinen Schreibwerkstätten nicht nur einmal hörte. Und daran erinnere ich mich noch selbst: Egal, wie wenig man noch (!) von der Sprache versteht, das zwischen den Zeilen Gesagte, das Abwertende versteht man immer. Erst recht als Kind. Ich erinnere mich sehr wohl daran, wie in der ersten deutschen Klasse, die ich jemals und insgesamt zwei Monate lang bis zu den Sommerferien besuchte und danach wiederholen sollte, Geld für irgendetwas gesammelt wurde. Ich sah das bereits eingesammelte Geld, ich kapierte, dass alle Zwei-Mark-Münzen gaben, das »irgendetwas« verstand ich nicht. Verstand auch nicht den Monolog, den man mir zu diesem Thema hielt, sehr wohl aber das abwertende »Ach, lass sie doch, versteht sie eh nicht«, das jemand, der die Szene beobachtete, von sich gab und mich damit ausschloss. Mir, die ich in Gedanken bereits zuhause meine Schatulle, ein Sparschwein-Ersatz, mit meinem ersten deutschen Taschengeld plünderte, das Gefühl vermittelte, ach du, wer braucht dich schon. Wenn ihr aber nicht wollt, dann will ich auch nicht. Ich war elf Jahre alt.

Wenn ihr uns aber, statt etwas Geduld aufzubringen, auf die Hauptschule abschieben wollt, und abschieben ist hier wahrscheinlich der richtige Begriff, das weiß jeder, der in den vergangenen Jahren eine betreten hat (Ausnahmen ausgenommen), dann wollen wir auch nicht. Wie sollen Schüler Interesse und Lernwillen zeigen, wenn die Lehrerin beispielsweise an die Tür ihres Klassenzimmers eine Karikatur hängt, deren Botschaft lautet: Ich kann nicht mehr mit euch Kindern, ich brauche Ferien, jetzt sofort. Wie, wenn zum Beispiel ein Lehrer im Unterricht sagt: »Noch drei Stunden, die ich mit euch ausharren muss!« und das offensichtlich auch genau so meint. Momentaufnahmen, die ich aus Besuchen in Hauptschulen mitgenommen habe.

Warum werden Kinder, die untereinander eine andere Sprache als Deutsch oder auch nur ein etwas anderes Deutsch sprechen, erst einmal argwöhnisch beäugt? Mit Zurückhaltung, mit Vorsicht, abschätzig gar? Als könnten sie von Haus aus weniger, als wären sie ein bisschen weniger wert? Eine gute Freundin, deren Kinder die internationale Schule besuchen, sagte, während wir über Nachwuchs und Schule im Allgemeinen sprachen, nicht über Migration als Problem und auch nicht über die Schwächen des deutschen Bildungssystems, ganz nebenbei: »Ich bin sehr froh, dass sie nicht permanent diesen Migrantendruck haben, zeigen zu müssen: Ich bin Migrant, aber trotzdem gut.« Warum denn »trotzdem«?

Deutsche Eltern, Deutsch im Sinne von Urdeutsch, investieren mit steigendem Einkommen und Bildungsgrad, was hierzulande ja miteinander einhergeht, immer mehr Geld in die Fremdsprachenkenntnisse ihrer Sprösslinge. Kinderkrippen, in denen Säuglinge schon einmal Chinesisch hören, damit der Sprachklang ihnen nicht fremd bleibt, Kindergärten, in denen Englischunterricht genauso zum täglichen Programm gehört wie das Mittagessen, sprießen aus dem Boden wie Pilze nach Regen. Phorms-Schulen, in denen der Unterricht bilingual, Deutsch und Englisch, stattfindet, können sich trotz hoher Gebühren vor Anmeldungen nicht retten und führen seitenlange Wartelisten. Ein Auslandsjahr während der Schulzeit, ein weiteres im Studium gehören heutzutage im Bildungsmilieu zur Normalität. Mit der Begründung: Damit sie eine andere Sprache lernen, damit sie eine andere Kultur kennenlernen. Ein wunderbarer, lobenswerter Ansatz, der den meisten sicherlich guttut. Das alles kostet Geld, viel Geld zumeist.

Manche Eltern haben nicht das Geld, dafür aber das Glück, ihren Kindern von zuhause aus eine Sprache, die Kenntnisse über eine Kultur mitzugeben, die nicht diejenige ist, auf die ihr Nachwuchs im Kindergarten, in der Schule, im Fußballverein trifft. Das ist ein Geschenk, ein großes Geschenk, sowohl für die Charakterbildung eines Menschen an sich, als auch insbesondere in unserer globalisierten Welt für die Zukunft. Warum aber erntet man in Deutschland mehr Bewunderung für einen Satz wie »Meine Tochter war ein halbes Jahr in Südamerika und hat dort Spanisch gelernt« als für den folgenden: »Mein Sohn spricht zuhause Türkisch, weil meine Familie aus Antalya kommt«?

Vor ein paar Jahren verbrachte ich einige Zeit in Kanada, wo es unter Studenten nichts Cooleres zu geben schien, als neben Englisch eine zusätzliche Sprache zu beherrschen. Wer nicht über diese Fähigkeit verfügte, griff auf seinen Stammbaum zurück und verwies darauf, dass seine oder ihre Großmutter ganz sicher aus Italien oder Polen oder Argentinien stammte. Ist es hier anders, weil wir – oder einige von uns – immer noch nicht zugeben wollen, dass Deutschland längst ein Einwanderungsland ist, es schon war, bevor wir diesen Begriff so ausführlich auf sein Pro und Contra hin diskutierten? Wenn wir doch irgendwann zu dieser Einsicht gelangt sein werden, wird sie vielleicht – ein bisschen Optimismus schadet ja nicht – dazu führen, dass ein Kind, das mit seiner Großmutter, die es von der Schule abholt, nicht Deutsch spricht, sondern eine andere Sprache, nicht mehr skeptisch beäugt, sondern sogar ein wenig beneidet wird? Nicht, weil Neid ein positives, wünschenswertes Gefühl wäre, sondern weil sein Vorhandensein in diesem Zusammenhang die Einsicht demonstrieren würde, dass das Beherrschen einer weiteren Sprache etwas Wundervolles, Erstrebenswertes und eben Beneidenswertes ist. Unabhängig davon, ob sie bei einem teuer bezahlten Auslandsaufenthalt, in einer Privatschule, vom Aupair-Mädchen oder eben von der Großmutter auf dem Nachhauseweg von der Schule erlernt wird. Nicht nur, weil sie einem im späteren Leben, im Beruf viele Türen öffnen werden, sondern auch deshalb, weil sie uns allen einen anderen, einen neuen Blickwinkel auf die Dinge ermöglichen. Nichts erleichtert mein Leben mehr, wenn ich in Sorge über etwas verfalle, mich in Gedanken hineinsteigere, als kurz aus meinem deutschen Ich hinaustreten zu können und die Situation aus einem russischen Blickwinkel heraus zu betrachten. Mich zum Beispiel ganz banal frage, ob ich noch einmal zum Supermarkt rennen soll, um Käse für die Gäste zu kaufen, den ich nach dem Essen servieren könnte, obwohl ich eigentlich keine Zeit dafür habe. Aus dem russischen Blickwinkel heraus aber spielt Käse keinerlei Rolle, erst recht nicht als ein Extra-Gang nach dem Nachtisch, serviert auf einem Extrateller mit nichts weiter als Weintrauben, um diesen im Übrigen noch nicht einmal ursprünglich deutschen Brauch auch mal mit russischen Augen zu beschreiben. Und sofort verfliegt der Stress, weil auch der Druck plötzlich so absurd erscheint, trotz Regens und Zeitmangels noch einmal wegen einer Käseauswahl das Haus verlassen zu müssen. Es ist ein banales Alltagsbeispiel, aber unser Leben besteht nun mal weitgehend aus banalem Alltag. Diesem mit zwei Sprachen und zwei Kulturen zu begegnen, ist eine Chance, ein Geschenk und eine Freude, die nicht dadurch gemindert wird, gemindert werden darf, dass diese zweite Sprache und Kultur einem von Kindesbeinen an, von den Eltern mitgegeben wurde, anstatt mühsam erlernt worden zu sein.

Lasst uns nicht vergessen, dieses Gefühl auch den Kindern zu vermitteln, nicht den problematischen Migrantenkindern, sondern Kindern, die eine Bereicherung für sich und andere in sich tragen. Und lasst uns abschließend, wenn es denn sein muss, auch Käse essen.

Das ungeplante Kapitel

Ein ungeplantes Kapitel ist so ähnlich wie ein ungeplantes Kind. Etwas passiert. Und plötzlich weiß man, dass sich so vieles geändert hat, noch mehr ändern wird, radikal ändern wird. Es ist Überraschung und Schock in einem, es bringt die Gedankenwelt komplett durcheinander, und man kann nichts dagegen tun. Man hat ein wenig Zeit, darüber nachzudenken, zu hadern, möglicherweise sich zu wünschen, es wäre nicht passiert, zu zweifeln, vielleicht sogar genug Zeit, um es erst einmal zu ignorieren und dann wieder zu grübeln. Aber irgendwann einmal kommt dann das Kind, und man kümmert sich darum, Schluss, aus. Oder wie im Falle dieses Kapitels: Man setzt sich hin und schreibt es auf.

Manche – insbesondere mein Mann – warfen mir seit Jahren naiven Optimismus vor angesichts meines Wir-Deutschlands, zu dem ich nicht weniger gehöre als mein seit Generationen schwäbischer blond-blauäugig-großer bester Freund. Zu dem auch die Frau aus dem Haus nebenan gehört, die nur Russisch spricht, aber während der WM eine Deutschland-Fahne auf dem Balkon hängen hatte. Und all die anderen auch.

Ich hielt und halte die WM-Deutschland-Euphorie nicht für die Lösung aller Integrationsprobleme und den Beweis dafür, dass die Deutschen ihre nationale Identität wiedergefunden hätten. Aber in meinem Deutschland lebten dennoch Wir, und morgens, wenn ich vom Spaziergang mit dem Hund zurückkam, bei dem ich die Menschen in meinem Viertel beobachtete, schrieb ich seit langer Zeit auf bunte Post-its auf, wer alles dazugehörte. »Die Frau mit dem Kopftuch, die ihren

Sohn eilend, weil zu spät, zur Grundschule bringt. Er trägt ein FC-Bayern-Trikot«, konnte auf einem solchen Post-it stehen. Oder auch: »Die Frau mit dem reinrassigen und stylish geschorenen Mittelschnauzer, der unseren verwuschelten, schwarzen Mischling immer so anbellt, vielleicht, weil die Frau ihn schon so abschätzig anschaut. Ist der Mittelschnauzer ›von und zu‹ sich zu gut für unseren slowakischen Straßenköter?« Als ich das später wieder las, musste ich daran denken, dass der Hundetrainer, der versucht hatte, unseren schwarzen Vierbeiner von seinen Tiertötungsstationstraumata zu befreien, von Studien erzählt hatte, die zeigen, dass Menschen immer den schwarzen Hund für den schuldigen halten, wenn Hunde sich streiten. Vielleicht fängt Rassismus bei der Wahrnehmung von Hunden an.

Die Post-its schmiss ich alle in eine Schreibtischschublade, der Ordnung halber, vielleicht würde ich sie ja einmal verwenden können.

Mein Deutschland, das ich auf bunten Klebezetteln festhielt, war ein Wir-Deutschland, zu dem so viele unterschiedliche Menschen gehörten, die miteinander und mit mir nicht unbedingt etwas zu tun hatten, auch nichts zu tun haben mussten, aber doch zweifelsfrei ein Teil dieses Landes waren. Ich wollte mit ihnen reden, ihre Geschichten erzählen, ich wollte darüber schreiben, wie vielfältig und deshalb spannend dieses Deutschland ist.

Aber dann schrieb Sarrazin ein Buch.

Und ich schwor mir, nichts über ihn zu sagen und nichts über ihn zu schreiben, aus Gründen, die man so häufig in jenen Wochen gehört hatte von Menschen, die dann doch etwas über ihn sagten oder über ihn schrieben: Nichts Neues habe der Mann beigetragen, unsäglich, die Gen-Debatte, mit seinen Feststellungen eigentlich altbekannter Tatsachen spiele er in die falschen Hände, ein vermeintlicher Tabubruch sei kein Tabubruch, und so weiter und so fort.

Aber ich hörte zu. Und je mehr ich zuhörte, desto unwohler fühlte ich mich.

Ich versuchte, den Menschen abseits der Podiumsdiskussionen zuzuhören, las Forumsbeiträge seriöser, namhafter Medien, Leserkritiken auf Amazon.de, hörte mir bewusst Radiosendungen mit Hörerbeteiligung an, trieb mich in Buchläden herum und belauschte die Sarrazin-Buchkäufer, quetschte die Buchhändlerin meiner Lieblingsbuchhandlung aus und lernte, dass fremd hierzulande nicht gut sein kann. Manche sagten es offen, manche zwischen den Zeilen. Es sagten fast alle.

Die Menschen, die da sprachen, und es schien die Mehrheit zu sein, hatten Angst vor einer Übernahme Deutschlands durch die Muslime, aber keiner sagte, was diese genau übernehmen wollten. Die Angst vor der Scharia in Deutschland konnte doch wirklich nicht ernst gemeint sein! Selbst wenn ich mir alle Mühe gab, diese Ängste nachzuvollziehen, musste ich doch sagen, dass es mir immer noch realistischer erschien, dass aufgrund der globalen Erderwärmung beispielsweise die Niederlande überschwemmt werden und alle Niederländer nach Deutschland flüchten, als dass die Scharia hier eingeführt wird. Oder dass ein Virus wie die Schweinegrippe oder der EHEC-Keim uns gefährlich wird. Oder, oder, oder.

Die Menschen, die da sprachen, meinten, man würde doch mal sagen dürfen oder man würde doch mal fragen dürfen, so als seien die Integrationsprobleme noch nie Thema in diesem Land gewesen. Und ich dachte, ich hätte wohl all die politischen Diskurse, Reportagen aus Großstadtghettos mit hohem Ausländeranteil wie Berlin-Neukölln, wohl gemeinten Podiumsdiskussionen nur geträumt.

Die Menschen, die da sprachen, hatten andere Zahlen

über Ausländeranteile in den einzelnen gesellschaftlichen Bereichen im Kopf als ich, aber ich dachte: Sehen sie denn auch tagtäglich ein anderes Deutschland als ich? Sehen sie denn nicht, dass sich die Realität zum großen Teil in einem relativ unspektakulären Alltag abspielt, weit entfernt sowohl von den kriminellen Problemjugendlichen als auch von den Quotenvorzeigeausländern im Fernsehen? Dass die meisten Menschen mit Migrationshintergrund ähnlich wie die meisten Menschen ohne Migrationshintergrund ein stinknormales Leben führen bestehend aus Arbeit, Kinderversorgung und ein wenig Freizeit? Sie sprechen dabei mal (ein nicht unbedingt perfektes) Deutsch, mal ihre Muttersprache, unterscheiden sich in ihrem Durchschnitt aber nicht von den meisten Urdeutschen. Neben den wenigen Schulen, in denen eine nichtdeutsche Mehrheit die wenigen deutschen Schüler ausgrenzt und mobbt, die immer als Beispiel herhalten müssen, gibt es den großen Teil der Schulen, in denen deutsche und nichtdeutsche Kinder mal miteinander, mal nebeneinander lernen und spielen und auch mal streiten, meistens über Nationalitätengrenzen hinweg, weil der Grund für diese Streitigkeit nicht die Herkunft ist, sondern Probleme, die Kinder und Jugendliche nun einmal miteinander haben: Er/Sie hat mir meinen Ball/meine Freundin/meine erste große Liebe/meine CD weggenommen.

Die Menschen, die da sprachen, hießen »ausländische Mitbürger« »grundsätzlich« »schon« »bei uns« »willkommen«, aber nur wenn sie … und dann hörten sie gar nicht mehr zu reden auf, und ich war mir plötzlich nicht mehr sicher, ob auch ich die Kriterien alle erfüllte. Denn selbst wenn ich nicht radikalislamisch bin, so liebe ich doch russisches Essen, möchte gerne, dass meine Kinder Russisch sprechen, und feiere Weihnachten tendenziell nicht.

Es ging mir nicht um Sarrazins Thesen, sondern darum, was diese auslösten. Oder sollte ich sagen: freisetzten. An Ressentiments.

Sarrazins Buch wurde bei Amazon.de 352 Mal mit fünf Sternen, 66 Mal mit vier Sternen und insgesamt nur 73 Mal schlechter bewertet. Die meisten Kritiker schrieben wenig über das Buch, aber umso mehr über eine gefühlte Realität, in der Deutschland sich fast schon abgeschafft habe. Weil Menschen wie ich hier leben?

Ich las in Leserbriefen zu Artikeln führender deutscher Medien: »Die Wahrheit ist doch, daß die Einwanderer sich abschotten, sich furchtsam weigern, wirklich deutsch zu werden und sich generationenlang an ihre Heimatkultur klammern. (…) Mit dem Unterschied, daß dies hier unser Land ist und nicht das der Einwanderer. Sie sind herzlich willkommen mitzumachen. Aber dann bitte richtig!«

Ich las: »Und wer sich wie ein Großteil unserer Einwanderer so viel Mühe gibt, fremd zu bleiben und sich abzukapseln, der sollte sich auch über Zurückhaltung nicht wundern.«

Es hatte auch früher schon solche Stimmen gegeben, aber nicht in dieser Quantität. Es hatte früher mehr Gegenstimmen gegeben.

Die Menschen, die da sprachen, bezogen sich angeblich auf die Integrationsverweigerer, die im Übrigen kaum jemand kritikwürdiger findet als Menschen wie ich, die in der Migrantenwelt aufgewachsen sind und die Integrationsverweigerer deshalb besonders gut kennen. Aber sie sprachen »von einem Großteil der Zuwanderer«, und sie sagten, zur Integration gehöre, dass man die alte Kultur vergesse, hinter sich lasse. Es tat mir leid, nach fast zwanzig Jahren in diesem Land offenbar nicht integriert zu sein, weil ich russischen Kartoffelsalat so sehr liebe und sich meine Begeisterung für Schweinshaxen weiterhin in Grenzen hält.

Ja, jetzt werde ich polemisch.

Und dann mussten auch noch deutsch-türkische Fußballspieler vor dem Deutschland-Türkei-Spiel den deutschen Journalisten mehrmals verbindlich versichern, dass ihr Herz wirklich für Deutschland schlägt. Dabei hat der Urdeutsche Goethe zwei Seelen, die in ein und derselben Brust wohnen, durchaus nachvollziehen können.

Wird es demnächst neben dem Einbürgerungstest eine Herzensüberprüfung geben: Stimmt bei Ihnen auch die Gesinnung?

Und schon wieder werde ich polemisch. Aus Ratlosigkeit wahrscheinlich.

Aber muss ich mein früheres Ich, meine Vergangenheit, Kultur, Sprache, Tradition und alles, was ich bis zur Einwanderung kannte, an der Pforte zu Deutschland abgeben? Tabula rasa machen auf dem Weg zum Deutschtum?

Und nach all dem, nach all der Zustimmung zu Sarrazin und den wochenlangen Diskussionen, hörte ich dann noch eine Zuhörerin in einer Radiosendung sagen: »Wir sind ein sehr tolerantes Volk, wir Deutschen, da erwarte ich von den Muslimen, dass sie auch tolerant sind.« Ich musste lachen, ein Lachen, das Schriftsteller gemeinhin als bitteres Lachen bezeichnen.

Die Menschen, die da sprachen, lebten in einem anderen Deutschland als ich. Ich wäre bereit, sie in mein Wir aufzunehmen, denn zu meinem WIR gehören wir ja alle. Leider schienen sie mich nicht in ihrem Mehrheits-Wir haben zu wollen. Zum ersten Mal fühlte ich mich unwillkommen in Deutschland, und das fühlte sich wiederum sehr unschön an. Unschön und falsch.

Und weil es sich so anfühlte, begann ich darüber zu reden. Ich sprach mit S. darüber. S. ist meine Freundin, meine ehemals jugoslawische und nun bosnisch-kroatische Freundin, die mit einem Hauch fränkischen Dialekt spricht und den Balkan-Ländern aufgrund ihrer Erfahrungen dort wahrscheinlich nicht freundlicher gesinnt ist als die Menschen, die Sarrazin hochhalten. Jedenfalls sprach ich mit S., mit der ich noch nie über das Thema Integration als Problem geredet hatte, über Sarrazin. Geschichten hatten wir ausgetauscht, das ja, Geschichten, in denen wir uns Deutschland Schritt für Schritt eroberten. Lustige Geschichten. Zumindest im Nachhinein. Wie ich nach meiner ersten Übernachtung bei einer deutschen Freundin deren Mutter fragte, ob es nicht noch Spaghetti vom Vorabend gäbe, weil Müsli aus meiner damaligen russischen Sicht (aus einem Russland, in dem Müsli und andere westliche Produkte noch nicht Einzug gehalten hatten) wie Vogelfutter aussah und ein richtiges Frühstück für mich aus richtigen, warmen Speisen bestand. Wie sie, die heute promovierte Historikerin, bei einer Berufsberatung in der Hauptschule, die sie anfangs besuchte, weil ihre Mutter nichts über das dreigliedrige Schulsystem wusste, auf die Frage hin, was sie mal werden wolle, selbstbewusst und überzeugt antwortete: »Ich mechte Rechtsanwelten warden.« Wir sprachen nie über Integration als Prozess oder als Problem oder als Tatsache, vielleicht, weil wir sie lebten. Ich brachte ihr von meiner Mutter immer selbstgemachte Syrniki, russische Quarkküchlein, mit, sie erzählte mir von ihrer Oma in Bosnien, von der ein Foto mit Zigarette im Mund an ihrer Wand hing, das ich liebte. Selbstverständlich sprachen wir Deutsch. Waren wir naiv?

Das fragte ich sie, als wir an einem schönen Herbsttag auf einer Caféterrasse saßen und Kaffee tranken und Kuchen aßen, weil wir immer zusammen Kuchen essen. Der Hund lag unter dem Tisch und hoffte auf Krümel, und mein kleiner deutsch-russisch-jüdisch-ungarischer Sohn lachte S., seine deutsch-jugoslawisch-kroatisch-bosniakisch-und-überzeugt-atheistische Patentante an, weil sie mit ihm Faxen machte. Ich erzählte S. von meiner Verstörtheit und meinen Zweifeln und meinem Unwohlsein, und sie hörte kurz auf, den Kleinen zu kitzeln, und schaute mich mit diesem ungläubigen Blick an, den ich sonst manchmal zugeworfen bekomme, wenn ich Dinge nicht kenne, wie das Yps-Heft oder das Sesamstraßen-Lied oder andere Dinge, von denen die Kindheit meiner Generation geprägt wurde. Ich kenne sie nicht, weil meine Kindheit nun einmal aus anderen Zeichentrickfilmen, Zeitschriften und Spielen bestand. S. warf mir also diesen Blick zu und sagte: »Aber was hast du denn gedacht? Wir werden nie dazugehören, egal, was wir tun.« Es klang nicht verbittert, nur abgeklärt, und erschreckte mich deshalb noch mehr.

Dann erzählte sie mir noch ein paar Geschichten, die man unter Schlagworten wie Intoleranz, Desinteresse, Fremdenangst, Vorurteile, aber auch unter Ausgrenzung abspeichern könnte. Die Geschichten drehten sich unter anderem um Namen und Reaktionen auf Namen, gewöhnungsbedürftg klingende Namen. Namen, die zum Beispiel mit »ic« aufhörten. Oder viele einander folgende Konsonanten in sich trugen. Es ging um ihren eigenen Namen; den Namen einer ehemaligen Kollegin, die eigentlich urdeutsch war, aber wohl den Fehler begangen hatte, einen Kroaten zu heiraten; den Namen eines in Bayern geborenen, aufgewachsenen, studierten Halbgriechen, und die Geschichten endeten alle damit, dass die Namen, ohne Rücksicht auf Person, Hintergrund, Umfeld ausschlaggebend waren für eine bestimmte Art und Weise, mit der jeweiligen Person umzugehen. Ein Arzt mit einem solchen

Namen? Das kann doch nicht sein! Gut Deutsch verstehen mit einem solchen Namen? Das kann doch nicht sein!

Was mich daran erinnerte, wie ich einmal in eine Bücherei zu einer Lesung kam, meinen Namen nannte und erklärte, dass ich heute hier aus meinem Roman lesen sollte, woraufhin der Büchereimitarbeiter sehr langsam und überdeutlich zu mir sagte: »Woooo-llen Siiiiie Iiiiihre Jaaaa-ckeee aaauf-hängeeen?« und auf die Garderobe zeigte, für den Fall, dass ich ihn nicht verstand.

S. erzählte auch von guten Freunden und deren Familien, die natürlich nichts gegen Ausländer hätten, wie könne man nur, schließlich wähle man SPD, aber dann doch in einem Nebensatz fallen lassen, dass … Es gab eine Menge »dass«.

Was mich daran erinnerte, was die Mutter meines besten Freundes, die immerhin meine Bücher gelesen und gerade einen Nachmittag mit mir verbracht hatte, mir antwortete, als ich erwähnte, dass mir Sudokus mehr Spaß machten als Kreuzworträtsel: »Die Kreuzworträtsel sind ja auch nicht einfach mit der deutschen Sprache für Sie, nicht wahr?«

»Und jetzt? Und was kann man da machen?«, fragte ich S., nachdem ich mir die Geschichten angehört hatte. Es wurde langsam kälter und an der Zeit zu gehen.

»Nichts jetzt. Es ist so. Für die werden wir nie Deutsche sein. Egal, was wir tun.« Ich hätte jetzt etwas sagen können, etwas Staatstragendes über die Verallgemeinerung von »die« und über Veränderungen im Gesellschaftsverständnis, schließlich verwende jetzt auch Angela Merkel den Begriff »Einwanderungsland«, und über Generationenwechsel; ich schwieg. S. erzählte mir etwas über Nationalstaaten im Gegensatz zu Willensnationen und über die Gründung des Deutschen Reiches als Staat aller Deutschen und über den Nationalsozialismus und die Identitätsbildung danach, denn

S. ist Historikerin, und sie endete mit: »Wir haben einfach das falsche Blut.«

Dann folgte eine kurze Stille, bis sie sich zu meinem kleinen, nichts ahnenden Sohn beugte, der damals noch nicht einmal »Mama« sagen konnte, geschweige denn »Integration«, und kitzelte ihn und sagte zu ihm, dem in München geborenen, mit einem deutschen Kinderausweis ausgestatteten, jeden Tag die deutsche Sprache hörenden Jungen auf Deutsch: »Und deshalb wirst auch du nie ein Deutscher sein, gell, nie, nie, nie!« Er lachte daraufhin, weil sie in dieser Babysprache mit ihm sprach, die ihn immer zum Lachen brachte, und zum ersten Mal dachte ich, anstatt mich darüber zu freuen: »Was lachst du denn? Da gibt es nichts zu lachen!«

Und kurz dachte ich noch: Vielleicht hätte ich ihn Hans nennen sollen oder Jürgen. Hätte das was gebracht?

Ich möchte, dass meine Kinder auch Russisch sprechen. Sie sollen die russischen Kinderlieder und die russischen Märchen kennen, sie sind ein Teil von mir und damit ein Teil von ihnen, und das ist ein guter Teil. Natürlich kann ich ihnen »Schlaf, Kindlein, schlaf« vorsingen. Aber so richtig geht mir das Herz nur auf, wenn ich ihnen das russische Schlaflied singe, in dem das Märchen schon ins Bett gegangen ist, damit wir es in der Nacht träumen können, weshalb jetzt nun wirklich auch für uns Schlafenszeit ist. Das Lied, das meine Mutter mir immer sang. Und weil es mich berührt, berührt es auch sie, sie strahlen mich an, ich meine, dass sie meine Begeisterung spüren. Ist das schlimm? Sind meine Kinder und ich jetzt nicht deutsch genug?

Ich will meinen Kindern also Russisch beibringen, und aus linguistischer Sicht heißt das, dass ich mit ihnen möglichst nur Russisch sprechen sollte, damit sie durch klare Ansprechpartner deutlich zwischen mehreren Sprachen unterscheiden können. Nur dass ich mich neuerdings schäme, in der Öffentlichkeit Russisch zu sprechen. Ich sitze mit meinem Sohn im Wartezimmer beim Arzt und erwische mich dabei, wie ich ins Deutsche wechsle, in dem Moment, wo jemand anderes den Raum betritt. Oder ich stehe im Biosupermarkt, wo auch all die anderen jungen Mütter Gemüse für den Karotten-Kartoffelbrei für die Kleinen kaufen, und sage plötzlich in meinem akzentfreien Deutsch zu ihm: »Na, wollen wir es mal mit Zucchini probieren?« Denn ich schäme mich neuerdings für mein Russisch. Russisch klingt hart, Russisch ist russische Mafia, Russisch sind die Besatzer der Roten Armee, Russisch ist wahrlich kein aufregendes Spanisch oder elegantes Französisch. Nicht ganz so schlimm wie Türkisch vielleicht, aber auch nicht viel besser.

Noch mehr schäme ich mich aber für diese Scham. Ich erzähle das zuhause meinem Mann, der sagt, dass er es toll findet, dass seine Frau und seine Kinder Russisch sprechen, also nehme ich mir vor, mich nicht mehr zu schämen und wieder nur Russisch mit ihnen zu sprechen. Tue ich auch am nächsten Tag in der S-Bahn. Möglichst leise. Und als die Frau, die uns gegenübersitzt, herüberschaut – vielleicht, weil sie das Kauderwelsch sonderbar findet hier in Deutschland, vielleicht aber auch nur, weil sie Kinder mag –, verspüre ich das dringende Bedürfnis, ihr zu sagen, dass ich Deutsch kann, richtig gut Deutsch kann, sie müsse sich keine Sorgen machen. Und dann schäme ich mich erneut.

Ich hatte diese Scham schon einmal empfunden, da war ich in der Pubertät und wollte so gerne sein wie die anderen und dann wieder anders, aber bitte genauso anders wie die anderen es zu sein versuchten, denen ich so sehr ähneln wollte. Weshalb ich meinen Eltern verbot, Russisch zu kochen, wenn meine Freunde kamen, aber grün gefärbte Haare hatte wie diese. Ein paar Jahre später war ich erstaunt festzustellen, wie toll meine Familie mit ihrem russischen Touch ist, wie köstlich das russische Essen; über die Fotos, auf denen ich grüne Haare hatte, lachte ich nur noch. Noch später lernte ich, stolz auf das zu sein, was ich bin: eine verrückte deutsch-russisch-jüdische Mischung. Oder ist es doch eher russisch-deutsch-jüdisch? Muss ich mich nun entscheiden? Oder rede ich mir das ein?

Einer, der sich nicht schämt, beneidenswerterweise, sondern stolz ist, stolz auf sich und seine Familie, auf seine Freunde, auf sein Stadtviertel, in erster Linie aber auf sein Deutschland, ist Youssef Bassal. Youssef Bassal wurde während der letzten Fussball-WM bekannt, als alle einander und Deutschland lieb hatten und so einig feierten wie schon 2006, als die Welt zu Gast bei Freunden war. Bekannt wurde er, weil er eine gigantisch große Deutschlandfahne nähen ließ, um sie über seinen Elektroshop im berühmt-berüchtigten Berliner Stadtteil Neukölln zu hängen. Eines Nachts wurde sie von deutschen Linksradikalen heruntergerissen, Deutschland dürfe keinen Nationalstolz haben und so weiter, daraufhin ließen Youssef und sein Cousin Ibrahim eine neue Fahne nähen, die sie ab da zusammen mit Freunden jede Nacht bewachten. Das bekamen wiederum einige Journalisten mit, und was für eine wunderbare Geschichte für den schönen WM-Sommer sich daraus schreiben ließ: Die Deutschen lassen einen Libanesen nicht Deutschland feiern! Youssef Bassal sagte dann Sätze wie: »Wer diese Fahne beschädigt, beleidigt mich, meine Familie und Deutschland« oder »Wir leben hier, wir haben unsere Existenz hier, auch unsere Wurzeln – schon lange«, und das fanden alle gut, auch ich.

Youssef Bassal besuchte ich, weil ich wissen wollte, ob er die Sätze, die von mir hätten stammen können, immer noch so spricht oder ob er sich mittlerweile so fühlt wie ich, so als sollte er gar nichts mehr sagen, weil es eh nichts bringt.

Youssef Bassal lebt in Neukölln: 300 000 Einwohner aus 160 Nationen, über 20 Prozent Ausländeranteil, deutschlandweit bekannt geworden unter anderem durch die Rütli-Schule. Aus Berlin-Mitte mit dem Bus nach Neukölln zu fahren, ist nicht nur eine Reise in eine andere Welt, sondern an diesem Tag für mich auch eine Erleichterung. Je mehr sich der Bus Neukölln nähert, desto mehr wird gedrängelt, laut gesprochen, sich quer über den Bus zugerufen, gelacht und gequatscht. Die Anzahl der Sprachen verdoppelt, dann vervierfacht sie sich, draußen türkische Bäcker, Call Shops, alles bunt und durcheinander und lauter als sonst irgendwo in Deutschland. Hier bin ich vielleicht die graue, deutsche Maus. Hier rufe ich meine Eltern an und spreche Russisch in meiner normalen Lautstärke, das fühlt sich gut an.

Youssef Bassal sagt: »Jetzt erst recht.« Er hänge die deutsche Fahne wieder auf, jetzt am 3. Oktober, und als ich ihn frage, warum, sieht er mich erstaunt an und antwortet: »Wegen der deutschen Einheit«, so als wären wir in den USA und übermorgen der 4. Juli. Die deutsche Fahne sei ihm heute noch wichtiger als 2006, erzählt mir der deutsche Ausländer oder der ausländische Deutsche, wie er sich selbst nennt, der als Jugendlicher aus dem Libanon nach Deutschland kam und wahrscheinlich sein dankbarster Bürger ist. Wir sitzen draußen vor einer türkischen Bäckerei, die entweder ihm oder seinem Cousin oder seinem Nachbarn oder seinem Freund gehört, ich komme da durcheinander, weil hier alles »Freunden, Nachbarn, Cousins« gehört, und so, wie Youssef das sagt, klingt es, als seien sie alle eine große Neuköllner Familie.

Und apropos Neukölln. Neukölln ist seiner Meinung nach das Paradies. Hier leben alle zusammen, »Türken, Araber,

Deutsche, Spanier, jede Sprache wird benutzt.« Youssef spricht von »uns«, er meint damit alle, und wenn er was braucht, »dann schwöre ich, dann kommt Peter vom Schlüsselladen oder mein Freund aus dem Waschsalon und hilft. Wir sind wie Brüder.« Youssef sagt: »Für uns ist egal, ob du arabischer Deutscher oder türkischer Deutscher bist!« Er hat auch das Lied gedichtet »Wir sind deutsche Ausländer«, das auf You-Tube zu sehen ist. Es heißt darin, »Wir sind deutsche Ausländer, wir leben schön miteinander. Lasst uns tanzen, lasst uns singen!« Vieles von dem, was er sagt, ist vielleicht grammatikalisch nicht korrekt, klingt aber so wunderschön und so sehr nach meinem Wir-Deutschland, dass ich kurz die Frage in meinem Kopf vergesse, was wohl die Menschen außerhalb Neuköllns von der Aussage halten würden, es gäbe »deutsche Deutsche und türkische Deutsche und arabische und russische und sonst-wie-Deutsche«, und sie alle seien gleich. Ich wollte ihn eigentlich fragen, ob das alles angesichts der Sarrazin-Thesen, mehr noch angesichts der Reaktionen auf diese, nicht furchtbar naiv und optimistisch und realitätsfern ist. Nur, dass er tatsächlich, während wir da in der letzten Herbstsonne sitzen und türkischen Tee schlürfen, Vietnamesen auf Vietnamesisch begrüßt, einen Türken umarmt, mit dem Peter aus dem Schlüsselladen schnackt und vielen anderen Menschen, deren Herkunft ich nicht erkennen kann, zuwinkt. Und sie alle winken uns fröhlich zurück.

Und Sarrazins Thesen? Youssef ist beleidigt, sagt er, im Kopf notiere ich mir: Er ist verletzt. Ich mache das sonst nicht, hasse es, wenn Journalisten meinen, Gefühlsregungen interpretieren zu dürfen und zu können, aber er sieht verletzt aus, er sucht nach den richtigen Worten, und ich meine so viel von dem nachempfinden zu können, was er fühlt und was so viele andere Problembürger mit Migrationshintergrund und schlechten Genen gerade fühlen, dass ich mir im Kopf notiere: Er ist verletzt. Weil Sarrazin all diese Menschen (»Migranten« darf ich als Begriff nicht benutzen, belehrt er mich, denn das sind »Deutsche«) beleidigt hat, die dieses Land lieben und respektieren und gerne hier leben und dafür dankbar sind. Was er dann sagt, würden Sarrazin und seine Anhänger und vielleicht sogar ein paar Parteien rechter Lager gerne hören: Er sagt, dass die Nicht-Integrierten auf dem falschen Weg seien, dass jeder, der hier lebe, diesem Land und seinen Gesetzen mit Respekt begegnen müsse, sonst gehöre er nicht hierher.

Er fasst zusammen: »Wenn jemand sagt, Deutschland ist scheiße, sage ich: Musst du weg!«

Ich kenne diese Argumentation von zuhause. Meine aus Russland eingewanderten Eltern, deren Deutschland hauptsächlich aus furchtbar netten gegen Fremdenfeindlichkeit demonstrierenden Lichterkettenteilnehmern besteht, halten mir des Öfteren Vorträge darüber, dass man Menschen, die nicht bereit sind, zum Wohlstand dieses Landes beizutragen (meine Formulierung), »sich anzupassen, denn nur Steuern zahlen reicht nicht« (Formulierung meiner Mutter), hier nicht dulden dürfe. Youssef Bassal und meine Eltern sagen das von ihrem hohen Ross der integrierten, der besseren Ausländer herunter. Vielleicht sagen sie es, um noch besser anzukommen oder um die folgenschwere Entscheidung ihrer Ausreise nicht in Frage stellen zu müssen. Aber sie sagen das mit einem starken Akzent, und ich frage mich, ob diejenigen, mit denen sie sich verbrüdern, sie für so integriert halten würden wie sie sich selbst.

Ich befürchte, die Antwort ist Nein.

Aber wenn ich das laut sage, schauen sie verletzt.

Ich verließ Youssef Bassal gut gelaunt und wieder optimistischer, dachte, ich ziehe nach Neukölln, dabei mag ich Berlin nicht so wahnsinnig gern.

Dann traf ich einen Freund, der ebenfalls in Neukölln lebt, aber, wie sich herausstellt, in einem anderen Neukölln. Sein Neukölln ist näher an der Grenze zu Kreuzberg. Er lebt mit seiner jungen Familie hier, wie so viele andere junge Familien, weil es cool ist und die Wohnungen nicht so teuer wie in anderen Vierteln Berlins. Seine Begeisterung für das Stadtviertel begründet er ähnlich wie Youssef Bassal: Es sei bunt und spannend und vielfältig. Künstler-Ateliers, Patchwork-Familien, unterschiedliche Biographien, verschiedene Kulturen, junge Menschen, die, wie sie meist beschrieben werden, »etwas mit Medien machen« oder »Projekte haben« und angeblich viel Latte Macchiato trinken. Und oft von hier wegziehen, wenn die Kinder ins Schulalter kommen, damit diese Schulen mit einem geringeren NdH-Anteil (noch so eine wunderschöne Wortschöpfung der deutschen Sprache: Schüler nicht deutscher Herkunft) besuchen können.

Der Freund, den ich traf, ist ein bisschen Deutscher, ein bisschen Schwede, ein bisschen Finne, er hat in Dänemark studiert und in der Schweiz gearbeitet, und seine Kinder sprechen Deutsch, Schwedisch, Schwyzerdütsch. Aber als ich ihm von meinem Treffen mit Youssef Bassal erzählte, lachte er mich aus und nannte mich naiv und sagte, weder er noch seine Frau noch seine Neuköllner Freunde hätten außerhalb von türkischen Gemüseläden irgendetwas mit den Youssef Bassals von Neukölln zu tun. Könne schon sein, dass die sich alle untereinander verstehen, erklärte er mir, aber doch nicht mit den anderen. Die anderen sind die Deutschen, die jungen Kulturprojektmenschen und die Künstler sowie die besseren Ausländer wie er zum Beispiel. Schwede steht höher im Kurs als Türke, das versteht sich von selbst. Ich schätze, Russen sind irgendwo dazwischen.

»Aber findest du das nicht schlimm?«, fragte ich.

»Nein, wieso? So ist es eben. So sind wir Menschen. Wir sind doch alle kleine Sarrazins.« Und dann zeigte er auf zwei arabisch aussehende Jugendliche, deren Hosen in Tennissocken steckten, die Basecap verkehrt herum auf dem Kopf, Hände in den Hosentaschen, sie wollten wohl gerne wie böse Rapper wirken und taten es auch – ja, das Klischee war in diesem Moment wie auf Kommando Wirklichkeit geworden – und wollte von mir wissen, ob er auf die beiden zugehen sollte, um mit ihnen Freundschaft zu schließen. Was ich darauf antworten könnte, wusste ich auch nicht.

Auf dem Weg ins Kino, ein paar Tage später, blieb ich wie zufällig an dem Stand eines türkischen Obsthändlers stehen. Eine deutsche Kundin bemitleidete ihn gerade lautstark aufgrund dieser ganzen Diskussion. Er schien nicht recht zu wissen, wie er darauf reagieren sollte, das Mitleid war spürbar und laut. »Geht es um Sarrazin?«, fragte ich, während ich die Äpfel begutachtete. »Mir ist es egal, woher die Menschen kommen. Ein Mensch ist in erster Linie ein Mensch«, antwortete er nicht direkt auf meine Frage. Ich hatte diesen Satz mehrmals in den letzten Wochen von Menschen mit Migrationshintergrund gehört, aber kein einziges Mal von jemandem ohne.

Nach dem Kinobesuch erzählte ich all das meinem blondblauäugig-großen-besten Freund, und alleine die Tatsache, dass er mir antwortete, er könne meine Gefühle, meine Verwirrung nachvollziehen, dass er meine Gedanken nicht als unangebrachtes Gejammer abtat, ließ ein wenig von der Spannung der vergangenen Wochen von mir abfallen. Er und ich, wir sind zumindest noch im selben Deutschland.

Ganz zu Anfang der Debatte schaute ich *Beckmann*. Herr Sarrazin war in der Sendung sowie die Politiker Olaf Scholz und Renate Künast und dann noch Aygül Özkan, die wahrscheinlich beweisen sollte, dass die Türken nicht zwingend mit schlechten Genen ausgestattet sind, denn immerhin ist sie niedersächsische Ministerin für Soziales, Frauen, Familie, Gesundheit und Integration und in der CDU. Aus demselben Grund war wohl auch der Wissenschaftsjournalist Ranga Yogeshwar eingeladen, der viele Zahlen kannte und viele Geschichten erzählte in einem schönen Deutsch, dem zuzuhören es Spaß machte, und Herr Beckmann gab den investigativen Journalisten, und es kam niemand richtig zu Wort. Ich regte mich von Anfang an auf, auf eine sehr undeutsche Weise. Ich sprang auf und protestierte lauthals und suchte nach Gegenständen, die ich nach dem TV-Gerät werfen könnte, und mein Mann sagte mehrmals, er kriege wegen meiner Kommentare gar nichts von der Sendung mit. Dann wurde eine Frau, die schöne, dunkle Locken hatte, zugeschaltet; sie trug Zahlen vor, die denen Herrn Sarrazins widersprachen. Sie passten mir besser in den Kram, aber ich hatte während des Studiums Statistik belegt und deshalb eine ungefähre Ahnung, wie sich Zahlen in unterschiedliche Richtungen interpretieren lassen. Also schwieg ich und hörte zu, bis sie sagte: »Ich persönlich sehe mich als Teil Deutschlands, so wie ich auch die anderen fünf Prozent Menschen mit muslimischem Migrationshintergrund als Teil Deutschlands sehe, übrigens als einen sehr produktiven Teil Deutschlands, als Teil eines Deutschlands, das modern geworden ist, weltoffen, liebenswert. Liebenswert, wie unser Bundespräsident sagt, liebenswert durch die Vielfalt der Menschen. Und das möchte ich mir überhaupt nicht absprechen lassen. Ich empfinde mich als Teil dieses Landes, mein Deutschland möchte ich mir von Herrn Sarrazin nicht vermiesen lassen.« Und da sprang ich wieder sehr undeutsch-emotional auf und schrie: »Siehst du, siehst du, sie liebt dasselbe Deutschland wie ich! Die lebt auch in meinem Wir-Deutschland!« Woraufhin mein Mann sich abermals beschwerte, dass er nichts von der Sendung mitbekomme, und Recht hatte er diesmal, denn wir verpassten den so großartigen Satz, mit dem Herr Beckmann die Zugeschaltete verabschiedete: »Frau Foroutan, herzlichen Dank. Zur Erklärung: Sie sind in Boppard am Rhein zur Welt gekommen. Vater ist Iraner, dann ging's danach nach Teheran, mit zwölf Jahren sind Sie zurückgekommen.« Sollte heißen: »Liebe Zuschauer, wir haben übrigens eine Muslimin zugeschaltet. Leider habe ich vergessen, das vorher zu erwähnen.«

Später googelte ich und fand heraus, dass sie in einem Projekt namens »Heymat« forscht, in dem es um »Neue Deutsche« geht, womit Menschen mit Migrationshintergrund mit hybriden Identitäten gemeint sind. In den meisten Kommentaren kam dieses Projekt nicht gut weg, es wurde lächerlich gemacht, und die Zahlen, die Frau Foroutan präsentiert hatte, wurden von den meisten Medien in Frage gestellt.

Mir ging es nicht um die Zahlen, mir ging es um Gefühle. Die Zahlen, die Herr Sarrazin angeführt hatte, hatten Reaktionen ausgelöst, die mit den Zahlen selbst nichts mehr zu tun zu haben schienen. Je mehr ich in jenen Tagen und Wochen den Debattierenden und den zahlreichen Wortmeldungen zuhörte, desto unwohler fühlte ich mich, desto mehr ertappte ich mich dabei, mein eigenes Verhalten auf sein Deutschsein zu überprüfen – wie damals in der Pubertät. Ich las den Text eines *Spiegel*-Redakteurs mit pakistanischen Wurzeln, der im niedersächsischen Oldenburg zur Welt gekommen war. Der Text von Hasnain Kazim, der sehr persönlich, aber trotzdem sachlich daherkam, stellte die These auf, dass Deutschland seine Angst vor dem Fremden nicht loswürde. Der Autor beschrieb darin, dass er sich immer als Ausländer fühlen müsse in diesem Land. Ich stieß auf den Artikel, weil mehrere meiner Freunde mit Biographien, die meiner ähnlich waren, ihn unabhängig voneinander auf ihren Facebook-Seiten gepostet hatten und kommentierten, sie würden seine Gefühle sehr gut nachvollziehen können.

Ich las: »In dieser Welt bleibt man als Nachfahre von Einwanderern immer der Türke, der Italiener oder, in meinem Fall, der Pakistaner oder der Inder. Und man gewöhnt sich daran, dass alle Jahre wieder gefordert wird, ›die Ausländer‹ sollten sich besser integrieren. Mal heißt es dann, sie sollen endlich die Sprache lernen, dann wieder eine ›Leitkultur‹ anerkennen. Mal sind sie kriminell oder jetzt sogar, und da muss man dann doch schlucken, genetisch irgendwie minderwertig. Man nimmt diesen Unsinn hin wie all das Gerede der Politiker. Und erwidert besser nichts, sonst gilt man als wehleidig. Kritisiert man doch, kommt sofort: ›Menschen wie Sie sind doch gar nicht gemeint!‹ Freundlichkeit klingt trotzdem anders.« In den zahlreichen Leserkommentaren, die dem Artikel folgten, las ich, er solle sich nicht so anstellen, nicht so eine Mimose sein, Menschen wie er seien doch gar nicht gemeint. Menschen wie er, die einen solchen Job beim *Spiegel* hatten; war das etwa Neid?

Wieso fühlten wir, Menschen wie er, uns aber gemeint?

Ich rief dann Naika Foroutan an, die ich in der Sendung von Reinhold Beckmann gesehen hatte, nicht, um mit ihr über Zahlen zu diskutieren, sondern um sie zu fragen, wie sie sich jetzt fühle. Sie zweifelte mittlerweile daran, dass das »Wir«, das sie weiterhin benutzte, noch dasselbe sei wie vor drei Wochen. Ob ihr deutsches »Wir« nicht zu einem migrantischen, muslimischen geworden, man könnte auch sagen: degradiert, war. Sie sagte: »Ist doch interessant, dass jetzt ich und Sie plötzlich ein Wir bilden, wo wir vor ein paar Wochen nichts miteinander zu tun gehabt hätten.« Sie ist Politologin, weshalb sie noch ein wenig von Milieus und Verschiebungseffekten sprach, aber sie erzählte mir auch von ihrem 20-jährigen Cousin, der ihr ein Musikvideo des Rappers Blumio gezeigt hatte, der das Lied »Hey, Mr. Nazi« singt. Es heißt darin: »Hey Mr. Nazi, komm auf meine Party. Ich zeig dir meine Kultur« und an anderer Stelle: »Und Mann, ich will nicht nur Reis fressen, manchmal will ich auch eine Bockwurst in Senf.« Ihr deutsch-iranischer Cousin könne die – vielleicht etwas platt ausgedrückten – Gefühle des deutsch-japanischen Rappers sehr gut nachempfinden, erzählte Naika Foroutan. Ich hingegen konnte die ihren gut verstehen, wir hatten in einem Wir-Deutschland gelebt, das vor unseren Augen zu verschwinden begann.

Thilo Sarrazin hat ein Buch geschrieben. Er hat damit, ob nun berechtigt oder nicht, eine Debatte ausgelöst, deren Tonfall mich wiederum meiner Naivität beraubte. Seine Aussagen, die Probleme, die er aufzeigte, waren mir nicht neu gewesen, noch nicht einmal manche der Statistiken, mit denen er seine Thesen belegte. Aber die Art und die Heftigkeit, mit denen man darauf reagierte, offen (»man wird doch noch mal sagen dürfen«) und zwischen den Zeilen, hatten meine Überzeugung, in einem Wir-Deutschland zu leben, als naiv entlarvt. Ich, so wie ich bin, nicht mein bemüht deutsches Ich, schien hier plötzlich nicht besonders willkommen zu sein.

Man wird nicht nur sagen dürfen, sondern sogar sagen müssen, dass Deutschenfeindlichkeit genauso wenig geduldet werden darf wie Fremdenfeindlichkeit. Und man wird überlegen müssen, wie man diesem Phänomen zukünftig begegnet. Aber man darf diese Deutschenfeindlichkeit, die tatsächlich an manchen Schulen herrscht, nicht automatisch auf die meisten Muslime und das Gros der Migranten übertragen.

Arrogant wie ich bin, glaube ich nicht, dass es Deutschland guttut, Naika Foroutan, Youssef Bassal, Hasnain Kazim, meine Freundin S., mich und so viele andere aus dem Wir-Deutschland zu vertreiben, und wenn es nur auf der Gefühls-ebene ist. Denn – ich bin selbstbewusst genug zu sagen – wir haben Deutschland spannender, schöner, weil vielfältiger ge-macht. Oder auf der gefühlsfreien wirtschaftlichen Ebene: produktiver.

Man hat mich – und wahrscheinlich noch viele andere – unseres Landes beraubt. Die Dramatik des Satzes ist mir durchaus bewusst, dass mich tatsächlich keiner aus diesem Land hinausbefördert, auch; und dennoch fühlt es sich so an. Wo gehöre ich jetzt hin?

Wird jetzt jemand sagen, ich sei doch gar nicht gemeint?

Ich fühle mich aber sehr gemeint.

Und dabei bin ich noch nicht einmal Muslimin.

Worst Case: Die Muslime

Wann hat es wieder begonnen? Wann war sie da, die Angst vor einer der drei großen Weltreligionen, die die Geschichte unserer Welt mit geprägt hat, auch unseren Kontinent, auch unser Land mit beeinflusst hat? Die großen deutschen Aufklärer wie Lessing und Goethe hatten ein großes Interesse am Islam, ließen sich in ihren Werken von seinen Lehren beeinflussen und hielten damit nicht hinterm Berg; Goethe schrieb:

> Ob der Koran von Ewigkeit sei?
> Darnach frag' ich nicht ! ...
> Daß er das Buch der Bücher sei
> Glaub' ich aus Mosleminen-Pflicht.

Wann war sie also da, die Angst vor Menschen, die schon lange mit und unter uns leben, die sich als Teil unserer Gesellschaft, unseres Landes sehen, oder vielleicht muss man mittlerweile sagen: sahen? Ein Teil, der sich nicht in statistischen Zahlen zusammenfassen lässt, weil er so heterogen ist, das ist ja das Schöne daran. Dieser Teil, der aus Menschen besteht, denen ihre Religion etwas – was und in welchem Maße auch immer – bedeutet, die die Traditionen und Bräuche dieser Religion pflegen, aber genauso auch aus Menschen, die diese Kultur kennen, aber weniger pflegen, weiterhin aus Menschen, deren Eltern gläubige Moslems gewesen sein mögen, die aber selbst mit dem Glauben nichts anfangen können, sogar aus Menschen, die noch nicht einmal familiär etwas mit dem Islam zu tun haben, denen das aber nachgesagt wird, weil sie einen bestimmten Namen tragen, weil sie aus einem bestimmten Land stammen, weil sie ein bestimmtes Aussehen haben. Aus sehr vielen, sehr unterschiedlichen Menschen besteht dieser Teil, den näher zu beschreiben ich mich aus eben diesem Grund nicht traue. Plötzlich und teils recht überrascht fanden sie sich alle in einer Schublade wieder, die Schublade hieß DIE MUSLIME (in Klammern stand DIE ISLAMISTEN, womit die Terroristen gemeint waren). Man drängte sich darin und wunderte sich, weil man mit Menschen in eine Schublade gesteckt wurde, mit denen man nichts, aber auch gar nichts gemein hatte. Jemand von außen versuchte, die Schublade zuzuschieben, man wollte die Menschen nicht haben, die sich darin drängten und wunderten.

Wann hat es wieder begonnen? Wann genau begannen meine Freunde und Bekannten sowie in der Öffentlichkeit stehende Persönlichkeiten »mit muslimischem Hintergrund« Begriffe wie »Auswandern« und »Zurückgehen« in ihren Sätzen zu verwenden, und die Statistiken, die besagen, die Abwanderung von Deutschland sei seit Jahren höher als die Zuwanderung, mit diesen Sätzen mit Leben zu füllen? Was mir Angst einjagte, weil ich manche vermissen würde, weil ich aber auch Angst hätte, in einem von Muslimen freien, gereinigten Deutschland zu leben. (Und wer würde als Nächstes zum Auswandern bewegt werden? Menschen wie ich? Wer waren denn Menschen wie ich? Mit wem würde ich in eine Schublade gesteckt werden? So viele derjenigen, die nun über Karrierechancen in anderen Ländern diskutierten, hatten sich niemals vorstellen können, in der Schublade DIE MUSLIME zu landen. In der schlimmsten Schublade, die es neben Kinderschändern in Deutschland derzeit gab. Oder muss es »gibt« heißen?)

Hat es wirklich nur mit einem Buch begonnen bzw. mit einem Abdruck aus einem Buch, das dieses Land bewegen sollte wie kein anderes Sachbuch in den vergangenen Jahren, wenn nicht Jahrzehnten? Das zu glauben, wäre absurd. Keiner glaubt lieber an die Kraft des geschriebenen Wortes, an Bücher als Autoren, wie ich eine bin, aber was das Buch in dem roten Umschlag auslöste, hat mit jener Kraft nichts zu tun. Es hat mit einer Stimmung zu tun, die bereits lange gärte, es hat mit dem berühmten fruchtbaren Boden zu tun, auf den die in dem Buch veröffentlichten Statistiken und Thesen fielen, es hat mit diesem einen Satz zu tun, der mehr aussagte als das gesamte Buch: »Endlich sagt mal einer …«, bis der Spieß plötzlich umgedreht wurde, der Jäger zum Gejagten wurde. Der furchtlose Chronist der Wahrheit, endlich einer, der den Mund aufgemacht hat – als habe er, sein Leben riskierend, Widerstand gegen ein totalitäres Regime wie das national-sozialistische oder die DDR geleistet! Und anstatt dass sich jemand bedankt – als wären all die ausverkauften Lesungen, die Standing Ovations, die unzähligen Fernsehshows, die Verkaufszahlen des Buches nicht Dank genug gewesen; es wunderte einen nur noch, dass kein Film über den Helden gedreht wurde, aber der kommt vielleicht noch –, wurde der Arme gejagt und gehetzt und gemobbt und selbstverständlich auch noch komplett falsch verstanden. Zum Glück fanden sich noch ein paar Fürsprecher für ihn mit einem türkischen Hintergrund (ja, da war zum Beispiel plötzlich von den deutsch-türkischen Intellektuellen die Rede, obwohl sonst in jenen Diskussionen so ein türkischer Hintergrund sogleich mit einem muslimischen gleichgesetzt wurde), die ihm in der (Fernseh-) Öffentlichkeit beipflichteten und ihn vor den bösen Aufklärern, vor den naiven Multikulti-Verherrlichern in Schutz nahmen und genau zu berichten wussten, wie schlimm der Islam an sich ist. Die Hetzjagd würde ich den Film, glaube ich, nennen, aber wer wurde hier eigentlich von wem gehetzt?

Gehetzt wurden alle, die verdächtig waren – vergessen war »unschuldig, bis die Schuld bewiesen ist« –, irgendetwas, ich wiederhole, irgendetwas mit dem Islam zu tun zu haben. »Verdächtig« und »irgendetwas«, so schwammig die Beweise, aber man hatte plötzlich das Gefühl, die Mehrheit in diesem Land möchte eine der drei großen Weltreligionen am liebsten verbieten, ohne Begründung, sondern, weil man doch endlich mal sagen durfte, dass … Es kam von allen Seiten, von vielen überraschend und unerwartet, weshalb es noch mehr verletzte. Auch mich verletzte, obwohl ich doch gar nicht gemeint war. Die anderen, die Gemeinten, noch viel mehr verletzte, verständlicherweise, bis einige nicht mehr wollten, auch das: verständlich.

Es kam nicht von allen Seiten, es kommt. Es verletzt nicht mehr, weil man sich daran gewöhnt hat, es erschreckt. Kurz nach dem Massaker in Norwegen sagte jemand in einer Diskussion, in der die Medien für die ausführliche inhaltliche Auseinandersetzung mit dem 3000 Seiten dicken Pamphlet des Attentäters verurteilt wurden, weil sie einen Geisteskranken zu einem politischen Denker hochstilisieren würden, in einer Diskussion, die in Kreisen geführt wurde, die ich als links bezeichnet hätte, plötzlich: »Was natürlich schon stimmt, ist, dass man bei uns in Deutschland ja nichts gegen Ausländer sagen darf. Da ist die Situation schon krasser als in anderen Ländern.« Und ich sitze da und verstehe die Welt mal wieder nicht, das mag dramatisch und polemisch klingen, aber so fühlt es sich an, weil mir wieder mal ein Platz, an dem ich mich wohl fühlte, genommen wurde mit diesem Denken, dieser Überzeugung, die um sich zu greifen scheint wie die Pest.

Was genau darf man denn nicht sagen? Wer verbietet einem was? Was genau wurde noch nicht gesagt? Ich kenne diese Diskussion, kenne sie aus eigener Erfahrung im Zusammenhang mit dem Judentum. Kann sie auch da nicht immer nachvollziehen, aber dann doch manchmal schon, weil dieses Land, dieses Volk nun einmal das jüdische Volk auslöschen wollte. Aber Ausländer, um mal den Begriff jener zu verwenden, die sich über dieses angebliche Sprechverbot beschweren? Muslime? Das Anzünden von Ausländerbehausungen (wie im Übrigen auch das jeglicher anderer Gebäude) ist verboten, gegen tätliche Angriffe auf Ausländer hat man mit Lichterketten protestiert, aber das Sprechen, das Sagen? Wer zugehört hat, wer auch nur ein bisschen zugehört hat bei all den Podiumsdiskussionen, den Talkshows im Fernsehen, den Feuilleton-Debatten, ach, den Gesprächen in der Kneipe um die Ecke in den vergangenen Jahren, den muss das alles doch gelangweilt haben, weil man es schon so oft gehört hat! Die Ausländer, die einem die Jobs wegnehmen, oder auch wahlweise die Ausländer, die schmarotzen anstatt ehrliche Arbeit zu verrichten, und die Ausländer, die kein Deutsch sprechen und deren Kinder auch kein Deutsch sprechen, und all die anderen Ausländer, die Probleme mitbringen und Probleme machen. Und allerspätestens seit dem 11. September 2001, seit mehr als zehn Jahren also, auch die Muslime. Die Muslime, bei denen man nie genau wissen könne, ob sie nicht doch Osama bin Laden persönlich kennen, die zu hohe Moscheen bauen (wobei zu hoch nichts mit Maßeinheiten, sondern mit Vergleichen zu christlichen Bauten zu tun hat), die sonderbare Rituale pflegen, ihre Frauen unterdrücken, unter Kopftüchern verstecken, schlagen, zwangsverheiraten und manchmal auch töten, die Muslime, die ein anderes, dem unseren widersprechenden Wertesystem haben, die den Westen vernichten wollen. Ganz ehrlich, für wen war das alles neu? Ich hatte das alles schon gehört, und ich hatte mich um des Zuhörens nicht explizit bemüht.

Das Einzige, was ich neu lernte, war die Tatsache, dass eine sehr große Gruppe von Menschen – noch nicht einmal eine ethnische Gruppe, noch nicht einmal eine, die man einem Herkunftsland hätte zuordnen können – dümmer sein sollte als der Rest der Menschheit. Und warum? Ach ja, weil all diese Menschen angeblich irgendein – wie auch immer geartetes – Verhältnis zum Islam haben. Na, das macht natürlich dumm, ist doch klar. Mir brannte die Frage unter den Nägeln, ob die deutschen Muslime, also diejenigen, die eigentlich qua Geburt das Glück bzw. Privileg gehabt hatten, als Deutsche (als schöne, deutsche Arier) ihr Dasein fristen zu können und dann den Fehler begingen, sich freiwillig den dümmeren Muslimen anzuschließen, mit dieser Entscheidung automatisch an Intelligenz verlieren? Aber selbst diese – aus meiner Sicht intellektuell fragwürdige – Gen-These war ja nicht tabu gewesen, man wurde nicht geköpft, nicht ins Gefängnis gesteckt; wie man am Beispiel Sarrazin sieht, kann man mit dem Aussprechen eines solchen Gedankens, wenn man es denn klug anstellt, sogar einiges an Ansehen und Geld verdienen. Welches Tabu, welches »endlich« also?

Es tut mir leid, ich verstehe es nicht.

Dass es Menschen gibt – mit fremdländischen Wurzeln, nicht unbedingt mit muslimischem Hintergrund –, die nicht viel oder auch gar nichts dazu beitragen, ein Teil dieses Landes zu sein, es mit zu gestalten, das bezweifelt doch keiner, auch jene nicht, die als naive Multikulti-Verherrlicher dargestellt wurden. Dass Menschen hierherkommen, die andere Werte vertreten, als die, die wir von unseren Eltern und in der Schule eingeimpft bekommen haben, das ist doch unbestritten. Das ist nicht neu, das ist kein Geheimnis, nichts, was »endlich mal gesagt werden muss«. Das ist eine Tatsache, der man ins Auge sehen und für die man Lösungen finden muss.

Lösungen, die darin bestehen können, politische und gesellschaftliche Anreize für jene Menschen zu schaffen, damit sie sich als Teil dieses Landes fühlen wollen, sie an die Hand zu nehmen, ihnen aber auch deutlich zu machen, dass es sich für sie lohnt, sich an Regeln zu halten; dass sie willkommen sind. Die Lösung könnte auch darin bestehen, dass man jene Menschen sie selbst sein lässt, so wie dies in anderen Ländern gang und gäbe ist: Leben und leben lassen. Die Lösung kann sein, einfach einmal auf jene Menschen zuzugehen oder Bereitschaft zu signalisieren, sich auf sie einzulassen, sollten sie einen Schritt auf einen zumachen, sie kennenzulernen. Wie auch immer die Lösungsvorschläge lauten und ihre Umsetzung aussieht, die Probleme anzusprechen ist nichts, was in diesem Land verboten gewesen wäre, nichts, was revolutionär gewesen wäre, es war fast langweilig, weil es so alt war. Vielleicht wären die Nachwirkungen nicht so verheerend, die Begeisterungsrufe nicht so laut und vielstimmig gewesen, wenn man dies einmal deutlich festgestellt hätte: Ja, ihr dürft! Ihr dürft auf Probleme und Missstände hinweisen, ihr dürft eure Ängste äußern, ihr dürft sagen, was euch auf dem Herzen liegt, ohne als Rassisten oder ausländerfeindlich abgestempelt zu werden, das ist erlaubt. Vielleicht hätte man dann beim Erscheinen des Buches nur gegähnt, hätte den Fernseher ausgeschaltet und zum Partner gesagt: »Das habe ich auch schon oft gesagt!« Vielleicht wären die Internetforen zu den Medienberichten zu diesem Thema dann nicht explodiert vor lauter Zustimmung, die sich zunehmend wie Quellen aus der Zeit kurz vor dem nationalsozialistischen Regime las, nur, dass der Begriff »Jude« durch ein neues Hassobjekt ausgetauscht worden war: die Muslime. Vielleicht wären unter den Beifallklatschenden dann nicht so viele gewesen, denen man das nie zugetraut hätte, weil man angenommen hatte, dass ihnen die Nähe zur politischen Rechten, in die sie sich mit diesem Beifall begaben, doch peinlich sein müsste. Vielleicht hätte es dann auch bei der Münchner Lesung aus dem verheerenden Buch etwas weniger Applaus, dafür mehr kritische Nachfragen, zumindest aber Zwischentöne gegeben anstelle der grenzenlosen Begeisterung seitens des das Literaturhaus besuchenden Bildungsbürgertums. Vielleicht. Man kann es hoffen, weil es sich dann mit diesen Phänomen leichter leben ließe.

Woraus bestand er, der fruchtbare Boden, auf den Sarrazins Worte fielen?

Aus Erlebnissen wie diesen, an die ich in der Zeit der heftigen Debatte immer wieder habe denken müssen: Die Bekannte einer Freundin, mit der ich mich bei einer Feier über Geburtskliniken unterhielt (weil wir beide so offensichtlich schwanger waren), ließ in einem Nebensatz fallen: »Also wichtig ist für mich auch, dass ich ein Einzelzimmer bekomme, nicht, dass ich das Zimmer mit einer türkischen Mama teilen muss, die ihr fünftes Kind zur Welt bringt und rund um die Uhr Besuch von ihrer kreischenden Großfamilie hat.« Und dann angesichts meines nicht zu übersehenden schockierten Blickes und bevor ich auch nur die Chance hatte, mit Statistiken zu kontern, wie zum Beispiel der Studie der Universität Konstanz, laut der die Geburtenrate der Migrantinnen sich der deutscher Frauen angleicht, stellte sie beschwichtigend richtig: »Ich bin ja nicht ausländerfeindlich oder so.« War das der fruchtbare Boden? Aus der Fremdenfeindlichkeit ist irgendwie eine Muslimophobie geworden.

Und was erreichte man mit der Debatte, mit dem Beifall, mit dem »Endlich« und dem angeblichen Tabubruch? Wurde denn auch nur ein wenig konkret über die bestehenden und niemals verleugneten Probleme bzw. deren Lösungen diskutiert? Ich kann mich nicht erinnern, obwohl ich wie eine Süchtige alle Medienberichte zu dem Thema aufsog, über nichts anderes sprach, mir über nichts anderes Gedanken machte. Hat man aufgrund der Heftigkeit der Debatte zum Beispiel neue, weit reichende Gesetze erlassen, die die angesprochenen und für einen Teil zutreffenden Probleme in irgendeiner Weise in Zukunft verhindern werden? Stattdessen hat man eine Stimmung im Land geschaffen, die von Vorurteilen, Ängsten und, man könnte mittlerweile sogar von Hass sprechen, beherrscht wird, die nichts Positives, aber viel Negatives nach sich zieht. Nicht nur eine Atmosphäre der Ausgrenzung, sondern auch ein Schubladendenken, das Stammtische eigentlich nicht verlassen sollte.

Als sich all diese Menschen in derselben Schublade wiederfanden, reagierten sie. Manche von ihnen mit Unmut, manche einfach geschockt, manche zogen sich zurück, andere gingen gar. Keine dieser Reaktionen kann man ihnen verübeln. Auf jeden Fall besannen sich aber die meisten – und wenn es nur für einen kurzen Moment war – auf diesen klitzekleinen gemeinsamen Nenner, der sie alle zusammengebracht hatte. Fragten sich, was ihnen der Islam, der ihnen vorgeworfen wurde, bedeutete. Fragten sich, wenn man es anders formuliert, was sie (noch) mit dem Land, in dem sie lebten, in dem sie sich zuhause gefühlt hatten, verband. Das sie soeben in diese Schublade presste, mit der sie sich nun also zwangsweise auseinandersetzen mussten genauso wie mit all jenen, die sich dort ebenfalls wiederfanden. Vielleicht wurden sogar die so genannten tatsächlichen Integrationsverweigerer, also diejenigen, über die und deren Probleme man konkret hätte reden sollen, in eine gefährliche Art der Radikalisierung getrieben, vor der sich die Mehrheit in diesem Land so fürchtete. Aktion – Reaktion, ein physikalisches Gesetz.

Aber vielleicht steht es mir gar nicht zu, darüber zu schreiben, weil ich ja nicht gemeint bin. Deshalb fragte ich Deniz Baspinar, die türkischstämmige *Zeit*-Kolumnistin und Psychotherapeutin, die durchaus gemeint war. Sie sprach aus, was ich dachte, sie sprach noch mehr aus, und ich erschrak. Deniz Baspinar sprach davon, dass die Debatte um die Gefahren des Islams einen Kern sichtbar gemacht hatte, der schon immer da gewesen sei; sie sprach von einer »offen ausgesprochenen Ablehnung«, auch sie sprach von Freunden, die mit dem Gedanken spielten zurückzugehen, auch sie fragte sich: »Hat es einen Sinn?« Warum musste sie sich das fragen? Eine *Zeit*-Kolumnistin ohne Kopftuch, eine gebürtige Kölnerin, jemand, der im Deutschen schöner formuliert als viele »Eingeborene«, jemand, der sich selbst als »Atheistin« bezeichnet. Ist das eine Reaktion, die von all denen, die meinten, meinen zu müssen, tatsächlich gewollt ist?

Deniz Baspinar sagte: »Ich bin Atheistin, und ich werde beschuldigt, Burkas zu verteidigen. Uns wird diese Diskussion aufgedrängt.« Es klang, als wolle sie einfach ihr Leben leben, als Staatsbürgerin, die sie ist.

»Der optimistische Teil von mir«, sagte Deniz Baspinar, weil wir beide versuchten, optimistisch zu sein, nicht alles schwarz zu sehen, sondern bunt, auch nachdem wir festgestellt hatten, dass uns beiden die Multikulti-Idealisten, die das Bunte an sich liebten, die sie als »frustrierte deutsche Hausfrauen, die Bauchtanzkurse anbieten oder besuchen« beschrieb, gehörig auf die Nerven gehen, »der optimistische Teil von mir«, meinte sie jedenfalls, »sagt sich immer wieder, dass es ein Prozess ist, der seine Zeit braucht.« Sie hat Psychologie studiert, weshalb sie wahrscheinlich von einer »Phase der Verleugnung sprach«, in der sich viele daran gewöhnen müssten, vielleicht auch erst merken müssten, wie sehr sich Deutschland gewandelt hat, sich im Wandelprozess befindet, sich noch mehr wandeln wird. Sie, die Psychologin, die gerne nach Ursachen und Gründen sucht, erklärte mir: »In Deutschland ist man auf Exklusion ausgerichtet, das ist auch im Privaten so. Kaum einer kommt einem in die Wohnung«, und ich begann zu nicken, weil ich mich daran erinnerte, wie sonderbar ich es als Kind gefunden hatte, dass sich meine neuen deutschen Schulfreunde mit mir Tage, in den Ferien gar Wochen im Voraus verabredeten: »Magst du übernächsten Samstag nach dem Mittagessen zum Spielen zu mir nachhause kommen? Ich habe meine Mama schon gefragt, das geht in Ordnung.« Ich war betroffen, weil die Mama gefragt werden musste, ob ich kommen könne, ich fühlte mich, als hätte mir jemand einen Terminzettel in die Hand gedrückt so wie die Sprechstundenhilfe beim Arzt. Ich war verwirrt, weil die Uhrzeit »nach dem Mittagessen« lautete, um deutlich zu machen, dass ich zuhause zu essen hatte, und ich wollte eigentlich nicht mehr hin. In Russland hatte ich meine Freunde, auch gerne mehrere auf einmal, nach der Schule spontan mit nachhause gebracht, wir stampften in unseren schneeverschmutzten Stiefeln in den Flur und riefen einfach »Hallo«, dass sie mitessen würden, verstand sich von selbst, das musste nicht angekündigt oder erwähnt werden. Wenn ich nicht pünktlich zuhause war, wunderten sich meine Eltern nicht, wo ich blieb, weil sie davon ausgingen, dass ich bei Freunden wäre; vergaß ich anzurufen und zu sagen, wo genau ich war, starteten sie einen Rundruf. Hätte ich meine Mutter gefragt, ob mich jemand besuchen dürfe, wäre sie misstrauisch geworden ob der mitzubringenden Person: Stimmt was mit dieser Freundin nicht, wenn die Lena so fragt? Weshalb ich in Deutschland immer log, wenn ich Freunde zu mir einlud und sie antworteten: »Willst du nicht erst deine Eltern fragen?« Warum? Sie hätten niemals Nein gesagt.

Es wurde mit der Zeit nicht besser. Ein wenig vielleicht zu Studienzeiten, als alle Freunde in WGs lebten und alles ineinander zu fließen schien, es gab nicht viele feste Zeiten, Vorlesungen ließen sich schwänzen, Mitbewohner zogen ein und aus, Freunde zogen um und weiter. Dann war das Studium vorbei, man mietete sich eine eigene Wohnung, richtete sie im Ikea-Stil ein und verlieh ihr durch die eine oder andere Designer-Lampe eine persönliche Note, man wurde häuslich, fing an, Freunde zum Kochen einzuladen. Man wählt vorher in einem teuren Kochbuch ein Rezept aus, besorgt in einem Bioladen oder auf dem Markt die richtigen Zutaten, der Esstisch bekommt eine Tischdekoration verpasst, die Gäste bringen Wein und Nachtisch mit, es wird gespeist. Es wird gespeist, mit sehr guten, gar besten Freunden, man isst nach Plan und Verabredung an einem dekorierten Tisch. Ich machte und mache es genauso, ich mache sie nach, bedanke mich für den Wein, versuche, mir eine Tischdeko einfallen zu lassen, woran ich immer wieder scheitere, aber ich stelle die Bräuche nicht mehr in Frage, dazu lebe ich zu lange hier.

Zwischendrin fahre ich nach Russland, wo um eine Abendesseneinladung nicht viel Aufhebens gemacht wird, sondern man spontan bei Freunden klingelt, aber großartig unkompliziert essen kann, weil die Gastgeber gemäß russischer Gastfreundschaft den Kühlschrank plündern und ohne Kochbuch aus den vorhandenen Zutaten etwas zubereiten. Immer steht mehr auf dem Tisch, als man an einem Abend essen kann, als man dem Inhalt des Kühlschranks auch nur im Entferntesten zugetraut hätte, es gibt keine Tischdekoration, aber dafür Wodka, am Ende viele Umarmungen, ich fühle mich wohl und stelle erstaunt fest, wie entspannt ich plötzlich bin. Deutsche Freunde, die ich mit nach Russland brachte, stellten fest, wie entspannt sie waren. Weil willkommen aus vollstem Herzen.

Deniz Baspinar erzählte mir: »Wenn ich in der Türkei auf eine Party gehe, kommt sofort jemand auf mich zu und kümmert sich um mich. Wenn ich in Deutschland auf eine Party gehe, stehe ich erst eine Weile alleine herum. Ich bin auf einer türkischen Party entspannter.« Ich verstand, was sie meint, obwohl die Türkei und Russland dann doch sehr unterschiedliche Länder mit sehr unterschiedlichen Bräuchen sind.

Deniz Baspinar ist eine von denen, die einen großen Unterschied zwischen den Begriffen »Zwangsehe« und »arrangierte Ehe« macht. Begriffe wie diese, zu denen auch »Kopftuch« und »Burka« und »Frauenunterdrückung« gehören – scheinen die Debatten um Integration und insbesondere um die Muslime voranzutreiben, weil sich an ihnen so vieles festmachen lässt. Man sieht in der U-Bahn eine Frau mit Kopftuch und meint, alles über sie zu wissen: eine arme muslimische Frau, die in die Ehe gezwungen wurde, eine ungebildete Kindergebärerin ohne Mitspracherecht in der Ehe. Bleibt man jenseits der Bilder im Kopf dennoch hellhörig, dann wird man – auch ich – häufig überrascht. Weil man die Frau dann zum Beispiel in einem perfekten Deutsch telefonieren hört, wie sie Pläne zum Ausgehen schmiedet. Weil sie ein Universitätslehrbuch für BWL aus der Tasche holt und konzentriert darin liest. Es macht mir jedes Mal Freude, wenn die Assoziationen im Kopf an der Realität zerbersten. Es geht nicht allen so. Ein Professor fragte in einer Vorlesung eine Studentin mit Kopftuch, was sie in einem Uni-Hörsaal mache, wenn sie sowieso demnächst fünf Kinder bekommen und zuhause bleiben würde. Es protestierte keiner – bis auf die junge Frau selbst. Eine Entschuldigung des Professors blieb aus. Möchte man die Menschen so haben, wie man sie sich denkt? Ist die Mehrheitsgesellschaft in diesem Land tatsächlich so einfach gestrickt, dass sie auf die Schubladen, in die sie die Menschen fein säuberlich – deutsch, am Tag der Kehrwoche gar vielleicht – einordnet, nicht verzichten kann?

Es ist selbstverständlich immer einfacher, sich gegen etwas zu richten, als sich dieses Etwas genauer anzusehen, zu differenzieren. Noch einfacher ist es, dieses Etwas, diese Schublade zu vergrößern und alles, was auch nur im Entferntesten dazu passt, mit hineinzutun, dann weiß man, woran man ist, wie man zu denken, zu handeln hat. Und wie handelt man? Eine Frau, die auf dem Bewerbungsbild ein Kopftuch trägt, hat trotz gleicher Voraussetzungen und Qualifikationen wie ihre Mitbewerber kaum eine Chance darauf, zu einem Vorstellungsgespräch eingeladen zu werden, geschweige denn darauf, den Job zu bekommen, sagt zum Beispiel eine Studie der FU Berlin. Man handelt, indem man eine ganze Weltreligion abstempelt, eine Angst, die inzwischen auch als Panik zu bezeichnen wäre, vor ihnen entwickelt. Eine Studie der Universität Münster aus dem Jahr 2010 hat festgestellt, dass die Deutschen im westeuropäischen Vergleich Spitzenreiter sind, was die Ablehnung des Islam angeht. Und wovor genau hat man Angst? Im bekanntesten antimuslimischen Blog dieses Landes »Politically Incorrect«, der vor allem dadurch berühmt wurde, weil dort die umstrittenen Mohammed-Karikaturen veröffentlicht wurden, ist zu lesen, warum den muslimischen Anfängen gewehrt werden müsse, nämlich, »damit niemals meine Töchter, Nichten und Enkelinnen in Kopftuch rumlaufen müssen«. Diese angesichts der Realität, angesichts selbst der Statistiken, die am meisten für Aufregung sorgten, absolut absurden Ängste führen dazu, dass Islamkritiker Projekte wie das mit dem vielsagenden Namen »Nürnberg 2.0.« gründen, »eine Erfassungsstelle zur Dokumentation der systematischen und rechtswidrigen Islamisierung Deutschlands«. Man findet auf der Liste derer, die angeblich deutsches Recht verletzen, weil sie einem Vordringen des Islams in Deutschland Vorschub leisten, Politiker wie Dieter Wiefelspütz (SPD), Ruprecht Polenz (CDU) oder Renate Künast (Die Grünen) genauso wie den Sprecher der Berliner Bürgerinitiative »Bündnis Rechtspopulismus stoppen«. Ist dieses Projekt, deren Urheber sich übrigens nicht zu erkennen geben wollen, eine konkrete Initiative am Rande, die deshalb nicht minder erschreckend ist, so ist die eigentliche Angst vor dem Islam eine Angst, die in der so genannten Mitte der Gesellschaft zuhause ist. Diese Angst und dieser Hass sind nicht nur salonfähig geworden, sondern als Zustand akzeptiert worden. Und es geht dabei nicht um Angst vor möglichen terroristischen Anschlägen, auch nicht um die Kriege, die die Anschläge vom 11. September nach sich gezogen haben, es geht inzwischen um eine Islamophobie, bei der jeder, der sich als Muslim sieht oder als solcher von außen wahrgenommen wird, pauschal verurteilt wird. Es handelt sich dabei nicht um eine konkrete Angst vor fanatischen Anhängern einer Religion, die diese auf eine bestimmte, menschenverachtende Weise interpretieren, die bereit sind, im Namen dieser Religion Andersdenkende und Andersgläubige zu töten und länderübergreifende Kriege anzuzetteln. Diese verständliche Angst hat sich weiterentwickelt und ist zu einer Angst vor jedermann geworden, der sich zu dieser – weit interpretierbaren – Religion bekennt oder auch – und das scheint für die Angst zu reichen – aufgrund seiner Herkunft oder seines Aussehens damit in Zusammenhang gebracht werden kann. Dabei werden Begriffe wie »muslimisch«, »islamisch«, »islamistisch« ebenso wie die Menschen dahinter einfach unreflektiert in denselben Topf geschmissen. Es ist so banal, dass ich das gar nicht aufschreiben mag, aber das Gefühl habe, es dennoch tun zu müssen: Nicht jeder Christ ist Papst Urban II., der zu Kreuzzügen aufgerufen hat, nicht jeder Jude ist der Mörder von Yitzhak Rabin, nicht jeder Moslem ist Osama bin Laden. Genauso wenig wie ich mich als Jüdin für das Verhalten der israelischen Regierung oder als Frau für alle Äußerungen von Alice Schwarzer rechtfertigen möchte, können nicht alle Muslime für alle islamistischen Selbstmordattentate weltweit geradestehen. Erst recht nicht diejenigen unter ihnen, die sich in erster Linie zum Beispiel als deutsche Staatsbürger sehen oder sich auf eine ganz andere, ihnen eigene Weise selbst definieren und erst in zweiter Linie als Muslime.

Die um sich greifende Islamophobie hat Auswirkungen und Konsequenzen. Diejenigen unter uns, die sie spüren und zu spüren bekommen, ziehen sich möglicherweise zurück, eine Reaktion, die man ihnen auch vorher schon zum Vorwurf gemacht hat. Manche mögen durch diese Entwicklung in tatsächlich radikalere, gefährliche Kreise gelangen. Kinder aus muslimischen Familien bekommen in Schulen, in Vereinen, in ihrem Alltag außerhalb des Zuhauses, außerhalb der innermuslimischen Kreise teilweise kaum eine Chance. Das hat dann in dem Moment wenig mit der Bildungsferne ihres Elternhauses zu tun, sondern vielmehr mit dem, wofür zum Beispiel die Kopftücher, die manche Mädchen tragen, inzwischen stehen: für Anti-Feminismus, für zukünftige Gebärmaschinen, für eine terroristische Bedrohung. Diese Stilisierung, diese Pauschalisierung sorgen nicht nur für eine negative, feindliche, hasserfüllte Stimmung im Land. Sie bewirken noch mehr, auch noch mehr, als »nur« Menschen, die in der so genannten Mitte unserer Gesellschaft gelebt und ihre muslimische Religion im Rahmen der gesetzlichen Möglichkeiten ausgeübt haben, an den Rand dieser zu treiben. Sie machen eine sachgerechte, lösungsorientierte Diskussion der realen Probleme unmöglich, die im Zusammenhang mit und innerhalb der muslimischen Minderheit in diesem Land existieren.

Dies ist nicht nur schade, nicht nur peinlich für unsere Demokratie, es könnte auch verheerende Folgen haben.

Was Angst macht

Wir saßen am Frühstückstisch, leicht verschlafen, knabberten an unseren Brötchen und teilten uns die Zeitung. Ich las einen Artikel, in dem nebenbei ein Student erwähnt wurde, mit Vornamen Mohammed, der bei einem Praktikum von seinem Vorgesetzten darum gebeten wurde, sich am Telefon doch bitte mit »Alexander« zu melden, das käme bei den Kunden besser an. Es ging in besagtem Artikel um Frankreich, es ging möglicherweise um den Arbeitsmarkt oder auch um junge Praktikanten, ich erinnere mich nicht mehr genau, jedenfalls ging es nicht in der Hauptsache um Mohammed-Alexander, aber ich blieb an dieser Tatsachenbeschreibung hängen und erzählte sie kurz in die Runde. »Ist das nicht unglaublich?«, fragte ich. »Dass er seine Identität verleugnen muss, um in dem Unternehmen arbeiten zu können?« Ich erwartete Zustimmung und gemeinsame Aufregung am Frühstückstisch.

»Wieso? Das habe ich auch schon gemacht! Dann begegnen einem die Menschen doch ganz anders!«, antwortete meine Freundin, deren Nachname mit einem »ic« endet, das wie ein »itsch« ausgesprochen wird wie die meisten ex-jugoslawischen Nachnamen, seelenruhig antwortete sie mir so, ohne von ihrem Teil der Zeitung auch nur aufzuschauen.

»Wie, du hast es auch schon gemacht?«, fragte ich erstaunt, denn meine Freundin ist keine von der schüchternen Sorte, auch keine, die sich um jeden Preis anpasst oder ihre Herkunft verleugnen würde. Sie aber nahm sich die Zeit, den Artikel, in den sie gerade vertieft war, zu Ende zu lesen, weil sie meine Aufregung nicht verstand und mich später im Gespräch auch wieder einmal der Naivität beschuldigte.

Ich bin nicht naiv. Ich kenne die Studien, die sich mit solchen Phänomenen beschäftigen. Ich weiß zum Beispiel, dass die Universität Konstanz 2010 herausgefunden hat, dass ein Stellenbewerber mit einem türkischen Namen eine um 14 Prozent geringere Chance hat, zu einem Vorstellungsgespräch eingeladen zu werden als jemand, der sich mit denselben Voraussetzungen und dem schönen deutschen Namen Müller oder Schmidt bewirbt. Habe ebenfalls gelesen, dass die Chance auf ein Vorstellungsgespräch noch um weitere zehn Prozent sinkt, wenn es sich bei dem einstellenden Unternehmen um ein kleines handelt. Ich kenne die Studien und bin nicht naiv, bilde mir aber dennoch manchmal ein, dass die Realität in meinem Kopf (die Realität, in der ich in einem Land lebe, in dem der berufliche Erfolg eines Menschen nicht vom Klang seines Namens abhängt) der Wirklichkeit entspricht.

»Ich habe am Telefon einfach den deutschen Nachnamen meines Stiefvaters verwendet, da waren die Menschen gleich freundlicher und offener«, erklärte meine Freundin und schien sich mit dieser Tatsache so sehr abgefunden zu haben, dass ich noch mehr erschrak. So einfach wurden die Studienerkenntnisse an meinem Frühstückstisch Realität.

Ein paar Monate, vielleicht sogar ein, zwei Jahre später las ich in der Zeitung, dass zur Diskussion stehe, den Inder Anshu Jain, der noch nicht einmal Deutsch spricht, zum Vorstandsvorsitzenden des Traditionsunternehmens Deutsche Bank zu ernennen. Das sei nicht gut für die Stimmung in diesem Land, erklärte mir mein Mann mal wieder am Frühstückstisch, dass ein Inder, der noch nicht einmal der deutschen Sprache mächtig ist, auch noch Anhänger des Jainismus (was auch immer das sein soll, würden die meisten in unserem christlich-abendländischen Land denken), das urdeutsche Unternehmen, eines der großen Symbole der deutschen Wirtschaft, repräsentiere. Die jährliche Bilanz-Pressekonferenz abhalte, sprich: in der *Tagesschau*, dem Symbol des deutschen Fernsehens, die Zahlen der Deutschen Bank auf Englisch vortrage und dabei synchronisiert werde; das würde dem Großteil der Bevölkerung nicht gefallen, erläuterte mir mein Mann.

(Des Öfteren versucht mir mein Mann zu erklären, wie »ein Großteil der Bevölkerung« hierzulande tickt, der Großteil, der mit dem Gedankengut meines Freundeskreises laut diesen Beschreibungen so gut wie gar nichts gemein hat, der Großteil, den ich nicht kenne oder nicht kennen will? Lange Zeit nannte ich ihn einen Schwarzseher, unterstellte ihm Pessimismus, empörte mich darüber, dass er mit seinen negativen Beschreibungen mein schönes – und ich werde an dieser Stelle das Wort »bunt« bewusst vermeiden – Deutschland hässlicher machte, als es in der Realität in meinem Kopf nun einmal war. Nachdem aber die Debatte um Thilo Sarrazins Thesen entbrannt war und ich Begeisterungsrufe aus jeder Ecke hörte und kaum Buh-Rufe, außer von engen Freunden, da widersprach ich etwas seltener, wenn mein Mann mir zu erklären versuchte, wie »ein Großteil der Bevölkerung« tickt.)

Jedenfalls wurde nun in den Medien und vor allen Dingen in der Deutschen Bank selbst diskutiert, ob der Inder Anshu Jain zum Vorstandsvorsitzenden dieses Traditionsunternehmens ernannt werden sollte, alleine oder als Teil einer Doppelspitze, eine Diskussion, die ich bis zum Punkt Sprachkenntnisse auch nachvollziehen konnte, denn ja, wer in diesem Land lebt, erst recht, wer einem traditionsreichen Unternehmen dieses Landes vorstehen will, wer mit dem Bundesfinanzministerium, also der Regierung dieses Landes, verhandelt, muss auch meiner Ansicht nach die Sprache dieses Landes – bis zu einem gewissen Punkt – beherrschen, selbst wenn in anderen Ländern ausländische Vorstandsmitglieder an der Spitze von Weltkonzernen nichts Ungewöhnliches sind. So weit, so gut und unbestritten, aber ich war mir, während ich die Medienkommentare zu diesem Thema verfolgte, unsicher, ob es in der Diskussion tatsächlich um die Sprachkenntnisse des aus fachlicher Sicht ausgezeichnet auf diese Stelle vorbereiteten Inders Anshu Jain ging oder um etwas anderes. Zum Beispiel darum: Dass DER INDER UNS DIE JOBS wegnehmen könnte. Und zwar genau so: Der Inder. Uns. Die Jobs.

Eine Angst, der ich unterstelle, dass sie sich nicht nur dann breitmacht, wenn es darum geht, den höchsten Posten in einem der größten, bekanntesten und prestigeträchtigsten Unternehmen dieses Landes zu besetzen, sondern sich tagtäglich einstellt. Wenn zum Beispiel im örtlichen Supermarkt der Job des Filialleiters frei wird. Und zur Disposition steht, dass Frau Giovanni, seit Jahren eine zuverlässige und beliebte Mitarbeiterin dieser Filiale, die Stelle bekommt. Denn Frau Giovanni ist zwar zuverlässig und beliebt, aber sie ist eben auch Frau Giovanni. Ist das diese Angst vor Überfremdung, von der in den medialen Diskussionen immer die Rede ist? Was genau ist Überfremdung? In meinem Kopf taucht neben Überfremdung immer der Begriff Überschwemmung auf, eine sehr subjektive und unbegründete Assoziation, der ebenso subjektive, unbegründete und absurde Bilder folgen: Deutschland, seine Wiesen, seine Berge, seine Wälder und seine Städte, seine Flüsse sowie Ost-, Nordsee und Alpen sind nicht mehr zu sehen, als solche zu erkennen, weil sie überschwemmt wurden von Türken und Italienern und Russen und Arabern im Allgemeinen und ein paar Afrikanern noch dazu, wie ein Tsunami haben diese Menschen Deutschland überschwemmt und ja, man könnte sagen, in seiner Ursprungsbedeutung vernichtet. An jedem Landhaus-Holzstammtisch ein Wasserpfeife rauchender Türke. Sonntag, 20.15, auf der Mattscheibe dieses Landes: Al-Dschasira. Jeder Gartenzwerg trägt ein Kopftuch. Absurd und vereinfacht, diese Bilder, aber wenn es um die nicht geht, worum geht es denn dann bei Überfremdung, was soll das überhaupt sein? Wo fängt sie an, ab wann empfindet man einen fremden Menschen als Gefahr? Wenn in einem Unternehmen ein Drittel der Arbeitnehmer nicht ursprungsdeutsch ist, ist die Überfremdung dann schon erfolgt, oder steht sie erst kurz bevor? Und woran erkennt man diese? Daran, dass ein Drittel der Arbeitnehmer in der Mittagspause statt einer Leberkässemmel einen Döner isst? Ach nein, das machen ja schon längst die nicht-vegetarischen neunzig Prozent der Mitarbeiter, denn Döner ist ja fast schon deutsch, nur eben türkisch, »mit ohne scharf«.

Fremd macht Angst, weil fremd – wie der Begriff schon sagt – fremd ist. Und fremd kann so gut nicht sein, denn fremd ist anders. Und anders, ja, vor anders hat man Angst. Man hat vor allem Angst vor vermeintlichen Parallelwelten, die einem fremd sein könnten und deren tatsächliche Existenz höchst fragwürdig ist. Aus geometrischer Sicht sind Parallelen Geraden, die in einer Ebene liegen und einander nicht schneiden; fraglich ist, ob dies auch Gültigkeit hat, wenn man die urdeutsche Bevölkerung als eine Linie ansieht, eine bestimmte Gruppe von Migranten als die andere. Dass sie sich gar nicht, an keiner Stelle berühren (allenfalls in der Unendlichkeit). Noch nicht einmal beim Drängeln um einen Platz im Bus, oder gilt das nicht als Berührungspunkt? Und wenn die Diskussion um Parallelwelten nicht so genau genommen werden kann wie eine mathematisch-geometrische und es eigentlich nur um die Symbolik geht: Wer legt denn fest, wie viele

Berührungspunkte die Parallelen haben müssen, damit die Kritik an den angeblich komplett abgeschotteten Parallelwelten ein Ende findet? Wie groß, wie ausführlich, wie ehrlich, wie herzlich müssen diese Berührungspunkte sein? Und möchten wir alle überhaupt miteinander in Berührung kommen? Müssen wir das möchten? Und gibt es nicht unzählige Gruppen innerhalb dieses Landes, die ganz unabhängig von ihrer Herkunft geschweige denn Nationalität in ihren – so müssten dann auch sie genannt werden – Parallelwelten leben und niemals miteinander in Berührung kommen? Die Bewohner der hippen Berliner WGs sind aus Sicht einer seit Generationen denselben Hof betreibenden Bauersfamilie im Frankenwald mit Sicherheit eine Parallelwelt. Aber ist das für einen von beiden ein Problem? Für das wir gar einen Integrationsgipfel bräuchten?

Die Polemik, die Fragen. Es ist ja nur wegen der Angst.

Parallelwelten von Migranten existieren nicht in dieser vollkommen abgekapselten Form, auch wenn die Konnotation des Begriffs das vermuten lässt. Sie existieren so, wie beispielsweise auch die Parallelwelten von evangelischen und katholischen Christen in diesem Land schon lange nebeneinanderher existieren. Auf dieselbe Weise, in der sich Menschen, die etwas miteinander verbindet, nun einmal zusammenfinden. Das ist eine Form des Zusammenlebens, die zu jeder Gesellschaft gehört. Man muss sich nur an seine Schulzeit erinnern, daran, dass die Latein liebenden Streber in der Klasse mit den coolen, Skateboard fahrenden Schönlingen nichts miteinander zu tun hatten, sich meist noch nicht einmal grüßten, obwohl man in dieselbe Klasse ging. Parallelwelten innerhalb einer Klassengemeinschaft, das haben alle Schulen, alle Schüler, alle Klassen überlebt.

Der Vermieter unserer ersten gemeinsamen Wohnung sah

aus wie ein Bayer, wie er im Buche steht, und war es auch. Zwirbelbart, ein Deutsch, das schwerlich als solches zu bezeichnen war, also sagen wir ein Bayerisch, das entfernt ans Hochdeutsche erinnerte, CSU-Aufkleber am Auto und im Keller ein »Stüberl«, das wir für Partys hätten mieten können, »ein ganz besonderes Schmankerl«. Die Stube ließ mich mit ihren blau-weißen Tischdecken auf den mit Schnitzereien versehenen Landhaus-Holztischen und dem spärlichen Licht, das durch die Fenster fiel, die beinahe an der Decke begannen, frei-assoziativ und wieder ganz subjektiv an Hitler denken, der mit seinen Kumpanen heimlich in diesem Keller die Machtübernahme plante, was so natürlich nicht stimmte, weil das Haus damals noch nicht stand. Der bayerische Vermieter jedenfalls erzählte uns bei der Wohnungsbesichtigung, dass unser Vormieter hauptsächlich »in der Türkei und so anderen Ländern arbeitet, wo unsereins noch nicht einmal Urlaub machen möchte«, und ich biss mir im nicht-übertragenen Sinne auf die Zunge und verkniff mir den Satz »Wieso, ich würde dort gerne Urlaub machen!«, weil ich die Wohnung unbedingt haben wollte. Und später, als er mit ebendiesem Vormieter in einem dieser Länder, »in denen unsereins noch nicht einmal Urlaub machen möchte«, wegen der Küchenablöse telefonierte, wünschte er ihm tatsächlich am Ende des Telefonats »mit den Andersartigen« viel Glück. Ich saß auf der Sofakante, bereit aufzuspringen, obwohl ich sitzen blieb, und fragte mich, ob mein Mann, der zum Glück das erste Telefonat mit dem Vermieter geführt hatte, er, der sich mit seinem deutschen Nachnamen melden konnte, nicht ich, die Gorelik, erwähnt hatte, woher ich ursprünglich komme. Oder würde der deutsche Pass den Namen wieder wettmachen? Staatsbürgerschaft gegen Herkunft?

Wir zogen für die nächsten zwei Jahre bei ihm ein.

Woher, wovor die Angst – vor den Andersartigen in der Türkei? Vor der Andersartigkeit der Türken? Was können sie uns tun? Nehmen sie uns etwas weg? Was nehmen sie einem dort, in ihren Ländern, »in denen unsereins noch nicht einmal Urlaub machen möchte«, weg? Die Kamera? Meine wurde auf dem Münchner Marienplatz geklaut.

Nehmen Kinder einem etwas weg, unschuldige Kinder? Wovor hatten die Eltern Angst, die in Hamburg beim Volksentscheid um die Schulreform 2010 in die Wahlkabinen strömten, um dafür zu votieren, dass nicht alle Kinder möglichst lange dieselben Chancen erhalten sollten? Wollten sie ihre eigenen Sprösslinge von den anderen, den Migranten aus bildungsfernen Familien, trennen? Wovor wollten sie ihre Kinder bewahren? Vor andersartigen Kindern? Die was tun könnten? Den Kindern – Kindern, wohlgemerkt, spielenden, lernenden, streitenden, lachenden, süßen Kindern – die Jobs wegnehmen? Später einmal? Oder jetzt schon eine gute Note? Hatten sie Angst, dass ihre Kinder überfremdet würden? Inwiefern? Dass sie plötzlich nachhause kämen und Türkisch statt Deutsch sprächen? Oder Deutsch-Türkisch? Vor dieser Art der Überfremdung hatten sie Angst?

Ich stelle diese Fragen, weil ich es wirklich nicht verstehe.

Je höher das Einkommen der Abstimmenden, desto höher die Wahlbeteiligung, las ich am Montag nach dieser meiner Meinung nach verheerenden und wegweisenden Volksabstimmung in den Wahlanalysen. Je höher das Einkommen, desto höher die Bildung, das kennt man ja aus Deutschland. Bildung schützt aber nicht vor der Angst vor Überfremdung. Das ist nicht nur erschreckend im Hinblick auf das, was Bildung bei uns wohl bedeutet, sondern auch peinlich.

Mir zumindest.

Und wann verschwindet die Angst? Was muss man tun,

wie weit muss man gehen? Wann traut man einem, wann ist die Gefahr gebannt? Konkret gefragt: Die Hamburger Eltern, die ihren Nachwuchs vor der Überfremdung durch Migrantenkinder (hier habe ich noch eine subjektive, unzensierte Assoziation aus meinem Kopf, kommentarlos, im Angebot: Zigeunerkinder) schützen wollten, hätten sie sie auch vor meinen Kindern schützen wollen? Die mit mir und den Großeltern Russisch sprechen, die russische Kinderlieder kennen und singen und russische Sauerampfersuppe lieben? Oder hätte ihr deutscher Nachname sowie der Deutsch sprechende Vater dies wettgemacht? Ich würde meine Kinder gerne vor dem Nachwuchs der Eltern, die ihren Kleinen solche Gedanken einpflanzen, schützen, aber das geht ja nicht.

Was kann, muss man tun? Deutsch zu beherrschen reicht ja offensichtlich nicht, sonst müsste meine Freundin nicht das Gefühl haben, ihren »ic«-Nachnamen am Telefon verschweigen zu müssen. Sich zum Land bekennen, aber wie? Sich ein Schild um den Hals hängen, auf dem steht »Ich bekenne mich zu Deutschland!«? Bei Fußballspielern der deutschen Nationalmannschaft scheint es zum Beispiel von der Frage abzuhängen, ob sie die deutsche Nationalhymne vor einem Länderspiel mitsingen oder nicht. Warum? Was sagt es aus? Über sie, über uns, die wir das beobachten oder, schlimmer noch, über unser Land? Ich habe versucht, dieses Phänomen in internationalen Medien wiederzufinden, aber weder die Franzosen noch die Amerikaner scheint die Frage zu quälen, ob die »Migrations«-Fußballer ihrer Nationalmannschaften die Landeshymne singen oder nicht. Uns hingegen hat, der Berichterstattung nach zu urteilen, die Frage, ob Podolski, Khedira und Özil nun mitsingen (werden) oder sich verweigern, man beachte die Wortwahl, kaum weniger beschäftigt als die nach ihren Spielfähigkeiten. Dabei hat eine EMNID-Umfrage bereits 2009 ergeben, dass noch nicht einmal jeder zweite Deutsche den Text der Nationalhymne beherrscht. In meinem Bekanntenkreis gibt es übrigens den einen oder anderen »Ultralinken« mit urdeutschen Wurzeln, urdeutschem Namen und urdeutschen Vorfahren, die niemals und unter gar keinen Umständen die deutsche Nationalhymne anstimmen würden, weil sie den deutschen Staat als Rechtsstaat in Frage stellen, sich dafür schämen, Deutsche zu sein, und dabei mit Argumenten um sich werfen, die außerhalb der »ultralinken« Kreise kaum jemand nachvollziehen kann. Warum machen diese Menschen der großen Mehrheit weniger Angst als diejenigen, die nun einmal in ihrer Kindheit eine andere Nationalhymne hörten und denen die deutsche deshalb fremd ist?

Die Angst lebt übrigens auf beiden Seiten, das muss man so deutlich sagen, auch wenn ich diese Form der Zweiteilung nicht mag. Aber Angst ist nun einmal meist die Angst vor etwas Fremdem, vor etwas, das (angeblich) anders ist, und damit vor einer anderen Seite. Auch als fremd abgestempelte Migranten haben Angst. Angst zum Beispiel davor, ihr eigenes Ich, ihre Herkunft, ihre Sitten und Gebräuche abgeben zu müssen. Abgeben im Sinne von: Meine Briefmarkensammlung musste ich in der Heimat zurücklassen, die Muscheln, die ich als Kind mit dem Großvater sammelte, den schönen, alten Esstisch, an dem all meine Kinder ihren ersten Brei gelöffelt haben, nun muss ich auch noch meine Identität abgeben. Meine Kultur, meine Bräuche, meine Muttersprache (immerhin enthält der Begriff das Wort Mutter!), mein früheres Ich. Ich muss jetzt deutsch werden, mich assimilieren, das, was ich kenne, aufgeben, um hier willkommen zu sein, und das ist ein Gedanke, der nicht nur Angst einflößend ist, sondern auch in gewisser Weise menschenverachtend. Dass man sein Selbst, sein Ich, all jenes, was man in den vielen (oder auch nicht so vielen) Jahren seines Lebens aus Erfahrungen, Gerüchen, Traditionen, Eigenheiten, Charaktereigenschaften in sich gesammelt hat, was einen selbst letztendlich ausmacht, zu dem formt, der man ist, wenn man in den Spiegel blickt, abgeben muss. Dass all das keinerlei Respekt verdient, so wertlos ist, dass man es gedankenlos hinter sich lassen kann. Um jemand Neues – also ein Deutscher – zu werden. Ist das nicht absurd? Ist das nicht ein Science-Fiction-Film aus Hollywood, in dem es um in dreißig Jahren produzierte, perfekte Menschen geht, und wer nicht passt, wird aussortiert? Ein Science-Fiction-Film, den man schaut, weil er spannend ist und unterhaltsam, nicht realistisch?

Ich habe keine Angst vor dem Deutschsein, in welcher Form auch immer. Ich habe nun beinahe zwei Drittel meines Lebens hier verbracht, mein Deutsch ist weitaus besser als meine Muttersprache, bei Besuchen in Russland finde ich mich nicht immer zurecht, weil ich mit den deutschen Benimm-Codes, die ich mitbringe, immer wieder an Mauern und meine Grenzen stoße, wenn ich zum Beispiel zur Begrüßung förmlich die Hand gebe, anstatt die Menschen stürmisch zu umarmen. Und ich kann sagen: Dieser Gedanke macht mir Angst. Dass ich die – für mich umso bedeutenderen, weil inzwischen so kleinen – Reste meines russischen Ichs, die Kinderlieder, den Geschmack pappsüßer Geburtstagstorten auf der Zunge, den emotionalen Drang, Menschen zu sagen, was sie mir bedeuten, meine Sehnsucht nach Birkengeruch abgeben muss, um deutsch zu sein. Deutsch zu sein? Will ich das? Kann ich nicht deutsch-russisch sein oder russisch-deutsch oder sonst irgendeine Mischung sein? Also noch einmal umformuliert: Dass ich die Reste meines russischen Ichs abgeben muss, um mich in Deutschland zuhause zu fühlen.

Das macht nicht nur Angst. Das ist etwas, und darüber muss ich nicht nachdenken, ein Preis, den zu zahlen ich nicht bereit wäre.

Manchmal machen mir – und ich maße mir jetzt mal an zu sagen: uns, die wir Migranten genannt werden – auch Angst: einfach nur die Fragen. Die Fragen, die vielleicht gutgemeint sind, vielleicht sogar von Interesse geleitet, das eine oder andere Mal auch sicherlich von einem geheuchelten Interesse, die uns aber im Grunde das Gefühl vermitteln: Nein, du gehörst hier nicht dazu. Das glaubst du nur. Fragen wie: »Na, fährst du im Sommer wieder nachhause?« Und man denkt sich, wieso nachhause, nachhause fahre ich in zwei Stunden oder auch gleich, nachdem ich die Biere bezahlt habe, die wir gerade zusammen trinken. Und: Wo willst du mich denn hinschicken, bitte? In ein Land, das ich kaum kenne, in dem ich mich häufiger fremd fühle als in jedem anderen Land der Welt, wohl, weil ich den Anspruch nicht loswerde, ich müsste mich da auch ein wenig heimisch fühlen.

Auch Sätze wie: »Sie sprechen aber gut Deutsch!« können weh tun. Ein Bekannter von mir, der in Deutschland geboren wurde und die Heimat seiner Eltern von zwei Besuchen sowie einem Bildband kannte, der im Haus seiner Eltern auf dem Couchtisch lag, nicht, weil sie die Bilder häufig anschauten, sondern meinten, in einem deutschen Bildungshaushalt hätten auf dem Couchtisch Bildbände zu liegen, antwortete auf diese Frage immer: »Sie aber auch!« Das klingt höchstwahrscheinlich nicht besonders freundlich und stößt die Fragenden bestimmt vor den Kopf, aber vor den Kopf gestoßen fühlt auch er sich, sagt er, immer und immer wieder, wenn die Menschen sein Zuhause, seine Heimat mit diesem einen Satz in Frage stellen. »Sie sprechen aber gut Deutsch!« Was soll ich denn sonst sprechen?

Schön ist auch: »Du bist doch nicht gemeint!« »Du bist doch nicht gemeint!« macht Angst, weil es deutlich macht, dass ich gemeint sein könnte. Es macht Angst, weil es daran erinnert, wie unsensible Lehrer gute Schüler nach vorne an die Tafel holten und sie der Klasse als »wenn man lernt wie Julia/ Tom/Daniel/Kathrin, dann schreibt man auch eine gute Note, und mit guten Noten stehen einem später alle Türen offen …« präsentierten; die »Streber«-Rufe in der großen Pause waren einem garantiert, auch das Gefühl der Traurigkeit und der Einsamkeit, wenn man sein Pausenbrot alleine, möglichst unsichtbar in eine Ecke verkrümelt, aß, der Streber und sein Brot. Aus einer Masse hervorgehoben zu werden, aus der man nicht hervorgehoben werden möchte, erst recht nicht in dieser herablassenden Art. »Du bist doch nicht gemeint!«, nach Tiraden über integrationsunwillige Ausländer im Allgemeinen, über die alte griechische Nachbarin, die seit 40 Jahren hier lebt und kein Deutsch spricht im Besonderen und schwarzdunkle Prognosen über ein islamistisches Deutschland weckt in mir den Wunsch, doch lieber gemeint zu sein. Nicht auf der falschen Seite gelandet zu sein.

Es ist nicht einfach. Fragen können unterschiedlich gemeint, unterschiedlich verstanden werden, und manchmal brauchen Fragen Übersetzer, nicht aufgrund der nicht vorhandenen gemeinsamen Sprache, sondern weil sie von vornherein mit Ängsten befrachtet sind.

Ich traf einen Tag zu spät auf einer Veranstaltung junger, interessierter, politisch und gesellschaftlich engagierter, beruflich erfolgreicher Menschen ein, die von einer Stiftung eingeladen worden waren, sich gemeinsam und interdisziplinär – interdisziplinär ist heute immer gut – Gedanken darüber zu machen, wie man Deutschland zu einem noch besseren Ort machen könnte. An dem Tag, den ich verpasst hatte, hatte man sich mit einem jungen, interessierten, politisch und gesellschaftlich engagierten, beruflich erfolgreichen Mann mit Migrationshintergrund getroffen. Als ich ankam, fragte ich, wie das Treffen war. Ich fragte eine »urdeutsche« Bekannte.

»Etwas unangenehm«, sagte sie. »Wir haben ihn zum Beispiel nach der politischen Situation in seiner Heimat gefragt, da hat er pikiert reagiert und nur gemeint, seine Heimat sei Berlin, Berlin gehe es ganz gut, wie wir sehen könnten, wenn wir aus dem Fenster schauten. Aber in einem Tonfall … Oder wir haben ihn gefragt, wo er seine Identität verwurzelt sähe, da hat er ähnlich patzig reagiert. Wir haben uns doch nur interessiert …«

Ich fragte dann einen Bekannten »mit Migrationshintergrund«, wie er das Treffen empfunden habe, nicht um eine andere Meinung zu hören, sondern um Small Talk zu machen.

»Etwas unangenehm«, sagte er. »Die meisten Teilnehmer haben die üblichen Fragen gestellt, kennen wir ja alles zur Genüge. Wo sein Zuhause sei, und als was er sich denn nun fühlen würde, nach der politischen Situation im Land, aus dem seine Eltern stammen. Und sie wollten überhaupt nicht verstehen, was ihn daran störte! Dass er einfach mal wieder abgestempelt wurde als der mit Migrationshintergrund.«

Ich verstand beide und wollte so gerne, dass sie sich auch gegenseitig verstehen. Die Be- und Überempfindlichkeiten, die Ängste auf beiden Seiten. Ich wollte meiner »urdeutschen« Bekannten, die nichts weiter als Interesse zeigte, so schätze ich sie ein, gerne sagen, dass ich das Verhalten des Gesprächspartners unangemessen fand, dass es unfair sei, auf Interesse so übersensibel zu reagieren. Und gleichzeitig auch antworten: Ihr habt euch getroffen, um über die politische Situation in Deutschland heute zu diskutieren. Warum fragt ihr ihn nach seiner angeblichen Heimat? Warum unterstellt ihr ihm, seine

Heimat sei nicht Deutschland, über dessen politische Gegenwart und Zukunft er sich trotz eines vollen Terminkalenders mit euch zu diskutieren die Zeit genommen hat? Warum reduziert ihr ihn auf die eine Tatsache, dass seine Eltern nicht hier geboren sind? Ich bin als russisch-jüdische Deutsche, wie ich manchmal bezeichnet werde, an der EU- oder USA-Politik nicht weniger interessiert als an Putins Machenschaften und dem Siedlungsproblem im Westjordanland, stell dir das mal vor! Meinen anderen Bekannten wollte ich ebenso gerne zurechtweisen, ihm Empfindlichkeit und Übersensibilität vorwerfen, ihm sagen, dass diese Art von Interesse doch nachvollziehbar sei. Ich wollte gerne aus dem Deutschen ins Deutsche übersetzen.

Angst machen weiterhin Diskussionen. Begrifflichkeiten, Assoziationen, die in diesen auftauchen. Auch die letzte um Thilo Sarrazins Buch, ob ihrer Heftigkeit, ob ihrer Auswirkungen, ob ihrer Allgegenwärtigkeit in allen Milieus und Schichten, ob ihres Wandels von: Sarrazins Äußerungen sind »nur verletzend« zu »Multikulti ist gescheitert« aus dem Munde derselben bundesdeutschen Kanzlerin. Ob der Wortwahl dieser gesamten Debatte. Die mich an den Geschichtsunterricht erinnerte, in dem wir lernten, Jahr für Jahr wiederholten, wie der Antisemitismus, damals in der Schule meist noch Judenhass genannt, sich auf solch verheerende Weise ausbreiten konnte, wo der Nationalsozialismus seine Wurzeln hatte, warum er so viele Anhänger fand. Zum Beispiel, wenn die Diskussion, ob muslimische Schülerinnen und Schüler am gemischten Sport-, Schwimm- oder Sexualkundeunterricht teilnehmen müssen, einen unwillkürlich an die Diskussion aus den zwanziger Jahren denken lässt, ob jüdische Schüler am Samstag den Schulunterricht besuchen müssen oder aufgrund ihrer Religion, in der der Samstag als Schabbat heilig ist, zuhause bleiben dürften. Dürfen sie nicht, später kommen sie ins KZ. Solche Gedanken machen Angst. Genauso wie die alte Dame, die aus dem Bus aussteigt, während gleichzeitig zwei Jugendliche mit, wie sagt man das politisch korrekt, leicht ausländischem (?) Aussehen einsteigen wollen. Sie wollen nicht drängeln, sie haben die alte Dame nicht rechtzeitig gesehen, weil sie den Busausgang ein paar Sekunden nach allen anderen Fahrgästen erreicht hat. Sie raunzt die Jugendlichen an: »Erst aussteigen lassen, dann einsteigen!« und fügt hinzu: »So macht man das bei uns in Deutschland.«

Und wenn dann jemand mal wieder sagt: »Du bist doch nicht gemeint!«? Dann hat er oder sie recht. Ich doch nicht. Ich bin doch Jüdin, also Teil der großen deutsch-jüdischen Tradition, auf der dieses Land basiert, wie man jüngst immer häufiger hört. Diesmal bin ich nicht gemeint, diesmal sind die Muslime gemeint, ich bin aus dem Schneider. Die Angst aber, sie bleibt.

Es ist ein ganz klein wenig die Angst, dass ich eines Tages – wieder – gemeint sein könnte. Es ist vor allem aber die Angst, meine Kinder in einem Land aufwachsen zu lassen, in dem Gedanken dieser Art mehrheitsfähig sein könnten. Liebe Kinder, was habt ihr heute in der Schule gelernt? Die Muslime, die sind böse, die haben eine andere Religion.

Angst machen außerdem Nachrichten, wie die um die so genannten Döner-Morde. Dass diese Nachrichten zum Beispiel diesen Begriff – Döner-Morde – verwenden, ohne in Frage zu stellen, dass dieser verharmlost, weil nicht Döner, sondern Menschen ermordet wurden, dass der Begriff die Opfer gleichzeitig ausbürgert, sie zu Fremden macht. Angst macht, dass man Kleinunternehmern mit ausländischen Wurzeln pauschal unterstellt hat, Verbindungen zur Mafia zu haben. Dass man Jahre später – überrascht (warum überrascht?) – feststellt, dass die Kleinunternehmer nur aus einem Grund ermordet wurden: Weil sie eben ausländische Wurzeln hatten. Dass die Mörder wohl keinerlei Probleme hatten, Freunde zu finden. Dass die Ermittler lange Zeit keinen Grund sahen, weiter in diese Richtung zu ermitteln. Dass diese rechtsextreme Bewegung wohl weit verbreiteter ist, als man im – zumindest meinem Münchnerischen – Alltag ahnt. Ein wenig über die Angst hinweg hilft, dass diese makabre Wortwahl auffällt und der Begriff »Döner-Morde« immerhin zum Unwort des Jahres 2011 gekürt wurde.

Ob diese Ängste – auf dieser ebenso wie auf der anderen Seite – (und schon wieder spreche ich von Seiten. Warum?) berechtigt sind oder nicht, lässt sich nur herausfinden, wenn man miteinander redet. Einander fragt: »Ich habe da so eine Angst. Ist es berechtigt zu denken …?«

Zu Besuch bei einer
Integrationsverweigerin

Die Parallelwelt, in der Integrationsverweigerer leben, befindet sich – wie könnte es anders sein –, in einem Hochhaus. Das Hochhaus wiederum steht in einer großen Siedlung, in der die Häuser alle in bunten Pastellfarben gestrichen sind, dazwischen Spielplätze, kleine Grünflächen, große Parkplätze. Das Ganze soll freundlich wirken, die bunten Farben sollen zum Ausdruck bringen, es ist nicht so schlimm, wie man denkt, hier spielen Kinder und leben Menschen, es soll – während es in Wirklichkeit trostlos wirkt, trostlos und öde, auch wenn die Sonne scheint und der Himmel an diesem Tag blau ist. Die Namen auf den Klingelschildern sind genau zur Hälfte Deutsch und zur Hälfte nicht, und einer der Letzteren gehört zur Familie K., die im Erdgeschoss lebt, im Erdgeschoss und – insbesondere die Frau – in einer Parallelwelt der Integrationsverweigerer.

Sagt wer? Sagt der Mann, der mich mit dieser Familie zusammengebracht hat, der häufig versucht hat, ihr zu helfen, zum Beispiel viel Zeit damit verbracht hat, nach einem Deutsch-Kurs für die Frau zu suchen, noch länger damit, eine Finanzierung für diesen aufzutreiben, weil die Familie nicht dazu bereit war, ihn zu bezahlen, vielleicht auch kein Geld dazu hatte. Beides klappte, die Frau ging jedoch kein einziges Mal hin.

Sagt übrigens auch die Familie selbst. Sie kennen den Begriff »Parallelwelt« nicht, natürlich nicht, aber sie sprechen von ihrer eigenen Welt, in der sie leben, sie fühlen sich wohl darin.

Ihre Welt in Form ihrer Wohnung ist blitzblank poliert, dass hier vier Kinder im Alter zwischen acht Monaten und elf Jahren leben, ist schwer vorzustellen. Im Wohnzimmer eine überdimensionierte schwarze Ledercouch, ein Aquarium, ein Schaukelpferd, das wiehern kann, im Vitrinenschrank ein Flachbildfernseher, der in meiner Anwesenheit ununterbrochen läuft und Al-Dschasira zeigt, sowie eine kitschige digitale Standuhr in Form einer Moschee. An den Wänden golden gerahmte Segenssprüche auf Arabisch. Segenssprüche? Woher weiß ich, dass es keine West-feindlichen Koranzitate sind, die den Dschihad rechtfertigen? Ich weiß es nicht.

Der Hausherr sagt »Frau kommt« zur Begrüßung und verschwindet dann für die nächsten zwanzig Minuten spurlos. Der Hausherr, den ich im Vorfeld fragen musste, ob ich mit seiner Frau sprechen darf. Ich werde inzwischen wunderbar von einer der Töchter unterhalten, die Deutsch spricht, weil sie hier zur Schule geht, und mir später helfen wird, mit ihren Eltern zu kommunizieren. Es waren die Kinder, die mir die Haustür aufgemacht hatten, und als ich wissen wollte, ob ihre Eltern denn da seien, hatte die kleine Schwester die Frage folgendermaßen an den Bruder weitergegeben: »Ist Papa da?«, als zähle die Mutter nicht. Die Tochter der Familie, die am besten Deutsch spricht, und ich unterhalten uns über Tiere, ich lasse mir die Fische zeigen und erzähle ihr von meinem Hund.

Wie aus der Pistole geschossen antwortet die Achtjährige: »Wir Muslime dürfen keinen Hund haben. Hunde sind unreine Tiere, sie können nicht ins Haus. Lebt dein Hund im Garten?« Und schon habe ich innerhalb von Minuten etwas über die muslimische Religion gelernt, auch über die Parallelwelt der Integrationsverweigerer, in der Hunde nicht willkommen sind.

Familie K. kam vor vier Jahren und acht Monaten aus Palästina nach Deutschland, zwei ihrer Kinder sind hier zur Welt gekommen, bis heute kann die Frau des Hauses kein einziges Wort Deutsch. Das ist keine schriftstellerische Übertreibung, die Frau spricht wirklich nicht ein Wort Deutsch. Sie will es nicht sprechen; man kann auch sagen: Sie weigert sich, es zu sprechen. Sie betritt das Wohnzimmer in einem schwarzen Gewand und Kopftuch, sie lächelt schüchtern, aber sehr freundlich, sie sagt kein Wort. Ich stelle Fragen, es antwortet der Mann. Er antwortet einsilbig, und ich bin mir nicht sicher, ob das an unseren sprachlichen Verständigungsschwierigkeiten, an der Struktur der arabischen Sprache, die ich nicht kenne, an meinen Fragen oder an seinem Desinteresse liegt. Will ich etwas von der Frau wissen, schaut sie zu Boden, wenn sie antwortet, während der Mann sie anschaut, abwartend und prüfend. Ihre Antworten fallen noch kürzer aus als die ihres Mannes, was ich nicht für möglich gehalten hätte. Warum sie in Deutschland leben? Der Kinder wegen. Wie es ihnen in Deutschland gefällt? Okay. Wie es mit der deutschen Sprache stehe? Schlecht, schwere Sprache. Interesse daran, sie zu lernen? Nein. Keine Zeit. Und wozu? Diese letzte Frage richtet sich an mich.

Irgendwann zwischen den Fragen legt die Frau ihr Kopftuch ab, und zum Vorschein kommen lange, wunderschöne, dunkelrote Locken, die sie einmal schüttelt, und sie lächelt mich wieder schüchtern an, und man kann sich gut vorstellen, dass diese Frau mit den langen, außergewöhnlichen Haaren und den dunklen Augen das andere Geschlecht anzieht, was das Kopftuch laut der muslimischen Religion ja gerade verhindern soll. Diese Frau lebt in ihrer eigenen Welt, nicht in Deutschland. Es ist keine palästinensische Parallelwelt, auch keine muslimische, in der sie andere Islamisten trifft, um mit ihnen den Untergang des Westens zu planen. Es ist die ihre. Sie kümmert sich um ihre Kinder, die Größeren bringt sie zur Schule und hofft, dass die Lehrer sie nicht ansprechen werden, weil sie sie nicht verstehen würde. Sie geht ungern zum Arzt, aus demselben Grund. Sie kauft ein, sie kocht, manchmal geht sie mit den Kleineren auf den Spielplatz, sie sorgt dafür, dass die Wohnung so blitzblank aussieht, wie sie es tut, und manchmal spricht sie per Skype mit ihrer riesengroßen Familie in Palästina. Mit Menschen in Deutschland spricht sie nicht, weder mit den Deutschen noch mit anderen Zuwanderern. »Keine Freunde.« Sie sieht nicht unglücklich aus, wenn sie das sagt, auf Arabisch, versteht sich. Es ist ihre Welt. Die Kinder sitzen auf dem Boden und essen Süßkram, und als eines der Mädchen einen Teil der Verpackung, mit der sie gespielt hat, auf den Boden fallen lässt, sagt die Mutter nur ein kurzes Wort, und das Kind steht gehorsam auf, sammelt den Müll ein, bringt ihn weg, und das Zimmer ist wieder blitzblank.

Der Mann sagt, man wechsele das Land, aber nicht die Religion, ihm sei wichtig, dass die Kinder in der muslimischen Tradition aufwüchsen. Er sagt, die Deutschen sprächen zu schnell, sie seien zu schnell. Er arbeitet, mal hier, mal dort, worüber er nicht sprechen möchte, er sagt, sie leben gut. Den Eindruck habe ich auch, es ist nicht meine Art zu leben, auch nicht die der Menschen, die ich kenne, für sich genommen aber sind sie eine stabile Familie, die in ihrer eigenen Welt, in ihrem Alltag, in ihren Strukturen gut zurechtkommt. Zum Abschied bietet man mir Wasser an. Zum Abschied, weil es sich ihrem Brauch nach so gehört; die deutsche Gepflogenheit, gleich zu Beginn eines Besuchs ein Getränk anzubieten, ist in ihren Augen eine Geste der Unhöflichkeit, so als wollten die Gastgeber sagen: »Gehst du bitte gleich wieder?« Auch darin unterscheiden sich unsere Welten.

Als ich gehe, nachdem ich mein Wasser getrunken habe, bedanke ich mich bei der Frau, und sie schaut zu ihrer Tochter und fragt diese etwas. Das Mädchen sagt »bitte« auf Deutsch, und die Mutter wiederholt es schüchtern, lächelnd und ein wenig stolz: »Bitte.«

Dann stehe ich draußen in der grellen Sonne und muss erst einmal wieder ankommen in dieser Welt. Ich schaue zum Spielplatz, Kinder auf dem Klettergerüst, es hätten die Kinder der Familie K. sein können, sie sprechen alle Deutsch miteinander. Neben den Sandkästen bei den kleineren Kindern Mütter, Mütter in Hijabs, die nicht miteinander reden. Ein Auge auf ihre Kinder, manchmal diese ermahnend, worauf die Kinder sofort brav reagieren, wie meine es nie tun. Die Mütter sitzen auf der Bank, sonst nichts.

Integrationsverweigerer, ein fragwürdiger Begriff. Und die Realität? Frau K. möchte kein Deutsch lernen, sie möchte keine Menschen in diesem Land kennenlernen, sie möchte einfach nur in ihrer eigenen Welt leben, ohne zu stören, aber auch ohne gestört zu werden. Dass diese sich in einem Land namens Deutschland befindet, ist ihr mehr oder weniger egal, solange die Kinder sicher sind, solange es nicht so gefährlich für sie ist wie in Palästina. Integration? Sie entscheidet sich nicht explizit dagegen, sie denkt einfach nicht darüber nach, weil sie in ihrer eigenen Welt ihr eigenes Leben lebt, mit dem sie zufrieden ist. Sie hat nichts gegen Deutschland, sie hat aber auch nichts dafür übrig. Sie gehört zwar nicht zu den berühmt-berüchtigten kurdisch-libanesischen Clans in Berlin-Neukölln, Integrationsverweigerung nennt man das trotzdem.

Sie ist nicht die Einzige, der es so geht. Es leben viele Menschen in diesem Land, die dies nicht wirklich tun. Die ihr altes Leben, so gut es ging, nach Deutschland herübertransportiert haben, darauf bedacht, dass nichts zerbricht, auseinanderfällt – wobei damit nicht Möbel, nicht konkrete Gegenstände gemeint sind, sondern umso mehr Bräuche, Traditionen, der Alltag, die Religion, die Lebensart an sich. Die ihr altes Leben einfach aus Palästina, der Türkei, Russland oder dem Libanon nach beispielsweise Berlin-Neukölln, München-Hasenbergl, Köln-Kalk, Hamburg-Billstedt verpflanzt haben. Die ihr Leben hier weiterleben, so als wären sie noch dort, nur dass die Umgebung jetzt eine andere, die politische Situation ungefährlicher und stabiler, die wirtschaftliche unproblematischer ist. Sie kapseln sich ab, vielleicht nicht vordergründig, um sich abzukapseln, sondern einfach, weil ihr Leben, an dem sie so sehr festhalten, so anders ist, dass es sich nur in dieser Kapsel leben lässt.

Und das geht nicht. Da sind die Sarrazins dieses Landes und ich uns ausnahmsweise sogar einig.

Nein, die meisten Menschen mit Migrationshintergrund leben nicht in einer solchen Kapsel, auch nicht die meisten Muslime oder Araber oder das Gros irgendeiner anderen ethnischen Gruppe, die man gerade zum Sündenbock auserkoren hat. Ich kenne hochgebildete Russen und Ukrainer, die von sich offen und ohne jegliche Scham sagen würden, dass Deutschland sie nicht interessiert, die zu russischsprachigen Ärzten gehen, russischsprachiges Fernsehen schauen, russischsprachige Zeitungen und Bücher lesen, nicht wissen, wer unser Bundespräsident ist, wahrscheinlich noch nicht einmal, dass es einen gibt. Es auch nicht wissen wollen. Es sind nicht immer die Muslime.

Dass dieses Verhalten nicht in Ordnung ist, sollte sich von selbst verstehen.

Wer in diesem Land lebt, muss ein gewisses Fünkchen Interesse daran mitbringen. Eine Bereitschaft, es samt seiner Menschen kennenzulernen. Und wenn es auf der kulinarischen Ebene beginnt: einfach mal Grünkohl probieren (es muss ja nicht der Schweinsbraten sein). Wer in diesem Land lebt, der muss sich in erster Linie im Klaren darüber sein, dass er es tut. So banal ist das. Man muss sich im Klaren darüber sein, dass man nicht mehr im Land seiner Herkunft lebt, sondern in einem Land mit anderen Bräuchen, anderen Sitten, einer anderen Sprache, einer anderen Kultur. Und dafür muss man in seinem Gepäck Interesse mitbringen. Man muss nicht seine alte Kultur gegen diese neue eintauschen, so wie man eine Winter- gegen eine Sommerjacke tauscht. Man muss sie noch nicht einmal mögen. Man muss aber dazu bereit sein, sie kennenzulernen und zu akzeptieren, dass es Lebensweisen abseits der eigenen gibt. Das wiederum funktioniert nur, wenn beide Seiten so denken. Das Interesse, die Akzeptanz des jeweils Anderen, Fremden, die Bereitschaft, anderen Mentalitäten zu begegnen. Dies alles ist Pflicht für jene, die in diesem Land leben wollen.

So genannte Parallelwelten werden meist mit Wohnghettos in Zusammenhang gebracht, auch damit gleichgesetzt. Eine Stadt, die Politiker, die sie regieren, können einer solchen Ghettobildung entgegenwirken. München zum Beispiel, das mit 23,4 Prozent rein statistisch einen höheren Ausländeranteil hat als Berlin, sogar als Berlin-Neukölln, hat im Vergleich zu anderen Städten weitgehend erfolgreich verhindert, dass richtige Ghettos entstanden sind. Das hat natürlich auch mit München als Stadt zu tun, damit, dass sie als wirtschaftlicher Anziehungspunkt viele hochgebildete, leistungsorientierte Zuwanderer anlockt. Es hat aber auch damit zu tun, dass man darauf geachtet hat, dass der Wohnungsmarkt in den Stadtteilen, die sich der Gefahr einer möglichen Ghettoisierung ausgesetzt sahen, zu je gleichen Teilen aus frei finanzierten Mietwohnungen, Eigentumswohnungen sowie aus sozialem Wohnungsbau bestehen. Neben solchen politischen Maßnahmen sind aber auch die so genannten Ghettobewohner selbst in der Pflicht, sich – auf einer emotionalen, auf einer lebensnahen Ebene – zu öffnen.

Indem sie ihre Häuser, ihre Herzen, ihr Leben ihnen fremden Menschen – den Deutschen – öffnen.

Sich zu öffnen kann für den Einzelnen leichter sein, als man denken mag. Am einfachsten kann es durch Kinder geschehen, die Kindergärten oder Schulen besuchen und dort mit deutschen Kinderliedern, Bräuchen, Festen etc. konfrontiert werden. Bringt man dem, was die eigenen Kinder und Enkelkinder erleben und leben, ein Interesse entgegen, bringt man zwangsweise auch Deutschland ein Interesse entgegen und lernt es ein bisschen kennen. Das, was man kennenlernt, muss man nicht als Leitkultur übernehmen, man muss nicht die eigene dagegen austauschen. Man muss aber bereit sein, hier Erfahrungen zu machen, neugierig zu sein auf die Menschen, mit denen, neben denen man lebt. Das kann auch eine Herausforderung sein, weil Kinder nun einmal nicht nur Kinderlieder und selbst gebastelte Laternen mit nachhause bringen, sondern auch Wünsche, Forderungen, die möglicherweise dem widersprechen, was ihre Familien ihr ganzes Leben lang gelebt haben. Dem zu begegnen, erfordert einen gewissen Lernprozess seitens der Eltern, auf den sie sich aber einlassen müssen, schließlich haben die Eltern die Auswanderung häufig auch um ihrer Kinder willen gewagt. In der Auseinandersetzung mit den eigenen Kindern und deren Wünschen, Erlebnissen, deren Selbstfindung in Deutschland, zwischen der Kultur des Elternhauses und der der Außenwelt, wie sie sie zum Beispiel in der Schule kennenlernen, können die Migranten-Eltern selbst lernen, sich in einem neuen Lebenskonstrukt zurechtzufinden. Indem sie versuchen, ihr mitgebrachtes

Leben mit dem Leben in diesem Land zu vereinen. Das bedeutet nicht, dass ein Vater, der von seinen Töchtern traditionellerweise erwartet, dass sie sich nur komplett bedeckt in die Öffentlichkeit begeben, nun plötzlich Geld für freizügige Bikinis spendieren muss. Es bedeutet aber, dass er seinen Töchtern, wenn sie dies denn wollen, einen Weg ermöglichen muss, Teil dieses neuen Lebens zu sein – also zum Beispiel Freunde außerhalb der Schule zu treffen. Dieser Lernprozess und das Finden von Kompromissen, sich überhaupt erst einmal die Notwendigkeit einzugestehen, dass man nicht komplett an Deutschland vorbeileben kann, ist unabdingbar.

Dass damit eine Akzeptanz des Grundgesetzes als der Grundlage unseres Zusammenlebens einhergeht, ist selbstverständlich, es ist die Basis, die unsere Demokratie zusammenhält.

Integrationsverweigerer, ein fragwürdiger Begriff. Vor allem deshalb, weil er in seiner Verwendung zu viele pauschal mit einschließt, zu einem Synonym für Probleme jeglicher Art geworden ist – angefangen bei mangelnden Sprachkenntnissen über schlechte Bildung bis hin zum Aussehen. So fragwürdig ich den Begriff oft finde – wer in diesem Land leben möchte, darf sich dem Land nicht verweigern. Darf sein Interesse, seine Anteilnahme, seine Offenheit den Menschen hierzulande nicht verweigern. Die Bereitschaft, aufeinander zuzugehen, muss eine beiderseitige sein, sie ist dennoch von denjenigen, die hier ankommen, in einem besonderen Maße einzufordern, sie ist sozusagen Voraussetzung für ein Leben hier.

Ein erfolgreiches Zusammenleben zwischen einzelnen Menschen, aber auch zwischen verschiedenen ethnischen oder religiösen Gruppen basiert nicht darauf, dass alle immer dieselbe Meinung haben, dieselben Bräuche pflegen, denselben Alltag leben. Aber es basiert auf Respekt und Interesse aneinander. So wie man es oft auf privater Ebene lebt: Wenn mein Mann Musik macht, muss ich mit meiner absoluten Unmusikalität nicht mitmachen. Aber ich muss ihm den Freiraum dafür gewähren. Wenn ich mit meinen Freundinnen zum hundertsten Mal eine »Frauenserie« auf DVD anschaue, dann kann er sich liebevoll darüber lustig machen, er muss sich auch nicht dazusetzen, aber er muss akzeptieren, dass wir an diesem Abend das Wohnzimmer belagern. Das funktioniert auf gesellschaftlicher Ebene, wenn es um das Zusammenleben sehr vieler, sehr unterschiedlicher Menschen geht, nicht anders.

Es ist eigentlich recht einfach!

Ein Plädoyer gegen all diejenigen, die etwas tun möchten – für all diejenigen, die tun

Einmal im Monat treffen sich in einer mittelgroßen, bayerischen Stadt die Frauen des Katholischen Deutschen Frauenbundes. An diesem Tag lassen sie ihren Ehemännern wahrscheinlich ein schnell aufzuwärmendes Abendessen auf dem Herd stehen, schärfen ihren Sprösslingen ein, sich doch bitte zu benehmen und nicht zu spät ins Bett zu gehen, Mama habe doch nur diesen einen Abend im Monat, an dem sie etwas für sich tue, putzen sich ein wenig heraus (eine ambivalente Angelegenheit, dies: Einerseits geht es hier um ehrenamtliches Engagement und nicht um ein Gala-Dinner, andererseits, wenn man bedenkt, was Frau Kraus beim letzten Mal getragen hat, also, das ging ja gar nicht) und machen sich in ihrem Familienzweitwagen auf den Weg zu den anderen engagierten Katholikinnen. Es ist keine gesellschaftliche Spaßveranstaltung, zu der man sich da trifft, um Gottes willen, nein, das hier ist eine ernste Angelegenheit. Schließlich möchte man helfen, wo es einem selbst doch so gut geht (man lebt im schönen Bayern, wo die Welt noch in Ordnung ist, der Ehemann – wahrscheinlich Arzt oder Rechtsanwalt – verdient ganz ordentlich, das Haus ist abbezahlt, die Kinder gesund), und jetzt, wo die Kleinen schon etwas größer sind und auf dem Gymnasium, da möchte frau also auch etwas beitragen. Etwas, die Betonung liegt auf etwas, denn wie dieses Etwas genau aussehen soll, was man tatsächlich tun könnte, ist keiner der Frauen so ganz klar.

Aus Mangel an Ideen wurde auf einer Mitgliederversammlung bei Kaffee und selbst gebackenem Kuchen beschlossen, die monatlichen Treffen jeweils einem anderen armen Land zu widmen. In Afrika sollen ja immer noch Kinder hungern. Dazu könnte man was machen. Oder Haiti, denen geht es angeblich doch auch nicht so gut. Nun werden monatlich Diavorträge, Lesungen, Gespräche und Diskussionen zu diesen Themen organisiert, bei denen sich die engagierten Damen über die schlechte Lebenslage anderer Menschen informieren können, bevor sie mit Orangensaftglas und Schnittchen in der Hand das heutige Outfit von Frau Kraus noch einmal genau unter die Lupe nehmen.

Irgendwann einmal ist Russland dran. Natürlich: Ein großes Land unter den Fittichen des bösen Putin, so viel Zensur, so viel Kriminalität, so viel Armut, es eignet sich wunderbar für einen solchen feinen Informationsabend über die Leiden anderer Völker. Die Programmpunkte sind: Eine russische Aussiedlerin, die Frau Müller flüchtig kennt und die als Verkäuferin in der Boutique von Frau Müllers Schwägerin arbeitet, wird ein wenig aus ihrem schrecklichen Leben im bösen Russland erzählen. Eine Hip-Hop-Gruppe russischer Jugendlicher führt ein paar Tänze auf, die armen Jungen freuen sich bestimmt über ein wenig Taschengeld. Und als Höhepunkt: Eine russische Schriftstellerin liest aus ihrem Buch. Die russische Schriftstellerin bin ich. Wo ich gelandet bin, warum ich hier gelandet bin, wird mir erst bewusst, als ich ankomme. Bereits bei der Begrüßung beschleicht mich der Gedanke, man habe bei der Einladung mehr Wert auf das »russisch« gelegt als auf die »Schriftstellerin«. Wir halten den üblichen Small Talk – Organisationskram und Programmablauf, der Föhn in München, die Deutsche Bahn, jemand werde mich nach der Veranstaltung zum Bahnhof fahren, »danke, wie nett«. Ein kleiner Saal des Gemeindezentrums, Stuhlreihen, eine kleine Bühne, ein kaltes, mit Plastikfolie abgedecktes Büffet, Sekt- und Saftgläser, zwei Blumensträuße in Vasen, ein kleinerer, ein großer.

Die Frau, die in der Boutique der Schwägerin von Frau Müller arbeitet, erzählt frei, ohne Stichworte auf Karteikarten, ohne Stottern. Frau Müller sitzt in der ersten Reihe und nickt bei jedem Satz, aufmerksam, konzentriert und ein wenig stolz, »die habe ich mitgebracht«. Sie berichtet von der Verfolgung von Russlanddeutschen in Kasachstan, von ihrem Außenseitertum in der Schule, von ihren drei Abtreibungen, die so gang und gäbe waren im Ostblock. Sie erzählt auch davon, wie sie damals ankam in der mittelgroßen, bayerischen Stadt, die erst fremd war und dann nicht mehr, den Job in der Boutique von Frau Müllers Schwägerin fand, ihr Mann eine Arbeit in einem großen Industrieunternehmen, wie sie ein Haus bauten, wie sie jetzt ihrem frisch verheirateten Sohn helfen, ebenfalls eines zu bauen. Von fremd in der Heimat zu Grundstückbesitzern. Die Art, wie sie frei spricht, den Zuhörerinnen direkt ins Gesicht schaut und spürbar emotional wird, als sie von den Abtreibungen erzählt, vermag alle zu fesseln, auch den Tontechniker, den einzigen anwesenden Mann, der nun nicht mehr auf seinen Computer starrt, sondern gebannt auf die Bühne blickt.

Die Hip-Hop-Dancer, fünf coole Jungs, tanzen geübt, einmal patzt einer kurz und fällt hin, und sie gehen professionell darüber hinweg. Sie sehen ein bisschen rau aus, wie sie da in ihren Baggypants und weißen Sneakers herumspringen und sich auf einer Hand stehend drehen. Sie lächeln nicht, wirken im besten Fall konzentriert; man könnte auch sagen: unfreundlich, böse. Hip-Hop-Dancer, Gangster, yeah. Sie werden beklatscht, höflich und kürzer als der vorangegangene Programmpunkt. Frau Müller und Frau Kraus und ihre Freundinnen denken, wie interessant, was diese Jungen machen, wie die sich bewegen können, da braucht man Kraft und: wie gut, dass mein Kind jetzt gerade seine Lateinhausaufgaben macht. Aber vielleicht denken sie das auch nicht, und ich bin diejenige, die denkt, dass sie denken …

Und dann komme ich. Ich lese, das Übliche, die Texte kann ich fast auswendig, das Spannendste an den Lesungen sind die Fragen danach, das Schönste das Signieren. Ich lese von einem kleinen Mädchen vor, das aus Russland nach Deutschland kommt, die Sprache erst nicht versteht, sich fremd fühlt und später nicht mehr. Die Vorurteile kennt und hasst und ein wenig mit ihrer Herkunft hadert. Ob das Mädchen ich bin, lautet immer die erste Frage nach der Lesung. Manchmal ja, manchmal nein, antworte ich. Manches erfinde ich, an manches erinnere ich mich, bevor ich es aufschreibe, dichte ich alles im Kopf um. Die Damen hören zu, aufmerksam, sie lachen an den richtigen Stellen, sie klatschen nach jedem Kapitel. Angenehme Stimmung im Saal. Der Abend nähert sich den Häppchen. Ich will noch ein letztes Kapitel lesen, das Zahnarzt-Kapitel. Das Zahnarzt-Kapitel handelt von einem Zahnarzt, der etwa zehn russischen Kindern, die mit ihren kaum Deutsch sprechenden Eltern zu ihm kamen, jeweils vier gesunde Zähne zog, um sie dann zu seinem Freund, dem Kieferorthopäden zu schicken, der den Kindern jeweils eine feste Zahnspange für die kommenden drei Jahre verpasste, um ebendiese Lücken zu schließen. Jetzt könnte man anfangen zu rechnen, zehn Kinder à vier Zähne, à zehn Zahnspangen. Man könnte, wenn man wollte, man muss aber nicht.

Ich lese, nicht lauter, nicht leiser, nicht anders als zuvor, aber die Stimmung ändert sich merklich. Anspannung und Unbehagen machen sich in dem kleinen Raum breit.

Am Schluss klatscht niemand.

»Vielen Dank fürs Zuhören. Wenn Sie noch Fragen haben, bin ich gerne bereit, diese zu beantworten«, sage ich.

Normalerweise dauert es einen Moment, bis jemand den Anfang macht und die erste Frage stellt. Abwarten, lächeln, vielleicht einen lockeren Spruch reißen, dann meldet sich meist jemand. Diesmal komme ich nicht mal bis zum Lächeln.

»Also, ich fand das ganz unmöglich, dieses letzte Kapitel, das Sie da gelesen haben. Ganz unmöglich. Also, wie Sie da über Zahnärzte schreiben. Also ganz unmöglich«, fängt die Erste an – eine Zahnarztehefrau?

»Also, ich muss auch sagen, Sie müssen sich schon genau überlegen, was Sie schreiben, wenn Sie schon in unserer Sprache schreiben! Ein bisschen Dankbarkeit kann man doch erwarten!«, lautet der letzte Kommentar. Zwischen diesen beiden Aussagen nehme ich einige weitere Kommentare dieser Art hin. Es tut mir leid, die Mietgebühren für die deutsche Sprache, die wohl nicht die meine sein darf, nicht entrichtet zu haben. Es tut mir leid, mich für die Ehre, in der deutschen Sprache schreiben zu dürfen, nicht bedankt zu haben. Oder hatten sie die Dankbarkeit gegenüber dem betreffenden Zahnarzt, den deutschen Zahnärzten im Allgemeinen vermisst? Ich versäume, dies zu klären.

Den kleineren Blumenstrauß hatte die Schwägerin von Frau Müller überreicht bekommen. Der große bleibt in seiner Vase stehen. Häppchen bekomme ich keine angeboten, dafür drückt mir die für den Abend verantwortliche Dame eine Taxirufnummer in die Hand, bedauert, dass ich den Sinn der Veranstaltung nicht erkannt habe, und gibt mir zum Abschied nicht einmal die Hand. Ich fahre nachhause, für die Zugfahrt habe ich ein Buch dabei in der Sprache der Damen (hätte ich auch dafür Mietgebühren zahlen müssen?), kann mich aber nicht aufs Lesen konzentrieren, starre aus dem Fenster und fühle mich plötzlich furchtbar allein. Zur selben Zeit essen die Damen des Katholischen Deutschen Frauenbundes aus einer mittelgroßen, bayerischen Stadt wahrscheinlich ihre Häppchen, trinken ihren Orangensaft und ärgern sich. Sie hatten etwas tun wollen, etwas für arme Länder im Allgemeinen und Russland im Speziellen, und da kommt dann eine aus Russland und vermasselt ihnen den Spaß.

Eine Stadt in Bayern, eine Organisation, ein Beispiel, was sagt das schon aus? Tagtäglich bewirken Tausende Ehrenamtliche, engagierte Menschen, dass dieses Land ein besseres, ein freundlicheres, ein fröhlicheres wird. Der Unterschied zwischen ihnen und den Damen, auf die ich traf, besteht darin, dass die einen etwas tun wollen – und die anderen einfach tun.

Dass es auch anders geht, sieht man zum Beispiel an einer Hauptschule im Stuttgarter Norden. Es ist ein sonniger Nachmittag, noch zwei Tage bis zu den Ferien, draußen auf dem Hof spielen ein paar Jungs Basketball, die Schule wirkt wie Schulen am Nachmittag, wenn sie leer sind, oft wirken: groß, verlassen, ein wenig einschüchternd sogar. Von außen ein gelb verputztes herrschaftliches Gebäude auf einem Hügel mit riesigen Fenstern, fast wie ein englisches Eliteinternat. Von innen renovierungsbedürftige Klassenzimmertüren, Wände, die schon lange eines Anstrichs bedürfen, da helfen auch die lieblos nebeneinander gehängten Bilder aus dem Kunstunterricht nicht viel, ein paar halb verwelkte Zimmerpflanzen im Foyer. In einem der meistenteils leeren Klassenzimmer sitzen zwei Menschen, beide noch nicht ganz erwachsen, beide würde man an diesem Nachmittag hier nicht vermuten. Der kleinere von ihnen heißt Kubilay S., er hat Gel in den braunen Locken wie so viele Jungs in seinem Alter heutzutage, er trägt ein kariertes Hemd, und wenn er lächelt, dann tut er es verschmitzt, er könnte einem der »Wilde-Kerle«-Filme entsprungen sein. Er geht in die sechste Klasse. Der größere Mensch heißt Dilek K., sie hat schöne, lange, schwarze Haare, trägt lederne Segelschuhe, ein Burlington-Halstuch, neben sich eine George, Gina & Lucy-Tasche, hätte sie nicht so einen südländischen Touch, sie sähe wie das klassische Klischee einer BWL-Studentin aus. Sie studiert Infrastrukturmanagement an der Hochschule für Technik.

Die beiden sind Mentorin und Mentee.

»Was habt Ihr denn heute gemacht? In Deutsch?«, will die Mentorin wissen.

»Heute haben wir nichts gemacht. In Deutsch«, antwortet der Mentee.

»Und in Mathe?«

»Da haben wir auch nichts gemacht.«

»Bisch du dir sicher?«, fragt sie noch einmal nach. Die beiden sprechen reinstes Schwäbisch miteinander.

»Ja!«, antwortet der Sechstklässler überzeugt und fügt dann hinzu: »Aber wir haben einen Englischtest nach den Ferien. Du kannst mich ja mal abfragen.« Er kramt ein grün eingebundenes Vokabelheft heraus, und sie wechselt von ihrem Schwäbisch in ein elegantes britisches Englisch. Sie üben unregelmäßige Verben, zwei Stunden lang, bis es draußen langsam dunkel wird, dann besprechen sie noch den Samstag, wenn Kubilay Geburtstag hat und mit seiner Familie sowie seiner Mentorin bowlen gehen will, und dann fahren sie beide heim.

Derya Bermek-Kühn ist die Frau, die die beiden zusammengebracht hat. Sie hat eine Menge solcher Paare gebildet, über achtzig inzwischen, engagierte Gymnasiasten und Studierende, die Kinder aus türkischen, häufig bildungsfernen Familien betreuen, mit ihnen lernen und Dinge unternehmen, im Rahmen des »Großer Bruder – Große Schwester« (»Ağabey-Abla«)-Programms. Die Idee basiert auf dem in mittlerweile zehn Ländern etablierten, seit über hundert

Jahren existierenden Mentoring-Programm »Big sisters, big brothers«, ist aber insofern verfeinert, als dass die Teilnehmer hier aus dem selben Kulturkreis kommen. »Großer Bruder – Große Schwester« wird von der Robert-Bosch-Stiftung gefördert, und Bermek-Kühn, Mitarbeiterin des Deutsch-Türkischen Forums Stuttgart, ist dafür zuständig, die vielen Bewerber, die Mentoren sein möchten, auszusuchen, Schulen zu finden, die mitmachen, für passende Paarungen zu sorgen, Fortbildungen für Mentoren zu organisieren, in denen es zum Beispiel darum geht, wie sich die Eltern in den Lernalltag ihrer Kinder einbinden lassen. Ihr größtes Problem sei, Schulen und Lehrer aufzutun, die an dem Projekt interessiert sind, viele seien zu faul, manche sagen, es handele sich hierbei um eine positive Diskriminierung türkischstämmiger Kinder. Von 20 Schulen, die sie anfangs kontaktiert hat, haben nur vier Interesse gezeigt. Bermek-Kühn spricht mit beiden Seiten über deren Sorgen, sie kümmert sich darum, dass die Kontakte nicht ins Leere laufen, indem sie zum Beispiel von den Mentoren so genannte Tagebücher einsammelt, in denen die Treffen mit Datum, Zielen, Erfolgen protokolliert werden. Da steht dann etwas über die Vorbereitung der Mathematikhausaufgaben oder das Lesen eines Buches oder Sätze wie dieser: »Wir haben in der Stadt einen Spaziergang gemacht und darüber gesprochen, wie wichtig es ist, Träume und Ziele zu haben. Und wir haben was gegessen.«

Was sich banal anhört, ein Spaziergang, ein Gespräch, ein Essen, kann so viel verändern. Die Mentoren können sich zu Vertrauenspersonen für die kleinen Brüder und Schwestern entwickeln, sie sind Vorbilder, die ihnen nicht von Autoritäten vorgesetzt werden, sie haben denselben Hintergrund und deshalb Verständnis. Wenn ein Viertklässler traurig sagt: »Ich habe es knapp nicht auf die Realschule geschafft«, und sein

Mentor, anstatt mit Binsenweisheiten aufzuwarten, antworten kann: »Das macht nichts, ich war auch auf der Hauptschule, und jetzt studiere ich Maschinenbau im zweiten Semester«, dann ist das viel wert.

»Mir gefällt die Idee, dass man eine Vorbildfunktion erfüllt, dass man jemandem etwas geben kann, anstatt nur zu nehmen. Und ich verbringe einfach gerne Zeit mit Kubilay«, sagt Dilek K., die in Stuttgart geboren ist, inzwischen hier studiert und sich einmal die Woche Zeit für einen Jungen nimmt, der ab und zu Schwierigkeiten in Deutsch und Englisch hat und sie in Kinofilme wie »Jerry Cotton« schleppt.

»Ich finde das mit der Nachhilfe besser, als ich gedacht habe, weil die Dilek jetzt irgendwie zur Familie dazugehört«, sagt Kubilay Seriöz, der in Izmir geboren wurde und sich nicht mehr genau erinnern kann, ob er mit fünf oder mit sechs Jahren nach Deutschland kam und mit seiner Mentorin auch mal vier bis fünf statt den vorgesehenen zwei Stunden am Nachmittag lernt.

Menschen, die aufeinandertreffen und sich mögen. Als Menschen in erster Linie, nur bedingt als Helfer und zu Helfende. »Es geht um eine Gegenseitigkeit des Lernens. Es geht um hierarchiefreie, gleichberechtigte Begegnung«, fasst Sabine Böhlau, die ein ähnliches Mentoring-Projekt in München für das Flüchtlingshilfswerk Refugio leitete, das Konzept zusammen. 87 Tandems hat sie zusammengebracht, Mentoren und Mentees, die sich auf Augenhöhe begegnen. In den Stunden, die sie miteinander verbringen, geht es nicht darum, etwas zu tun, etwas zu verändern, zu helfen, es geht um die gemeinsam verbrachte Zeit. Die Grundidee dahinter: Nur weil jemand immigriert ist, steht er nicht weiter unten in der Gesellschaft. »Integration kann nur durch Dialog, durch Veränderung beider Seiten gelingen«, sagt die evangelische Theologin. Sie weiß, wovon sie spricht, in ihren Tandems wird diese Art der Integration gelebt.

Ein vereinsamter Mann aus Äthiopien, der aufgrund einer Krankheit nicht zurück in die Heimat kann, findet Familienanschluss. Ein einsames Rentnerehepaar findet in einem albanischen Mädchen eine Art Enkelin. Ein türkischer Mann, dessen Familie die Geburtstage nun am liebsten mit der palästinensischen Familie feiert, die ihm beim Mentoring-Projekt zugewiesen wurde. Die Grenzen zwischen Mentor und Mentee verwischen. Man spricht es nicht aus, weil es so selbstverständlich ist: nämlich dass beide Seiten voneinander profitieren. Von der Begegnung profitieren, anstatt dass einer sich in dem Gefühl sonnt, vermeintlich ein besserer Mensch zu sein, weil er einem Flüchtling hilft.

Der Unterschied ist klein, die Grenze unscharf: Wo hört der so genannte Gutmensch auf, wo fängt der gute Mensch an? Refugio ist eine Hilfsorganisation, bei der Konsens ist, dass Flüchtlinge, Migranten dieses Land reicher machen. Sabine Böhlau hat einen Instinkt für diese Grenze. Zu ihrer Arbeit gehört auch das Aussortieren. »Wir suchen Menschen, die neugierig sind, gespannt auf andere Kulturen, die ihre Mentees kennenlernen wollen.« Meldet sich jemand bei ihr, weil er gerne mitmachen möchte, versucht die evangelische Theologin erst einmal, die Motive der Freiwilligen zu erforschen: Warum nimmt er sich so viel Zeit? So scheiden gelangweilte Hausfrauen, die »die Armen« unterstützen wollen, aus, so werden Karrieristen, die etwas ehrenamtliches Engagement für ihren Lebenslauf gebrauchen können, wieder nachhause geschickt. Es bleiben diejenigen, die keine Anerkennung wollen, sagt Böhlau. Immer mehr Berufstätige sind das, immer mehr Männer, immer mehr Migranten.

Wer auf der anderen Seite steht, wem also geholfen werden

soll, muss sich den Spürsinn für diese Grenze nicht erarbeiten. »Oh, ich wusste immer sehr genau, wer die Gutmenschen waren. Das spürt man sofort. Die Aussagen über die ungarische Gesellschaft trafen, natürlich, ohne eine einzige Frage zu stellen. Oder die mir ungefragt Kleiderspenden brachten für meine arme ungarische Verwandtschaft, ohne sich auch nur zu erkundigen, ob ich arme ungarische Verwandte habe«, erzählt Zsuzsa C., die in den Achtzigern als Studentin nach Deutschland kam. Wie schwierig das Einleben auch manchmal war, wie bedürftig ihre finanzielle Situation anfangs, »lieber nahm ich gar keine Hilfe an, als die von Gutmenschen«.

Inwiefern der Begriff Gutmensch in diesem Zusammenhang angebracht ist, sei dahingestellt. Zu häufig, zu unreflektiert, zu polemisch wurden in den vergangenen zehn Jahren alle möglichen naiv moralisierenden, rechthaberischen, besorgten Weltverbesserer über diesen Kamm geschoren. Zweifelsohne sind jedoch die Gemeinten keine guten Menschen. Ein guter Mensch vermittelt nicht das Gefühl der sich herablassenden helfenden Hand, die einem gönnerhaft über den Kopf streicht, ein Gefühl, das sich vielleicht schwer beschreiben, aber umso untrüglicher erkennen lässt.

Wenn Zsuzsa C., die heute Deutsch als Fremdsprache unterrichtet, mit ihren zugewanderten Studenten und Schülern über so genannte Gutmenschen, über diese Art von Helfern spricht, ist es egal, wie sie sie benennt. Sie brauchen keinen Begriff. Sie alle erinnern sich an das Gefühl.

Auch ich erinnere mich an das Gefühl. Man fühlt sich herabgesetzt, erniedrigt, benutzt. Man ist plötzlich Opfer, nur noch Opfer, unten, damit andere sich hinabbegeben und einem helfen können. Helfen, nicht einen herausziehen, denn die Hierarchie, die soll schön bleiben. Für solche Menschen, die das Multikulturelle eigentlich lieben, manchmal geradezu vergöttern, nur eben aus einem bestimmten Blickwinkel heraus, hat der Migrant immer einen niedrigeren Intelligenzquotienten zu haben als der Deutsche, sagt die Rechtsanwältin Seyran Ateş. Sie, Tochter von Migranten der ersten Generation, die gegen Zwangsheirat und Ehrenrechte kämpft, hat sich mit dem Angriff auf den Mulitkulti-Irrtum nicht nur Freunde gemacht. »Sie schauen sich unsere Entwicklung an wie in einem Zoo. Nach dem Motto: Mal gucken, wie der anatolische Bauer sich entwickelt«, erklärt sie.

Familien wie die meine waren ein Geschenk für solche Helfer. Juden aus der ehemaligen Sowjetunion, aus dem Kommunismus, Akademiker, in einem Asylbewerberwohnheim hinter Stacheldraht in ein zwölf Quadratmeter großes Zimmer gepfercht. Sie kamen, sie brachten uns Sachen, die wir nicht unbedingt brauchten, sie lehrten uns Deutsch, sie tranken russischen Tee und probierten – meist zögerlich erst – unser russisches Essen. (An die selbst gesammelten und eingelegten Pilze, den besonderen Stolz einer russischen Seele und einer russischen Küche, traute sich fast niemand.) Sehr nett, all diese Hilfsaktionen, an sich sehr nett.

Den Unterschied zwischen denjenigen, die kamen, um zu helfen, und denjenigen, die kamen, um zu helfen und später sagen zu können: »Ich habe da übrigens vor Kurzem ein paar aus der Sowjetunion geflohenen Juden geholfen«, spürte sogar ich als Kind. Oder vielleicht besser: spürte ich insbesondere als Kind. Über die einen freute ich mich, für die anderen schämte ich mich. Ich schämte mich damals häufig, für mich selbst, für mein Zuhause hinter Stacheldraht, meine aus Russland mitgebrachten Sachen, auch für meine in ihrem neuen Zuhause unsicheren, russischen Eltern schämte ich mich. An den Tagen, an denen die so genannten Gutmenschen kamen, schämte ich mich für sie fremd. Ich spürte den Unterschied genau, in

Worte fassen konnte ich ihn nicht. Heute kann ich es. Oder lasse es vielmehr diejenigen, die schon damals gerne laut über ihre guten Taten sprachen, auch heute noch für mich in Worte fassen.

Ich habe eine Lesung in der Nähe der Stadt, in der das Asylbewerberwohnheim stand. Lesungen in der Heimat sind emotional aufwendig, zu viele ehemalige Lehrer, flüchtige Bekannte, zu viele Gesichter, die einen zu kennen meinen. Über manche freut man sich, vor anderen fürchtet man sich, manch einer wirkt einfach fehl am Platz. Die Geister, die heute die längste Zeitreise gemacht haben, heißen Frau B. und Herr O., und beide kenne ich aus dem Wohnheim.

Frau B. habe ich vor nicht allzu langer Zeit beim Geburtstag meiner Mutter gesehen, seit beinahe zwanzig Jahren sind sie und ihr Mann nun Freunde der Familie, sie kamen damals ins Wohnheim, um zu helfen, sie lernten mit meinem Vater Deutsch, sie fragten nach uns. Woher wir kommen, wer wir sind, was wir mögen, was wir lesen, warum wir hier sind. Wir lernten uns gegenseitig kennen. Ich fuhr regelmäßig mit dem Fahrrad bei ihnen zuhause vorbei, um Bücher aus ihrer großen Bibliothek auszuleihen, und wenn ich die Bücher zurückbrachte, wollten sie wissen, wie sie mir gefallen hatten. Nicht, weil ich ein kleines jüdisches Mädchen aus Russland war, sondern weil wir gerne über Bücher sprachen, sie und ich. Ich bin stolz, weil Frau B. zur Lesung kommt, sie kennt sich mit Literatur aus.

Herrn O. habe ich seit dem Wohnheim nicht mehr gesehen. Auch er kam damals, um zu helfen, er lernte mit meinem Vater Deutsch, er erzählte viel, wie die Dinge in Deutschland laufen, hauptsächlich im Schwabenland, er brachte uns unseren ersten Weihnachtsstollen, wer in Deutschland lebt, müsse Weihnachtsstollen kennen, er schenkte mir ein paar

Reclam-Hefte, Lessing und Goethe, ich müsse die deutschen Dichter kennen; ich kannte die Bücher bereits. Gealtert ist Herr O. seit meinen Wohnheimtagen, sind ja auch beinahe zwanzig Jahre seither vergangen. Herr O. weicht mir nach der Lesung nicht von der Seite, und so fühle ich mich nach einer Viertelstunde verpflichtet, ihn der Veranstalterin neben mir vorzustellen.

»Das ist Herr O., ein Bekannter meiner Eltern«, sage ich, und die Veranstalterin will ihm die Hand schütteln, aber er schaut mich erwartungsvoll an. Ich blicke auf den Boden, wohl wissend, was jetzt kommt, nur nicht in welcher Form, da sagt er: »Jetzt erzählen Sie mal, woher ich Ihre Eltern kenne!«, bis ich gezwungen bin zu sagen: »Herr O. hat mit meinem Vater Deutsch gelernt, als wir gerade in Deutschland angekommen waren«, und als die Veranstalterin ein bewunderndes »Oh, das ist ja schön!« von sich gibt, ist Herr O. endlich zufrieden und strahlt und schaut sich stolz um, haben das auch alle gehört?

Und ich würde am liebsten wortlos den Raum verlassen.

Wer etwas tun will, spricht davon, dass man aufeinander zugehen, Brücken schlagen sollte zu den ausländischen Mitbürgern, Toleranz zeigen gegenüber fremden Kulturen, etwas bewegen, Dialoge führen gerade mit Menschen mit fremden Mentalitäten, Menschlichkeit zeigen gegenüber jenen, die aus ihrer Heimat geflohen (am liebsten: vertrieben worden) sind. Wer etwas tun will, sagt Sätze wie »Ich persönlich engagiere mich/bringe mich ein im Bereich multikulturelle Gesellschaft, denn zwischenmenschliche Kommunikation, auch innerhalb verschiedener Kulturkreise, halte ich für eine wichtige Voraussetzung.«

Wer etwas tut, der muss gar nichts sagen. Wer nicht über seine Hilfe redet, der hilft. Wer ehrlich ist, wird höchstens von den Menschen erzählen, die er kennenlernt, weil er sie spannend findet, interessant, bereichernd oder einfach nur nett.

Vielleicht reicht das auch an Engagement. Vielleicht muss man nicht wortgewaltige Vorträge besuchen, nicht unbedingt Organisationen und der Völkerverständigung dienenden Freundschaftsverbänden beitreten, sich nicht offiziell der multikulturellen Arbeit verschreiben. Es reicht schon, Menschen kennenlernen zu wollen. Keiner auf der Welt, der sich nicht über ein ehrliches Interesse an seiner Person freut. Keine bessere Art, »Du bist hier willkommen« zu sagen, als die Frage »Wer bist du eigentlich? Ich will dich gern kennenlernen.«

Großartig, dass beinahe jeder Dritte in unserem Land ehrenamtlich tätig ist. Großartig, dass es Organisationen wie Refugio oder Projekte wie »Großer Bruder – Große Schwester« gibt. Ein großer Dank gebührt all denjenigen, die sich Zeit nehmen, sie zu unterstützen. Vielleicht muss man sich aber nicht unbedingt im Sinne dieses Wortes engagieren, denn Zeit ist heutzutage ein seltenes Gut, und Zeit für soziales Engagement vielleicht noch rarer. Aber Zeit, um auf Menschen zuzugehen, sie wahrzunehmen, sich für sie zu interessieren, von mir zu dir, auf gleicher Höhe, die hat man immer. Jeder von uns.

Was nun?

Ob ich diejenigen verleugnen würde, werde ich gefragt, diejenigen, über die alle sprechen, die, die seit vielen Jahren hier leben, aber kein Deutsch sprechen, nicht arbeiten wollen, im Übrigen von unserem Geld hier leben, von unserem Sozialstaat, den sie vielleicht noch nicht einmal als den ihren akzeptieren? Ob ich die Augen vor der grausamen Realität verschließen würde in meiner sozialromantischen Welt? Mit großer Sicherheit nicht! Weil ich sie nicht nur nicht verleugne, sondern sie auch kenne, mit ihnen aufgewachsen bin. Ich wurde von meinen Eltern geprägt, die seit ihrer Ankunft in Deutschland an keinem einzigen Tag Arbeitslosengeld oder ähnliche Beihilfen erhalten haben, sich direkt vom Sprachkurs auf den Weg in die jeweiligen Umschulungen machten, wo sie nach und nach von Akademikern zu einfachen Arbeitern umgeschult wurden, um dann bis zum gesetzlichen Renteneintrittsalter durchzuarbeiten, selbstverständlich unterhalb ihres intellektuellen Niveaus, weil ihre aus der Sowjetunion stammenden, zahlreichen Diplome hierzulande nicht anerkannt wurden. (Ein Problem im Übrigen, das viele Zuwanderer der ersten Generation von der beruflichen »Integration« abgehalten und Deutschland um viele dringend benötigte hoch qualifizierte Fachkräfte gebracht hat. Ein Problem, das heute noch besteht, wie mir eine Beamtin im Amt für Migration in München erzählt, weil nämlich in Bayern bei der Anerkennung von Diplomen von den zuständigen Ministerien teils zusätzliche Hürden aufgebaut würden, die rechtlich gar nicht zulässig seien. Aber da niemand gegen die Vorgehensweise klage, ändere sich nichts.

So werde die Anerkennung eines vorhandenen Diploms teils daran gekoppelt, dass bereits Deutschkenntnisse auf hohem Niveau vorhanden sein müssten – eigentlich zwei Paar Schuhe –, oder es würden über das erforderliche Maß hinausgehende zusätzliche, gebührenpflichtige Dokumente gefordert.) Weil ich aber gesehen habe, dass meine Eltern auch bereit waren, auf einem niedrigeren Niveau zu arbeiten als in Russland, und weil nichts anderes in meiner Familie akzeptiert worden wäre, nicht deshalb, weil ich besonders fleißig oder begabt oder integrationswillig bin, verdiente ich mir meine gesamte Schulzeit hindurch etwas dazu: mit Babysitten, Zeitungen austragen, in den Ferien in einer Fabrik – und machte während des Studiums brav so weiter. Hatte in dieser Zeit aber zum Beispiel einen guten Freund, mit dem ich gerne zu Partys ging, der einen ähnlichen Hintergrund hatte wie ich, dessen Familie in ihren vielen Jahren in Deutschland aber weder Arbeit gesucht noch gefunden hatte. Er empörte sich später ziemlich lange darüber, dass ihm in den Monaten zwischen dem Ende seiner Schulzeit, in der er über die Sozialleistungen seiner Eltern mitfinanziert wurde, bis zum Beginn seines Studiums, für das er selbstverständlich BAföG erhielt, keinerlei Leistungen vom Staat zustünden, so dass er sich vor dem Studium und nach dem anstrengenden Abitur nun nicht erholen konnte, sondern tatsächlich arbeiten musste. Es war dieselbe Zeit, in der ich vor dem Studium und nach dem anstrengenden Abitur ein Praktikum machte und nebenbei jobbte, um schon einmal Geld fürs Studium anzusparen, denn im Gegensatz zu ihm, so hatte ich im Vorfeld ausgerechnet, würde ich nicht den vollen BAföG-Satz erhalten, da meine Eltern ihrerseits so dumm waren, in körperlich anstrengenden, sie intellektuell in keiner Weise befriedigenden und auch sonst eher unangenehmen Jobs zu arbeiten. Somit verdienten sie zwar nicht genug, um mein Studium komplett zu finanzieren, aber dann doch so viel, dass der deutsche Staat völlig zurecht keine Veranlassung sah, mich zu unterstützen. Wir empörten uns also beide, er sich über den deutschen Staat und ich mich über ihn sowie alle anderen, die unserem Sozialstaat gegenüber eine solche Anspruchshaltung entwickeln, immer erwarten, immer meinen, er, der Staat, müsse, müsse, müsse. Während sie nicht, nichts müssten. Als schulde man ihnen etwas, aber wofür? Das konnte mir noch keiner erklären. (Eine Haltung, die übrigens durchaus nicht nur in Migrantengruppen anzutreffen ist; dennoch empört sie die meisten umso mehr, wenn sie von Menschen kommt, die teilweise noch nicht einmal hier geboren wurden, die – wie in meinem Falle durch Zuwanderung als Kontingentflüchtlinge – eingeladen wurden, hier zu leben. Eine besondere Empörung, die ich nicht teile – weil ich nicht zwischen »Ihr« und »Wir« unterscheide –, aber nachvollziehen kann. Ich muss aufgrund dieser Einladung nach Deutschland nicht mein Leben lang mit einem Gefühl der ewigen Dankbarkeit herumlaufen, ich möchte irgendwann einfach der Teil dieses Landes sein, als der ich mich fühle. Ich darf aber auch nicht nur eine einseitige Anspruchshaltung an den Staat mit nach Deutschland bringen, sonst nichts.)

Ich verleugne also nicht nur nicht die Existenz solcher Einstellungen zum (Sozial-)Staat, ich verurteile sie – vielleicht noch mehr als jeder andere, da ich sie und ihre Argumentation von innen heraus kenne. Sie, die Einstellungen, existieren, weil der Mensch nun einmal so ist, faul und träge und überzeugt, im Recht zu sein, Ansprüche zu haben. Ich glaube aber nicht, dass diese Einstellungen in bestimmten ethnischen Gruppen häufiger vorkommen als in anderen, wie man in letzter Zeit immer wieder gehört hat. Die Frage, die sich angesichts dieser Tatsache stellt, ist, wie man damit umgeht, wie man dem entgegenwirken kann. Da ein Appell an das Gewissen dieser Menschen meist leider nicht ausreicht, ist an dieser Stelle konkrete Politik gefragt. Meine Mutter, die sich fast noch mehr als ich über ihr bekannte oder unbekannte Menschen mit solchen Erwartungshaltungen empören und aufregen kann, bringt als Beispiel immer ihre Verwandten und Freunde an, die aus der ehemaligen Sowjetunion in die USA oder nach Israel ausgewandert sind. Durch die Bank, erklärt meine Mutter dann aufgeregt, würden sie alle arbeiten, hart arbeiten, unabhängig von ihrem Alter, Gesundheitszustand, Spaß an ihrem Job haben. Weil es gar nicht anders ginge, weil diese Staaten das nun mal so verlangten, was richtig sei, sie hätten das Recht dazu. Ohne Arbeit keine Wohnung, keine Krankenversicherung, keine Bildung. Kein hilfsbereiter Sozialstaat, der einem ermögliche, zuhause zu sitzen und russischsprachiges Fernsehen zu schauen den ganzen lieben Tag lang. Wer nicht arbeite, gehe dort unter, was wahrscheinlich sogar der Realität entspricht. Nun ist natürlich politisch durchaus streitbar, ob die amerikanischen Regelungen und Verhältnisse auf unser Land übertragbar oder hier auch nur wünschenswert wären, aber eines bleibt festzuhalten: Die Politik muss genügend Anreize schaffen, damit sich Arbeit lohnt. Diese Anreize können und müssen an mancher Stelle auch in Sanktionen bestehen, wenn sich jemand der Teilhabe an diesem Land komplett verweigert. Damit es sich auszahlt, zu arbeiten, sich weiterzubilden, zum individuellen als auch Wohl und Wohlstand dieses Landes beizutragen. Sich nicht nur in finanzieller Hinsicht auszahlt, sondern auch insofern, als man sich als wertvoller Bürger dieses Landes fühlt. Man gibt, und man nimmt.

Eine solche Atmosphäre zu schaffen ist für alle Bürger wünschenswert. Betrachtet man jedoch die Situation der Migranten, insbesondere die der Neuzuwanderer, so ist es umso schwieriger und aufwendiger, ein Vertrauensverhältnis, das auf Geben und Nehmen basiert, aufzubauen, da das – beidseitige – Vertrauen erst künstlich geschaffen werden muss. In Frankreich, Österreich und den Niederlanden zum Beispiel werden mit allen Neuzuwanderern so genannte Integrationsverträge geschlossen, in denen festgehalten wird, wozu sich die beiden Vertragspartner – Zuwanderer und Staat – verpflichten: Dies kann vom Erlernen der Sprache auf der einen Seite bis zu finanzieller Hilfe auf der anderen reichen. Ob solche Verträge für Deutschland nach der Vorgeschichte als Einwanderungs- oder vielmehr als angebliches Nicht-Einwanderungsland im Jahre 2012, wenn die Abwanderungszahlen die der Einwanderung überschreiten und man sich mehr um die Fehler von gestern als um die Probleme von morgen kümmern muss, das Richtige sind, steht zu bezweifeln; sie setzen aber dennoch ein klares Signal für den Neuankömmling: Du und ich, wir haben einen Vertrag. Du und ich, wir haben eine Beziehung. Du und ich, wir werden miteinander zu tun haben. Es gibt ein »Du und ich«. Ein solches Bekenntnis schafft auch jenseits der niedergeschriebenen und in den meisten Fällen bei Nichteinhaltung sanktionierten Vertragsbedingungen ein Verhältnis, das sich schon einmal nicht über eine einseitige Erwartungshaltung definieren kann. Zudem vermittelt es dem Neuzuwanderer im besten Fall das Gefühl, ein Partner und damit ein Teil dieses Staates zu sein. Dass solche Verträge in Deutschland, wo Migranten nun schon seit drei Generationen leben und sich nicht unbedingt immer eingeladen, willkommen, dazugehörig fühlen, rückwirkend wahrscheinlich nicht mehr viel bewirken, gar Unheil anrichten könnten, indem sie auch Menschen, die zwar einen so genannten Migrationshintergrund haben, sich aber hier schon lange zuhause fühlen, wieder unnötigerweise in diese Schublade pressen, sie damit vergraulen und sie auf emotionaler Ebene ihres Zuhauses entrauben würden, ist die eine Sache. Nichtsdestotrotz können sie aber eine Anregung für die Politik sein, sich Gedanken darüber zu machen, was sie zu einer solchen Atmosphäre der Partnerschaftlichkeit, der Teilnahme beitragen kann. Denn dass wir eine solche brauchen, dringend brauchen, steht außer Frage.

Dabei sollte man dort beginnen, wo man meistens beginnt: im Kleinen. Bei den kleinen Menschen, in deren Bildung zu investieren sich für unser aller Wohl am meisten lohnt. Immer wieder ist in den unsäglichen Integrationsdebatten von »Kindern aus bildungsfernen Familien mit Migrationshintergrund« zu hören, schwingt der nicht direkt ausgesprochene Vorwurf mit, die aus anderen Ländern stammenden Menschen hätten gar kein Interesse an der Bildung. Warum? Wie kommt man darauf? Weil in diesen Familien Bildung nicht damit beginnt, den Kindern Deutsch beizubringen? Ein sechsjähriges Kind, das in die Schule kommt, um zu lernen, vordergründig um zu lernen, alles zu lernen, weil es doch noch so wenig über diese Welt weiß, ist bildungsfern, weil seine Deutschkenntnisse nicht gut sind, vielleicht sogar nicht vorhanden sind? Aber dazu kommt es ja auch in die Schule: um zu lernen. Um sich zu bilden. An dieser simplen, aber doch bestechend einfachen Einsicht mangelt es erstaunlicherweise in den Köpfen so vieler, sich beklagender Lehrer. Die Bildungsferne der Eltern muss nicht zwangsläufig auf ihre Kinder übertragen werden. Die Aufgabe, ihnen Bildung näherzubringen, ist in diesen Fällen die Aufgabe ihrer Lehrer, die im besten Fall mit den Eltern kooperieren. Wissen diese aufgrund eigener fehlender Bildungserfahrungen jedoch nicht, wie sie ihren Kindern helfen können, gilt es, sie an die Hand zu nehmen und ihnen dabei Wege zu zeigen. Oft mangelt es auch – und das ist unbestritten – am Willen, weil der Wert von Schule und Bildung nicht erkannt wird. So traurig das ist, das Bildungssystem muss versuchen, diesen Unwillen aufzufangen, weil Kinder es nicht verdient haben, in solch einem frühen Alter aufgegeben zu werden.

Als ich D. kennenlernte, war sie acht Jahre alt. Ich lernte sie kennen, weil mir bei einer Zugfahrt, ich kehrte soeben von einer Lesereise zurück, einfiel, es sei mal an der Zeit, dass ich etwas tue. Ich schaute aus dem Zugfenster, sah in der Dunkelheit nur noch Umrisse an mir vorüberziehen, freute mich auf Zuhause und ließ die letzte Lesung im Kopf noch einmal Revue passieren. Die Besucher hatten gefragt, wie so häufig, wie ich Deutsch gelernt hätte, so schnell und so gut. Der eine oder andere Lehrer, der eine oder andere in der interkulturellen Arbeit Aktive hatte von Schwierigkeiten mit Kindern oder Jugendlichen berichtet, die nicht oder so schlecht Deutsch sprächen, als könnte ich daran etwas ändern, als wären wir in einer Selbsthilfegruppe zusammengekommen oder als sei ich eine Art Beratungsstelle zu diesem Thema. Ich bin in solchen Momenten immer hin und her gerissen zwischen der Entrüstung über diese Art von Wortmeldungen, immerhin sind wir hier doch bitte immer noch bei einer literarischen Lesung, und dem Bedauern darüber, dass ich diesen Menschen nicht pauschal einen passenden Ratschlag erteilen kann. Jedenfalls ging mir all das durch den Kopf, während ich müde, aber alles in allem doch zufrieden aus dem Fenster blickte, zu faul zum Lesen war, und ich begann, darüber nachzudenken, wie ich denn tatsächlich Deutsch gelernt hatte, so schnell und so gut. Da fielen mir all die Menschen ein, denen ich damals, als ich noch kein Deutsch sprach, durch glückliche Zufälle begegnete und die mir das, was ich heute bin und tue, mit ermöglicht haben, indem sie einfach eines taten: sich für mich interessierten. Ein begabter, an seinen Schülern höchst interessierter Grundschullehrer, eine Taxifahrerin aus einer Bauernfamilie, die ein

Gespür für Kinder hatte, das den meisten Erziehern fehlt, ein Pfarrer-Ehepaar, deren Büchersammlung mir jederzeit als Bibliothek zur Verfügung stand. Ein einfaches »Was machst du gerne?«, und mein wie aus der Pistole geschossenes »Lesen« hatte mir den Zugang zur deutschen Literatur geöffnet. Dass ich bei Ferienbesuchen auf dem Bauernhof dafür zuständig war, morgens im Hühnerstall die Eier einzusammeln, hatte dazu geführt, dass ich nach den Sommerferien mit den deutschen Zahlen kaum noch Schwierigkeiten hatte. Kein Lerndruck, keine Erwartungen, nur die Freude eines Kindes, das in dreckigen Klamotten auf einem Bauernhof herumtobte. Die aus meiner Sicht erst einmal naive Aufforderung, eine Geschichte über meine Geburtsstadt Sankt Petersburg zu schreiben, naiv deshalb, weil ich aus meiner Sicht doch kein Deutsch konnte, schon gar nicht genug Deutsch, um eine Geschichte in dieser so schwierigen Sprache zu verfassen, bewies mir, dass ich entgegen meinen andauernden Zweifeln auch in diesem Land das sein könnte, was ich schon seit frühester Kindheit war: eine Geschichtenerzählerin. Ich dachte also bei jener Zugfahrt an all diese Menschen, hatte plötzlich das dringende Bedürfnis, ihnen allen einen Brief zu schreiben, und schrieb stattdessen trotz Müdigkeit spontan einen an eine Organisation, die ein so genanntes Mentoring-Programm für Migranten anbot und von der ich viel Gutes gehört hatte. In dem Moment hatte ich das Gefühl gehabt, gehofft, vielleicht auch so ein Mensch für jemanden sein zu können. So jedenfalls lernte ich D. kennen.

D. war acht Jahre alt und lebte in einem Stadtviertel, in dem ich vorher noch niemals gewesen bin und dessen Name – Hasenbergl – in München immer ein wenig so klingt, als sollte man da vorsichtshalber auch besser nicht hin. (Umso erstaunter war ich, dort zum ersten Mal aus der U-Bahn aussteigend, wie unaufgeregt, aufgeräumt und ungefährlich Münchnerisch es wohl war.) D. sprach Deutsch mit einem albanischen Akzent, sie rollte das »R«, verwechselte manchmal die grammatikalischen Zeiten und trug gerne Glitzer und Rosa. D.'s Mutter sprach überhaupt kein Deutsch, ihren Vater traf ich nie, weil er zwei Jobs hatte und erst so spät nachhause kam, dass wir einander kein einziges Mal über den Weg liefen. In D.'s Wohnzimmer, in dem wir auch deutsche Grammatik, Rechtschreibung, Multiplizieren und Dividieren übten, stand der größte Fernseher, den ich jemals in einem privaten Haushalt gesehen habe. Später wurde eigens für diesen Fernseher eine neue Schrankwand angeschafft, in die alte hatte er nicht gepasst.

Wenn ich kam, machten D. und ich erst einmal zusammen Hausaufgaben oder übten Mathematik, der Fernseher lief dabei. Später gingen wir hinaus an die frische Luft, wir fuhren Inline-Skates zusammen, manchmal aßen wir ein Eis, oder wir setzten uns ins Gras und lasen »Karlsson vom Dach«. Ich hatte ihr das Buch geschenkt, weil es bis heute eines meiner Lieblingsbücher ist. Sie wünschte sich später zum Geburtstag von ihrer Familie die Fortsetzung und neue Inline-Skates, sie bekam Inline-Skates und ein Nintendo DS geschenkt. Wenn ich kam, nickte mir ihre Mutter höflich zu und verschwand in der Küche, sie stellte uns immer Tee und Butterringe hin, ein Spritzgebäck, was mich an meine erste Zeit im Asylbewerberwohnheim erinnerte: Ich weiß nicht warum, aber dort, im Wohnheim, hatten viele der Bewohner Butterringe gegessen, seitdem hatte ich sie nie wieder gesehen und vergessen gehabt. Ich aß sie gern. D. schien sie nicht zu mögen, und manchmal stand sie, während wir lernten, auf und holte sich aus der Küche – in Gedanken noch in eine Mathematikaufgabe vertieft – trockene Fertig-Asia-Nudeln zum Knabbern, die sie so aß, ungekocht. Ich wollte etwas sagen und sagte nichts, weil ich mich daran erinnerte, dass ich nicht dazu da war, D. meine oder die deutschen Knabber- und sonstigen Bräuche beizubringen, sondern sie kennenzulernen, mit ihr zusammen zu sein. Ich sagte etwas zu ihrer Mutter über die Tatsache, dass der Fernseher lief. Immer lief. Er lief, wenn ich kam, auch wenn niemand im Wohnzimmer saß. Er lief, wenn D. und ich das Haus verließen, lief auch, wenn ich sie später wieder ablieferte. Vor allem lief er aber, wenn wir lernten. Es war das einzige Mal, dass ihre Mutter und ich aneinandergerieten, obwohl wir uns kaum verständigen konnten, ich schaltete ihn mit einer riesigen Fernbedienung aus und sie drei Minuten später wieder an.

D. kam also aus so einer »bildungsfernen Familie mit Migrationshintergrund«, von denen man immer wieder hört und liest, sie lebte in einem Stadtviertel, in das man sich besser – so hört man zumindest – nicht begibt, sie ging in diesem Stadtviertel auch zur Schule, und sie bekam Computerspiele statt Bücher geschenkt. Sie war eines der begabtesten Kinder, das ich je kennengelernt habe. Sie lernte gern. Durch Teilaspekte, die sie nicht sofort verstand, biss sie sich mit einer Ausdauer durch, die für meine Arbeit abzuschauen ich mir jedes Mal schwor. Wenn ich sie fragte, was sie spielen wollte, antwortete sie häufig »Schule«. Wir stellten einander Mathematikaufgaben und schrieben Diktate, nachdem wir mit den Hausaufgaben fertig waren. Und ihre bildungsferne Familie? Sie war nicht in der Lage, diesem Kind Angebote zu machen, ihm vorzulesen, die Mutter auch in ihrer Muttersprache Analphabetin, war nicht imstande, ein deutsches Buch zu kaufen. Aber sie hatte das Mädchen für das Mentoring-Programm angemeldet, brachte sie außerdem einmal die Woche zur Vorlesestunde der Stadtteilbücherei. Entgegen ihrer eigenen Erziehung und

Herkunft ließ sie so viel Bildung für ihre Tochter zu, wie sie selbst niemals bekommen hatte. Das ist mehr, als man von manch deutscher bildungsferner Familie behaupten kann.

(Und wer jetzt sagt: Eine Ausnahme!, den frage ich: Wie kommt es dann, dass ich immer Ausnahmen kennenlerne? Laufe ich etwa mit einem Schild herum, auf dem »Migranten-Ausnahmen gesucht« steht? Oder liegt es daran, dass ich mir die Menschen vielleicht etwas genauer anschaue? Nicht, weil ich so besonders offen wäre, sondern weil es sich immer lohnt.)

Aus einer bildungsfernen Familie zu kommen, muss für ein Kind nicht automatisch auch eine bildungsferne Zukunft bedeuten, da hat das Bildungssystem, das ja einen Erziehungs-auftrag hat, durchaus etwas mitzureden, Gestaltungsmöglich-keiten gar. In den Hörsälen deutscher Universitäten stammt der Großteil der dort sich langweilenden Studenten aus Aka-demiker-Familien, übrigens ein sehr deutsches Phänomen. Doch dies muss, darf so nicht bleiben, wenn Deutschland weiterhin eines der wirtschaftlich erfolgreichsten Länder blei-ben will. Das Bildungssystem in seiner jetzigen Form bietet wenig (Aufstiegs-)Chancen und wird deshalb auf Dauer nicht vor der internationalen Konkurrenz bestehen können. Die Er-fahrung zeigt, dass niemand mit mehr Dankbarkeit Bildung annimmt und im Zuge dessen auch meistens mehr daraus macht, als Menschen, die aus so genannten bildungsfernen Fa-milien kommen und somit für jeden noch so kleinen Aufstieg kämpfen müssen. Es ist an der Zeit, diesen Menschen, den heute noch teils sehr kleinen Menschen, zu zeigen, dass wir sie mit ihrem möglicherweise bildungsfernen Familienhinter-grund hier haben möchten, dass wir an sie und ihre Fähigkei-ten glauben, ihnen helfen möchten, die ihnen sich bietenden Chancen zu ergreifen, damit sie später dieses Land politisch, wirtschaftlich und gesellschaftlich mitgestalten können. Es schöner machen können. Damit sie dafür sorgen können, dass es so erfolgreich und auf internationaler Ebene einflussreich bleibt wie bislang.

Es geht nicht nur um die Art des Bildungssystems, um die kaum überwindbaren Gräben, die es zwischen einzelnen gesellschaftlichen Schichten und den unterschiedlichen Schüler-fähigkeiten zieht, es geht auch um die Inhalte. Zum Beispiel die Inhalte des Geschichtsunterrichts, der durchaus ausgrenzende Wirkungen haben kann. Muss ein türkischstämmiger 14-Jähriger mit einem deutschen Pass wirklich das Gefühl vermittelt bekommen, der Holocaust sei ein Teil seiner Vergangenheit, seiner Geschichte? Und wenn dies tatsächlich von ihm erwartet wird, wie lehrt man ihn dann dieses Gefühl? Solche Fragen scheinen die Menschen, die sich Gedanken um die Lehrpläne machen, nicht berührt zu haben – sie müssen aber in einer Einwanderungsgesellschaft, wie wir sie sind, diskutiert werden. Geschichte darf sich nicht zu einem Ausschlusskriterium entwickeln. Wäre es nicht an der Zeit, in den Schulen auch die gemeinsame Geschichte zu unterrichten? Zum Beispiel die der Gastarbeiter, die hierherkamen? Nicht nur, dass damit ein gemeinsamer Nenner in jenen Klassen geschaffen würde, über die man in letzter Zeit so häufig gelesen hat, dass sie sich in Deutsche und Nichtdeutsche spalten würden. Es würde auch denen, die als nichtdeutsch gelten, sich sogar selbst so sehen, helfen, die eigene Identität zu finden und zu stärken, wenn ihnen innerhalb ihres Bildungsweges eine Auseinandersetzung mit ihrer Geschichte und der ihrer Vorfahren ermöglicht wird. Umgekehrt würden solche Unterrichtsinhalte dazu beitragen, viele ungestellte Fragen auf Seiten der »urdeutschen« Schüler zu beantworten, ihnen zum Beispiel erklären, wie es kommt, dass aus deutscher Sicht viele Mitschüler kaum aussprechbare Namen haben, wie sie hierhergekommen sind, warum sie hierhergehören. Eine offene Diskussion über diese und andere Fragen könnte einer Spaltung entgegenwirken.

In den wiederkehrenden Diskussionen um das leidige Thema Integration geht es auch immer wieder um die Frage, inwiefern gemeinsame Werte vorhanden sind, etwas, worauf man gemeinsam aufbauen kann. Solche gemeinsamen Werte lassen sich in der Schule suchen und finden. Die Betonung liegt auf »suchen«, nicht vermitteln, so wie man den Kindern im Mathematikunterricht den Unterschied zwischen einem gleichschenkligen und einem gleichwinkligen Dreieck vermittelt. Sie folgen keinen mathematischen Regeln und sind nicht in Formeln zusammenzufassen. Es geht darum, nach Verbindungen, nach Gemeinsamkeiten zu suchen – in Gesprächen, Diskussionen und Debatten, in denen man eventuelle Trennlinien thematisiert, bevor manche abgestempelt, in Schubladen gesteckt werden, oft auch seitens der Lehrer. Das gelingt am besten – und macht dann möglicherweise auch solche Diskussionen unnötig –, indem man die anderen einfach kennenlernt. Die Menschen kennenlernt, die tagein, tagaus neben einem sitzen und denselben langweiligen Schulalltag teilen.

Dies gilt selbstverständlich nicht nur, vielleicht sogar erst in letzter Konsequenz, für Schüler, Kinder, Jugendliche. Dies gilt in erster Linie für uns – uns alle.

Ich glaube, dass Deutschland ärmer wäre ohne D. Ich glaube, dass es für die Zukunft dieses Landes, auch wenn das etwas großspurig klingen mag, nicht gut wäre, wenn das Potenzial, auch die Erfahrungen, die dieses Mädchen mitbringt, nicht genutzt würden. Ich glaube, dass Deutschland Schaden nehmen würde, wenn es nicht bald D. und all die anderen schätzen lernt.

Was würde passieren, wenn all diejenigen, die man als »mit Migrationshintergrund« beschreibt, für einen Tag einmal verschwänden? Wenn es einen Feiertag für Migranten gäbe, an dem sie nicht arbeiten müssten, sogar dazu angehalten würden, ihr Haus nicht zu verlassen, sich in ihren vier Wänden auszuruhen. Vielleicht sollte man einen solchen Tag einführen, damit wir realisieren, was ein Leben ohne Zuwanderer in Deutschland bedeuten würde: eines, dass ohne sie nicht mehr funktionierte. Und dabei ginge es nicht darum, dass man sein Gemüse nicht mehr beim Türken seines Vertrauens kaufen könnte; auch nicht darum, dass es schwierig würde, einen Taxifahrer zu finden, der sich in einer Stadt wie Berlin auch ohne Navigationsgeräte zurechtfände. Nein, es ginge darum, dass Deutschland regelrecht lahmgelegt würde: Operationstermine würden platzen, weil in Krankenhäusern Ärzte und Krankenpfleger fehlen. Der Luftverkehr würde aufgrund mangelnden Personals zusammenbrechen. Dem Morgenmagazin der öffentlich-rechtlichen Sender fehlten Moderatoren, den großen Unternehmen, auf deren Produktion wir jeden Tag bauen, Fach- und Führungskräfte. Die Restaurants in ihrer Mehrheit hätten geschlossen, ebenso die eine oder andere Kneipe, vielleicht der Bäcker, bei dem man sich seinen morgendlichen Kaffee mit Croissant holt, vielleicht der Friseur, den man unbedingt noch vor einem wichtigen Termin aufsuchen wollte. Es wäre dunkel und traurig, nicht nur im übertragenen Sinne, weil viele Gebäude, Läden, Geschäfte, Einrichtungen, deren Fenster wir in beleuchtetem Zustand zu sehen gewohnt sind, auf deren Betrieb wir uns verlassen, dunkel bleiben würden. So ist sie, die Realität. Sie wahrzunehmen, anzunehmen, auch abseits der angeblichen Wirklichkeit, die uns gerne von den Medien vermittelt wird, die zwar auch irgendwo, irgendwie in Deutschland existiert, aber eben nur auch, ist ein wichtiger Schritt. Wie sagt der Volksmund? Einsicht ist der erste Weg zur Besserung. Die Realität ist nämlich auch die: Dass sich die Zahl der Menschen mit Migrationshintergrund nicht verringern wird, im Gegenteil: Schon jetzt hat ein Drittel der Kinder Migrationshintergrund (im Vergleich: bei den Erwachsenen ist das Verhältnis 1:5). Mit anderen Worten: Sie werden das Land in Zukunft noch mehr prägen, als sie es jetzt schon tun.

Ich hatte das Glück, ein paar dieser jungen Menschen mit Migrationshintergrund kennenzulernen. Sie hatten sich für ein Schülerstipendium der Robert-Bosch-Stiftung beworben, weil sie sich weiterbilden, weil sie weiterkommen und auch verdiente Anerkennung für ihre Leistungen haben wollten. Ich saß in der Jury und fühlte mich wie ein fauler Sack, nicht nur, wenn ich an meine Schulzeit dachte, die sich nicht zuletzt aus geschwänzten Schulstunden und Partys an Wochenenden zusammensetzte, sondern auch an meinen Alltag jetzt. Da war zum Beispiel dieses Mädchen, dessen Eltern aus Vietnam stammten, die zusammen mit drei Geschwistern bei ihrem Vater lebte, nachdem ihre Mutter nach Saigon zurückgekehrt war. Obwohl in Deutschland geboren, war ihre erste Sprache Vietnamesisch gewesen, ihr Vater war arbeitslos und das Mädchen gerade dabei, das Abitur mit einem Durchschnitt von 1,0 abzulegen. Sie hatte in ihrem Bewerbungsschreiben Jean-Paul Sartre zitiert, am Anfang, in der Mitte und am Schluss, roter Faden, Deutsch-Unterricht, dachte ich, und dann dachte ich, mich an meine eigene Schulzeit erinnernd: Streberin! Aber dann warf sie auf meine vorbereiteten Fragen mit weiteren, immer passenden Zitaten von Friedrich Nietzsche, Albert Camus, Sigmund Freud, Martin Heidegger und Max Weber nur so um sich, dass ich mir nicht mehr sicher war, wer von uns beiden belesener war, und aufgab. Gemäß den Anforderungen des Stipendienprogramms war sie ehrenamtlich aktiv, und zwar in jeder Einrichtung ihrer Schule, sie drückte sich gewählt aus und war höflich, wie eine langweilige Streberin wirkte sie jedoch nicht. In ihrer Bewerbung hatte sie von dem besonderen Lebensgefühl geschrieben, das sich aus der simultanen Bewegung zwischen zwei unterschiedlichen Welten ergebe, »der Welt der Eltern, die einem innerlich vertraut und doch fremd ist, weil sie weit entfernt ist, und der unmittelbar wahrzunehmenden Welt der Freunde, Schule, in der man aufwächst, sich entwickelt, lebt«. Von diesem Lebensgefühl schien sie auf eine Weise zu profitieren und zu zehren, dass man neidisch werden konnte.

Dieser Bewerberin folgte eine andere, die man – würde man in den Medien von ihren Lebensrahmenbedingungen hören – leicht abstempeln könnte als eine von denen, die ein Problemfall sind, sich nie integrieren werden, gar in einer Zwangsehe landen. Die Rahmenbedingungen waren: Eltern Türken, sie in Deutschland geboren, aber türkische Staatsangehörige, der Vater arbeitslos und krank, die Mutter als Reinigungskraft in einem Schwimmbad tätig, in das sie die Kinder mitnimmt, damit sie ihr bei der Arbeit helfen. Bis zum Kindergarteneintritt hatte die Schülerin die deutsche Sprache höchstens mal im Supermarkt gehört, nach der Grundschule hatte sie eine Hauptschulempfehlung bekommen, daneben besuchte sie noch die türkische Schule – und jetzt unterdrücken alle bitte mal den folgenden Gedanken: Was lernt man denn dort?

Man meint zu wissen, wie die Geschichte dieses Mädchens weitergeht; man meint es, bis man sie trifft und einem eine starke junge Frau begegnet, die mit belegter Stimme von ihrem kranken Vater erzählt, der früher einmal Schweißer gewesen war, aufgrund von Stellenstreichungen seine Arbeit verlor, dann jahrelang eine neue suchte, wegen seines hohen Alters aber keine fand, inzwischen zu krank zum Arbeiten ist, und – das ist für alle Familienmitglieder noch schlimmer als die problematische finanzielle Situation – mit sich selbst nicht mehr zurechtkommt. Die starke, selbstbewusste, junge Frau erzählt auch, wie ihre, kaum Deutsch sprechende Mutter sie nach der Hauptschulempfehlung zu einem Eignungstest anmeldete, den sie mit Bravour bestand, wie sie es dann auf die Realschule und später aufs Gymnasium schaffte. Sie kann plausibel erklären, warum ihr der Abschluss an der türkischen Schule so wichtig war, warum sie die türkische Kultur und Sprache lernen wollte. Warum sie, wenn sie nicht Hausaufgaben macht, im Verein Volleyball spielt, sich um die jüngeren Geschwister kümmert, mit Nachhilfe Geld verdient, das in die Familienkasse fließt, ihre Mutter bei deren Arbeit unterstützt, sich mit dem älteren Bruder streitet, mit dem sie das Zimmer teilt und der mit seiner Meinung zu ihrem Kleidungsstil oder ihrer Freundeswahl durchaus nicht hinter dem Berg hält, oder Aufgaben in der Schülermitverwaltung übernimmt, in der Folkloregruppe des ortsansässigen Türkischen Kulturvereins tanzt. Sie war 17 Jahre alt, als sie sich bewarb.

Diese beiden Leben sind Realität. Und für diejenigen, die jetzt einwenden werden, dass die beiden eine Ausnahme seien, dass der Alltag der Mehrheit der Migranten doch leider anders aussehe: Nein, das tut er nicht. Ähnlich wie bei deutschen Jugendlichen, ähnlich wie in allen Nationen, allen Gruppen dieser Welt gibt es die Ausnahmen, links und rechts der Mitte, und ebendiese Mitte, die den Großteil der Menschen umfasst. Diese Realität zu erkennen ist ein Schritt in die notwendige Richtung. Diese Richtung ist die der Demokratie.

Wir sprechen über Integration, wir sprechen über Assimilation, wir sprechen über Zuwanderung und Multikulturalität, aber sprechen sollten wir über Demokratie. Demokratie, da sind sich ausnahmsweise mal fast alle einig, ist die Basis, auf der dieses Land steht. Und zu einer Demokratie gehört es nun einmal, Menschen mit höchst unterschiedlichen Ideen, Geschichten, Physiognomien, Herkünften, Zukunftsvorstellungen, Vorlieben, Charakteren und Lebensläufen zu akzeptieren, für sie in einem großen Etwas – nämlich dem Land, der Demokratie – einen Platz zu finden. In einer Demokratie haben alle Pflichten, aber auch Rechte, nicht zuletzt das Recht, ihr Leben selbstbestimmt zu führen. Das heißt, sich seine Religion, seine Bräuche, seine Traditionen, seine Sprache, seinen Alltag selbstbestimmt zu wählen, solange man anderen damit keinen Schaden zufügt. Dieses Recht hat man, egal, woher man stammt, wie man aussieht oder welche Sprache man von seinen Eltern gelernt hat. Sollte dem nicht so sein, definiert sich eine Gesellschaft also unter anderem über die Ausgrenzung Einzelner, zumal anhand rein äußerlicher Kriterien, kann man nicht mehr guten Gewissens von einer Demokratie sprechen. Auch manchen aufgrund solcher Kriterien den Zugang zu politischer Teilnahme, den Zugang zum Arbeitsmarkt oder zum Bildungssystem zu erschweren, ist einer Demokratie nicht würdig.

Wir bräuchten eine Leitkultur, eine, an der sich Migranten ausrichten, nach der sie sich richten können, eine, die schlimmstenfalls »die einzig richtige« ist, hat man in den zahlreichen Integrationsdebatten der vergangenen Jahre immer wieder gehört. Auch dies ist demokratiewidrig, denn eine Demokratie wird von vielen beeinflusst, in einer Demokratie werden Entscheidungen von vielen gefällt. Eine Demokratie wird damit auch von vielen (Denk-)Kulturen geprägt. Von der einfachen, tatsächlichen Unmöglichkeit abgesehen, eine Leitkultur für ein ganzes Land, für eine ganze Demokratie festzusetzen – und wer sollte das machen? Und wenn es jemanden gibt, der für sich beansprucht, für alle anderen in diesem Land eine

Leitkultur einzugrenzen, zu bestimmen, kann man dann noch von Demokratie sprechen? Eine Leitkultur ist eine Monokultur. Immer und überall dasselbe. Es ist, als flöge man über Deutschland hinweg und sähe statt der Städte, statt der unterschiedlich bepflanzten Felder, statt der Seen, Gebirge, Flüsse, kleinen Dörfer, Wälder nur noch eins: die Leitkultur, welcher Farbe oder Beschaffenheit sie nun auch haben mag. Ich würde mit meinem Flugzeug nicht in einem solchen Deutschland landen wollen. Und wer sich dennoch nach einer Leitkultur sehnt, der solle sich nach der Leitkultur der Demokratie richten und sich – im Gedenken an die deutsche Geschichte und Kultur – an den Preußenkönig Friedrich den Großen erinnern, der sagte: »Jeder nach seiner Fasson.«

Deutschland morgen: Ohne Integration

Was man von den Zuwanderern erwartet? Ist doch klar: Integration! Integration, wie oft hören wir diesen Begriff in Diskussionen, lesen ihn in den Medien? Er ist inflationär geworden, bevor wir klären konnten, ob wir denn alle dasselbe meinen, wenn wir ihn verwenden. Das wage ich nämlich zu bezweifeln. Der vom lateinischen »integratio« abgeleitete Begriff bedeutet eigentlich die Eingliederung, den Einbezug in ein größeres Ganzes. Diese wortwörtliche Übersetzung spiegelt die Zweiseitigkeit des Prozesses: Man kann versuchen, sich selbst einzugliedern, man braucht aber jemanden, der einen einbezieht. Sich selbst einzugliedern, ohne von anderen einbezogen zu werden, ist schwer.

Ich beobachtete den Sohn von Freunden am Rand eines Fußballplatzes, der neidisch ihm fremden Jungs dabei zuschaute, wie sie Fußball spielten. »Magst du nicht fragen, ob du mitspielen kannst?«, wollte ich wissen. »Ich mag nicht fragen«, antwortete das Kind. »Warum denn nicht?«, bohrte ich nach, wie Erwachsenen es nun einmal tun. »Was, wenn ich sie frage und sie mich trotzdem nicht mitspielen lassen?«, antwortete er, und mir fiel außer Platitüden nichts ein, womit ich ihm seine Angst hätte nehmen können. Weil auch ich diese Angst kenne. Integration bedeutet, dass beide Seiten bereit füreinander sind. Sich einzugliedern, andere einzubeziehen. Erst einmal miteinander zu kommunizieren, sich miteinander auseinanderzusetzen, sich kennenzulernen und sich anzunähern, Gemeinsamkeiten, aber auch Unterschiede erst festzustellen und dann zu akzeptieren. Kompromisse zu finden. Es ist ein bisschen wie in der Familie, wo Integration tagtäglich aufs Neue stattfindet. Man mag nicht jede Eigenart der anderen Familienmitglieder, aber man akzeptiert sie, so wie sie sind, und ärgert man sich doch, verfliegt der Ärger normalerweise schnell; man findet Kompromisse, man kommt miteinander aus, lebt zusammen, weil man trotz der Unterschiede, trotz der Reibereien, trotz verschiedener Angewohnheiten eine Familie ist. Das ist Integration.

Aber ist tatsächlich davon die Rede, wenn von Menschen mit Migrationshintergrund und ihrer Integration in dieses Land gesprochen wird? Verhält man sich wie eine große Familie, zu der jeder sowohl mit seinen positiven Eigenschaften als auch mit seinen Schwächen und Fehlern dazugehört? Lebt man so zusammen, arrangiert man sich so, als ob alle Teil dieser einen Familie sind, der eine nicht weniger als der andere? Oder schwingt in dem Begriff – mittlerweile und nur in diesem Zusammenhang – nicht immer nur eine Forderung mit? Die sollen sich gefälligst mal integrieren. Warum integrieren sie sich nicht besser, warum verweigern sie sich der Integration? Und wie soll man auf diese Forderung reagieren, die oft unausgesprochen bleibt, manchmal aber auch explizit ausgesprochen wird, immer nur die eine Seite in die Pflicht nimmt und des Öfteren noch nicht einmal mit konkreten Wünschen einhergeht? Wie macht man das: sich integrieren?

Angenommen, ich bin ein aus Anatolien stammender Zuwanderer, ich wache eines Morgens auf, schaue aus dem Fenster, sehe die Sonne blitzen, sehe die Menschen zur Arbeit, die Kinder in die Schule eilen, und sage mir: »Ja, ich glaube, ich möchte mich in dieses Land integrieren. Ich glaube, heute ist ein guter Tag, um mit der Integration anzufangen.« Stellt man sich den Integrationswunsch von außen ungefähr so vor? Aber was dann? Was mache ich als anatolischer Zuwanderer dann? Deutsch lernen, so viel ist klar, und außerdem? Eine Butterbrezel kaufen? Sauerbraten zubereiten lernen? Die *Lindenstraße* schauen? Und reicht das? Muss ich mir nicht noch die Haare blondieren lassen? Meinen Namen ändern? Von Acarcan Yilmaz in Achim Ilmetz? Und dann, bin ich dann integriert? Das sagt einem doch keiner, wie das geht, die Sache mit der Integration!

Freunde, die einen Garten übernommen haben und ihn gerne ein bisschen wilder, zugewachsener gestalten wollten, waren monatelang damit beschäftigt, aus dem zentimetergenau getrimmten Rasen des Vorbesitzers eine Wiese zu machen, seine Gartenzwerge beim Wertstoffhof zu entsorgen und die symmetrisch angelegten, nach Farben sortierten Rosenbeete zu entfernen. Der Vorbesitzer hatte den Garten aufgegeben, weil er in die Türkei zurückgegangen war. Was mich erst einmal erstaunte, wo er sich doch so gut integriert hatte mit seinem peinlich gepflegten Grün samt Gartenzwergmitbewohnern. In einem Nebensatz erzählten meine Freunde von einem Gespräch mit ebendiesem Vorbesitzer, bei dem jemand als Übersetzer dabei gewesen sei, denn der seit Jahrzehnten in Deutschland lebende Mann, der sich einen Schrebergarten gesichert und ihn so deutsch wie möglich gestaltet hatte, war der deutschen Sprache anscheinend nicht mächtig gewesen.

Wäre es aus integrationstechnischen Gründen besser gewesen, er hätte seine Zeit zum Deutschlernen genutzt statt Gartenzwerge anzuordnen? Angenommen, sein Deutsch wäre ein akzentfreies gewesen, sein Garten aber ein unordentlicher, mit orientalischen Kräutern und wuchernden Hecken, in dem sich jedes Wochenende die riesengroße, Wasserpfeife rauchende Familie versammelt hätte? Aus dem türkische Musik gedröhnt hätte, man stelle sich nur vor, auf dem Grill wären keine Würstchen gelegen, sondern ein großer Döner-Spieß hätte darüber gehangen, für jeden Gartenkoloniebesucher durch den Zaun gut erkennbar? Dunkelhaarige, kreischende Kinder, Frauen in Kopftüchern, die diese zu beruhigen versuchen, brustbehaarte Männer mit nacktem Oberkörper, die sich sonnen? Angenommen, all diese Menschen hätten perfekt Deutsch gesprochen zwischen dem Gejaule der türkischen Musik, hätten sich die Nachbarn mehr gefreut? Wenn der Vorbesitzer dieses Gartens Deutsch gelernt und Gartenzwerge aufgestellt hätte, wäre er dann nicht mehr der Türke der Gartensiedlung gewesen?

Das sagt einem ja keiner, wie das mit der Integration geht! Vielleicht, weil es keiner weiß.

Eine Freundin, die sich nicht nur beruflich mit diesem Thema auseinandersetzt, sondern auch deshalb, weil sie selbst eine von denen ist, die sich integriert hat/integrieren sollte/ integriert haben sollte, sprach letztens von »dieser schrecklichen Integration«. Sie verwendete das Adjektiv »schrecklich«, ohne es näher zu erläutern, weil es eigentlich um etwas anderes ging, es war eine von einem Seufzer begleitete Zuschreibung, die, so klang es, nicht in Frage zu stellen ist, ähnlich wie: Milch ist weiß. Ist Integration schrecklich? Integration an sich, Integration in Deutschland, Integration nach Deutschland, müsste man eigentlich sagen, weil es ja eine einseitige Bewegung zu sein scheint. Sein soll, denn anscheinend, so hört man von überall her, findet sie ja gar nicht statt. Oder nicht genug. Denn die, die wollen sich ja nicht integrieren zu uns nach Deutschland. Oder direkter formuliert: Die wollen ja nicht so werden wie wir. Die wollen ja gar nicht den Zustand erreichen, wo man ihnen nicht mehr anmerkt, wer sie einmal waren, wer sie eigentlich sind, weil sie so aussehen, sprechen, denken und handeln wie wir, die wir rechtmäßig hierhergehören. Die

geben sich gar keine Mühe, Marco Müller oder Otto Normal-
verbraucher zu werden.

Die integrieren sich nicht.

Was immer häufiger zu bedeuten hat: Die assimilieren
sich nicht. Ich muss bei dem Begriff Assimilation immer an die
Juden in den Zwanzigern denken, die so genannten Westjuden, die im Gegensatz zu den Ostjuden standen. Die Ostjuden waren diejenigen, die ihre schwarzen Kaftans an- und
ihre langen, grauen Bärte beibehielten, die weiterhin Jiddisch
miteinander sprachen, also dieses sonderbare Deutsch, die
ständig in ihre Synagogen, ihre »Schuls«, rannten um zu beten, die blieben, was sie in ihren Ostländern auch schon gewesen waren, nur jetzt in einem neuen Land. Das Land hieß
Deutschland. Die Westjuden schauten auf die Ostjuden herab,
sie schämten sich ihrer, sie distanzierten sich, sie waren bedacht und stolz darauf, assimiliert zu sein. Sich assimiliert zu
haben, also als eine einseitige, komplett vollzogene Handlung,
sich entschieden in eine bestimmte Richtung bewegt zu haben,
die des Deutschen. Assimilation war damals, man wusste ja
nicht, was auf einen zukommen würde, ein Begriff ohne jeden
Beigeschmack, Assimilation trug das Versprechen eines besseren Lebens in sich, die Hoffnung, ein höher angesehener, ein
besserer Mensch werden zu können, nämlich ein Deutscher.
Schließlich wurden sie alle ermordet, die Ostjuden in den
schwarzen Kaftans und die assimilierten Juden, die stark darauf bedacht gewesen waren, ihre Herkunft, ihre Religion abzulegen, bewusst nach nicht-jüdischen Ehepartnern und damit richtig deutschen Familien gesucht haben, genauso. Am
Ende waren sie Juden und fast alle tot.

Aber was hat diese Geschichte mit heute zu tun?

Zugegebenermaßen nichts. Es ist die Assoziation, die in
meinem Kopf auftaucht, uneingeladenerweise, wenn ich den

Begriff »Assimilation« höre. Und den höre ich immer häufiger, weshalb sich zu der historischen Assoziation neue, aktuelle hinzugesellen, zum Beispiel diese: »Es gibt keine Integration ohne Assimilation.« Der Satz stammt von Thilo Sarrazin. Ein Satz, öffentlich ausgesprochen, was heißt das schon. So viele Menschen, so viele Sätze jeden Tag. Aber manche Sätze bleiben hängen, werden zu einer Haltung nicht nur des einen, sondern vieler, werden vielleicht sogar zu einer Stimmung im Land.

Eine große deutsche Boulevardzeitung hatte vor, zum 50-jährigen Bestehen des Gastarbeiter-Vertrags 50 Porträts von 50 Gastarbeitern zu drucken, die als Beispiele für eine gelungene Integration gelten. Jemand in der Redaktion hatte »Lasst uns mal die Sache mit der Integration von der positiven Seite angehen, lasst uns mal zeigen, wie gut es läuft« oder etwas Ähnliches gesagt, der Vorschlag wurde abgesegnet, die Serie geplant. Man suchte 50 Integrationsbeispiele unter den nach Deutschland gekommenen Gastarbeitern, so hieß es, es stimmte aber nicht. Man suchte 50 Assimilationsbeispiele, 50 Menschen, die in einem Kurzinterview erzählen würden, wie deutsch sie sich fühlen, dass ihnen ihr so genannter Migrationshintergrund nichts bedeutet, dass Schweinsbraten besser schmeckt als Döner, dass Mohammed kein Prophet sein kann, weil Jesus doch schon einer war. Da dachte ich an den Satz: »Es gibt keine Integration ohne Assimilation.« Ich dachte außerdem, dass Integration vielleicht seit einiger Zeit zu einem Synonym für Assimilation verkommen ist, dann dachte ich wieder an die Ost- und Westjuden, vielleicht hatte ich im Studium zu viel über sie gelernt, und dann ging ich einkaufen und besorgte alle Zutaten für den russischen Kartoffelsalat.

Es ist ein Kreislauf, dem wir scheinbar nicht entkommen können. Integration, Assimilation, damit einhergehende Forderungen; sie gehen von der Annahme aus, dass es ein richtiges Leben gibt, dem man beitreten kann, und eines, das falsche, das man dafür ablegen muss. Das richtige und das falsche Leben gibt es aber nicht, gab es wahrscheinlich noch nie, erst recht nicht in unserer globalisierten Welt, in der sich Identitäten und Lebensläufe über Landesgrenzen hinweg bewegen und verändern, teils sogar nur virtuell, in der alles ineinander fließt, in der ein Mensch vielleicht mit seinem Chatpartner und Facebook-Freund in Indien mehr gemeinsam hat als mit seinem Nachbarn in der Wohnung nebenan. Dies ist Realität, und akzeptiert man diese, dann machen einem die direkten Nachbarn auch weniger Angst. Dann muss man einsehen, dass es ein richtiges Leben genauso wenig gibt wie ein falsches, außer für einen persönlich. Dass es nicht den einen einzigen Weg der Integration oder der Assimilation (Assimilation an wen? an mich oder an meinen Nachbarn, der mit seinem Facebook-Freund in Indien mehr gemeinsam hat als mit mir) geben kann. Über Assimilations- oder Integrationsforderungen sind wir bereits hinaus. Wenn wir das akzeptieren, dann können wir in einer offenen Gesellschaft leben, die deshalb tatsächlich eine offene ist, weil sie keine Begriffe mehr dafür braucht, wie Menschen sich eingliedern müssen, was sie alles dafür tun müssen, um hineinzupassen.

In dieser wirklich offenen Gesellschaft, in diesem Deutschland, würden WIR leben, ein WIR, in dem das »Wir« und »Ihr« von heute zusammenkommen und miteinander leben, ohne einander zu stören, ohne einander die Zugehörigkeit abzusprechen.

In diesem Deutschland müsste sich keiner entscheiden, ob er jetzt beispielsweise Deutsch-Türke, türkischer Deutscher, Deutscher oder Türke, Deutschmuslim, jemand mit einem muslimischen Hintergrund oder eine andere Wortzusammensetzung sein will, weil er einfach in erster Linie ein Mensch wäre, der in Deutschland lebt und dazugehört. Diese Zugehörigkeit würde von niemandem in Abrede gestellt werden, nur, weil man aus einem anderen Land stammt oder dieses manchmal noch gerne besucht, weil man auch noch eine andere Sprache als Deutsch spricht oder Deutsch nicht perfekt. Vor ein paar Wochen telefonierte ich mit einem Arzt, den ich um eine Empfehlung für einen anderen Arzt bat. Er nannte mir einen Namen und meinte, hinzufügen zu müssen: »Sie ist Koreanerin, aber sie spricht sehr gut Deutsch.«

Zu diesem Deutschland würden und wollen und sollen und müssen und werden viele unterschiedliche Menschen beitragen, sie werden es mitgestalten, sie werden es spannend machen, sie werden es reicher machen, reicher nicht (nur) im monetären Sinne, sondern im Sinne von: Bereicherung. Eine Bereicherung werden sie sein, weil sie so unterschiedlich sind, nicht obwohl.

Es wäre ein Deutschland, das keine Integrationspreise vergeben müsste, weil es keine Integration gäbe, weil es ein WIR-Deutschland gäbe ohne Integration.

Ich schreibe »wäre« und »gäbe«, nicht, weil ich denke, dass ein solches Deutschland erst aufgebaut werden muss, dass wir uns noch viel Zeit dafür nehmen müssen, sondern, weil ich glaube, dass der Prozess der Erkenntnis, der Erkenntnis darüber, dass wir schon in einem WIR-Deutschland leben, nicht abgeschlossen ist. Dass viele in diesem Land, ganz platt gesagt, ihre Augen nicht aufmachen. Dass sie nicht bereit sind, die Situation in diesem Land ganz unaufgeregt, ohne jede Überspitzung und Angst zu betrachten. Würden sie das tun, würden sie feststellen: Es klappt doch eigentlich alles ganz gut. Jetzt schon. Es kann vielleicht noch besser werden, aber es ist auch jetzt schon gut. Das kann man auch an

Zahlen ablesen, zum Beispiel an der der Abiturienten mit türkischem Hintergrund, der der binationalen Ehen, sogar der der Einbürgerungen, die allesamt stetig steigen. Man muss sich aber gar nicht unbedingt mit Zahlen und Statistiken beschäftigen, man muss sich nur umschauen in unserem »deutschen« Alltag. Deutschland hat sich verändert, es verändert sich und – eine Zukunftsprognose – wird sich noch weiter verändern. Wir alle werden uns verändern, wir alle müssen uns verändern; dies hat mit den Ansprüchen zu tun, die die globalisierte Welt an uns stellt. Unser Verständnis von »deutsch«, unser Verständnis von »Alltag«, von »Kommunikation« wird sich weiter verändern, und wir werden alle dazulernen müssen. Die Neuzuwanderer genauso wie diejenigen, die vor 30 Jahren hier angekommen sind, aber ebenso auch diejenigen, deren Familie in der achten Generation in demselben westfälischen Dorf lebt. Wer diese Veränderungen nicht wahrnimmt, wer sich gegen sie stemmt, sich nicht ändert, die Realität nicht akzeptiert, wird außen vor bleiben. Das gilt auch für diejenigen, die meinen, hierherziehen und ihr altes Leben komplett so wieder aufbauen zu können, wie sie es in ihrer Heimat kurz vor der Abreise abgebaut haben. Auch sie müssen bereit sein zu lernen, sich zu verändern. Sonst bleiben auch sie außen vor.

Wir müssen uns dafür nicht ein Beispiel an Einwanderungsländern wie den USA oder Kanada nehmen, das schaffen wir aus eigener Kraft. Wir schaffen es auf eine eigene, unsere »deutsche« Weise, und zwar in dem Moment, in dem wir aufhören, Vergleiche zu ziehen, und stattdessen die reelle Situation hier bei uns, vor Ort, betrachten. Und uns an ihr freuen.

Es geht nicht um Integration, es geht um Teilhabe. Ich bin heilfroh, in einem demokratischen Staat zu leben, weil ich es auch anders kennengelernt habe. Ich bin glücklich, in Deutschland zu leben. Ich habe an diesem Land teil.

Laut der Definition des Statistischen Bundesamtes haben meine Kinder einen Migrationshintergrund, weil ich einen habe. Mein »großer« Sohn ist anderthalb Jahre alt und ahnt noch nichts davon. Er kennt diesen Begriff nicht, er könnte ihn auch noch gar nicht aussprechen. Er findet aber Menschen spannend. Er findet sie spannend, sympathisch, nett, manchmal auch beängstigend, er urteilt als Anderthalbjähriger dabei selbstverständlich nicht nach der Herkunft, niemals nach dem Status »mit« oder »ohne« Migrationshintergrund. Menschen mit einer anderen Hautfarbe, mit einer ihm fremden Bekleidung, mit einem unbekannten Aussehen, auch mit einer Sprache, die er noch nie gehört hat, findet er zuallererst interessant, möchte sie anfassen, sie kennenlernen, er gibt ihnen die Hand. Lächeln Menschen ihn an, unabhängig von ihrer Herkunft, unabhängig von ihrem Status in der Gesellschaft, freut er sich und lächelt zurück. Seine Sympathie hängt nicht von einem Pass oder der Religion der Menschen ab, die er trifft. Dass er Russisch und Deutsch hört und versteht, ist für ihn selbstverständlich. Mama singt ihm in der einen Sprache vor, Papa in der anderen; Hauptsache, jemand singt. Dass dies mit (s)einem Migrationshintergrund zu tun hat, dass dieser auch ein Problem sein könnte, davon weiß er nichts. Wenn ich ihm eines wünsche, dann ist es das: Dass dies so bleibt. Dass er in Deutschland aufwächst und hier Menschen kennenlernt. Einfach nur Menschen.